W0184632

GUARDAVO IL CIELO

ROLANDO DEL TORCHIO

GUARDAVO IL CIELO

Ostaggio dei terroristi islamici: la vera storia di un uomo libero

PIEMME

Pubblicato in accordo con
Del Fuego
ARTIST MANAGEMENT
luca.cdf@delfuegomanagement.com

Pubblicato per

PIEMME

da Mondadori Libri S.p.A.
© 2021 Mondadori Libri S.p.A., Milano

ISBN 978-88-566-7965-6

I Edizione febbraio 2021

Anno 2021-2022-2023 - Edizione 1 2 3 4 5 6 7 8 9 10

Finito di stampare presso Grafica Veneta S.p.A.
Via Malcanton, 2 – Trebaseleghe (PD)

È questa la tua ricompensa: essere qui.
È questo che ti fa alzare al mattino: un'altra
occasione di ricevere quella benedizione.
Mentre spalmi il burro sul pane, ti vesti
o torni dal lavoro, ti imbatti in quei momenti
in cui senti la mano di Dio appoggiarsi
dolcemente sulla tua spalla.
E allora capisci quanta fortuna hai.
Fortuna di essere in vita, di respirare in un
mondo di bellezza, di orrore e di speranza.

BRUCE SPRINGSTEEN, dal film *Letter to You*

In memoria di Carlo Gerosa e Attilio Stella
amici e fratelli della mia vita.

Prima parte
IL RAPIMENTO

1

Il giorno in cui fui rapito, per ritrovarmi catapultato in un inferno che sarebbe durato centottantuno giorni, era un giorno di festa.

Fumavo una delle prime sigarette della mattinata, con lo sguardo perso oltre la strada semideserta, quando uno dei ragazzi mi raggiunse fuori dal ristorante e disse con un sospiro: «Eh, non c'è proprio nessuno in giro...».

Mi voltai verso di lui. «Sono ancora le nove e mezzo» tagliai corto con un sorriso e un'alzata di sopracciglia. E dentro di me pensavo: "Non mollano!".

Ne avevamo discusso la sera precedente. Tenere aperto o chiudere?

Era il 7 ottobre 2015, festa del Santo Rosario, una delle due feste religiose di Dipolog, località in cui avevo aperto il mio ristorante quasi per scommessa dopo una cena con amici a cui avevo fatto assaggiare, una dopo l'altra, diverse ricette italiane.

L'ultima cosa che desideravo era trascorrere quella giornata in giro per la città a fingere di divertirmi.

Loro, invece, già si vedevano attorno quell'infernale macchina chiamata karaoke, forse il motivo principale per cui quelle feste mi risultavano particolarmente indigeste: una sorta di mobile portatile, con una pulsantiera, uno schermo e due grandi casse sui lati, da cui uscivano melodie di centinaia e centinaia di canzoni, puntualmente riadattate per non pagare i diritti d'autore, a un volume così alto che lo si poteva sentire a distanza. Con l'inconveniente aggiuntivo che, di questi karaoke, non ce n'era uno soltanto, ma diversi, e le case erano piuttosto vicine fra di loro, e così alle orecchie ti arrivavano tre, quattro, cinque canzoni insieme. Tanto che, quando anche partecipavo ai festeggiamenti, arrivato il momento del karaoke, per me la misura era colma e annunciavo: «Ciao a tutti, senza offesa, ma Rolando se ne va».

In quella discussione, quindi, da una parte c'ero io con la mia allergia al karaoke, dall'altra i ragazzi, che fremevano all'idea di scattarsi selfie cantando a squarciagola.

L'ultima parola fu la mia: «Proviamo ad aprire. Se poi non arriva nessuno, chiudiamo». D'altronde ero il proprietario.

In queste feste, il rituale è più o meno sempre lo stesso.

Non si fanno combattere i galli o si balla per strada come nell'evento conclusivo del Pagsalabuk Festival, a luglio, ma questa giornata, così come anche quella che nel mese di maggio celebra il patrono, lo spagnolo sant'Isidro, comincia in realtà la notte prima, con l'uccisione del maiale, allevato per un anno intero per essere sfoggiato e gustato in queste occasioni speciali.

Da che mondo è mondo, del maiale non si scarta mai niente, e anche nelle Filippine sono molti i piatti che se ne ricavano nei pentoloni o sui fuochi che vengono allestiti fuori dalle casupole. Molti, ma sempre gli stessi, tra cui, irrinunciabile, il *lechón*, maiale intero arrosto che campeggia sulle tavole di un po' tutte le famiglie della città, o il *dinuguan*, interiora cotte nel sangue dello stesso maiale, a formare una zuppa densa.

Per chi ha aperto un ristorante e ha fatto della cucina la propria vita, oltre che la propria passione, non c'è nulla di più noioso di un menù sempre uguale a se stesso. E il mio entusiasmo, all'idea di gustare le solite cose che avevo mangiato per anni e anni, era pari allo zero.

Ma a Dipolog non c'è spazio per la fantasia. Le famiglie, che aprono le proprie case a chiunque voglia festeggiare insieme a loro – un gesto di sincera solidarietà o un modo per ostentare un po' di abbondanza? Era una domanda che mi facevo spesso –, propongono sempre le stesse pietanze. Casa in cui entri, uguale piatto che trovi.

Io, che anni prima ero stato un padre missionario – non lì a Dipolog, ma a Sibuco, nel Sud delle Filippine –, ero entrato in decine e decine di case, dove la leccornia, la pietanza speciale, come il fegato, è sempre per il padre, il *pari*.

E guai a rifiutare un'offerta di cibo.

Ora non ero più il *pari*, la tonaca l'avevo smessa ormai oltre quindici anni prima, e non dovevo più necessariamente presenziare alle celebrazioni. Celebrazioni che, a seconda dei luoghi, partivano la mattina con la processione della statua del santo o la decorazione con fiori e nastri della piccola cappella, fatta magari anche solo di assi di legno e col tetto in lamiera, e riunivano la comunità con un'intensità e un sincero spirito di partecipazione che avevo visto solo nel mio periodo trascorso a Napoli, quand'ero ancora un giovanissimo padre missionario.

Era uno spirito che non mi apparteneva più, e per me quel 7 ottobre 2015 si preannunciava come una giornata fiacca, in cui probabilmente in pochi avrebbero varcato la soglia del ristorante.

In poche parole, tanta noia e magri incassi.

Chi scalpitava per poter partecipare a questo carosello di festeggiamenti erano appunto i miei ragazzi.

E quel: «Eh, ma c'è poca gente» detto lanciando uno sguardo al di là della vetrata del ristorante come un pesce rosso che sogna di guizzare fuori dalla propria boccia di vetro, diventò subito il *leitmotiv* della giornata.

La mia risposta era sempre la stessa: «Per forza c'è poca gente, guarda che ore sono, ancora». Prima con un sorriso, poi sempre più a denti stretti, visto che questo teatrino cominciava a farsi piuttosto pesante. «È una rottura di scatole anche per me, cosa pensate? Ve l'ho detto, se arrivano clienti si fa partire il servizio, altrimenti tutti a casa.»

Alle undici aprimmo, e alle undici e mezzo ancora non si vedeva nessuno: niente macchine, niente passanti. Tutto questo per la gioia dei miei ragazzi, i cui sguardi cominciavano a illuminarsi.

Forse forse, mi dissi, non avevano tutti i torti.

«Aspettiamo ancora un paio d'ore, poi al limite chiudiamo» sentenziai.

Io me ne stavo di nuovo sulla panchina accanto al forno napoletano, l'orgoglio del ristorante, fatto portare via nave lì a Dipolog, e da cui escono le pizze per cui il locale è ancora oggi conosciuto in tutta la provincia.

Fumavo, come al solito. Ma quel giorno riuscivo a farlo un po' più in santa pace. Perché nel resto dell'anno le mie tante pause sigaretta erano puntualmente interrotte dai saluti e dalle chiacchiere di chi transitava da quelle parti.

«Buongiorno!»

E io: «Buongiorno».

«Come stai, Rolando?»

E io: «Bene, bene...».

«Ancora single?»

E io: «Eh, le donne sono complicate...».

«Ma magari sei tu che sei troppo *choosy*.»

E via dicendo.

A Dipolog mi conoscevano tutti, un po' perché per alcuni sono ancora il *pari*, e un po' per il ristorante. A volte mi capitava di parlare con persone dal volto famigliare, ma di cui magari non ricordavo neanche il nome. Tanto che alla fine mi ritrovavo a chiedere al pizzaiolo, lì di fianco a me: «Con chi ho appena parlato?».

Poi, verso mezzogiorno, durante la mia ennesima pausa sigaretta, qualcuno iniziò a entrare nel ristorante, spegnendo definitivamente il sorriso dei miei ragazzi – o meglio, facendo loro indossare il sorriso cordiale e di circostanza che tocca sfoggiare con i clienti.

E così il servizio, seppure in tono minore, si avviò.

Io decisi che avrei approfittato di quella calma per andare a fare un giro nel vicino centro commerciale. Dovevo comprare un paio di occhiali da sole, ma erano giorni che aspettavo, perché di solito è affollatissimo. Però forse, mi dissi, in quella giornata di celebrazioni non avrei trovato troppa gente. Tutti erano impegnati coi loro banchetti, coi loro karaoke, coi primi selfie...

Spesso mi ritrovavo a pensare a come fossero cambiate le Filippine da quando, quasi trent'anni prima, ci avevo messo piede per la prima volta. Laddove un tempo c'era un'economia fondamentalmente di sussistenza si era ormai insinuato un consumismo che mi ricordava quello italiano negli anni Ottanta e Novanta. E quando mi fermavo su una panchina a fumare una sigaretta – tra le mie attività preferite – vedevo studenti che bighellonavano, madri che sgridavano i bambini e in tanti, tantissimi, presi dalla foga di spendere, di avere. Poi, tiro dopo tiro, la sigaretta arrivava al fondo, io mi alzavo e ritornavo alle mie attività.

Così quel giorno. Fatto ritorno al ristorante, col mio nuovo paio di occhiali da sole sul naso, misi la testa dentro la porta di vetro e chiesi: «Allora, come va?».

Uno dei ragazzi mi rispose: «C'è poca gente, pochissima».

Mi guardai attorno. Non era un'esagerazione, i tavoli erano quasi tutti vuoti, in effetti.

Mi arresi: «Va bene, va bene... Se alle due non c'è più nessuno, chiudiamo e siete liberi».

A quel punto ci fu come un boato, un «eeeh» di esultanza che partì dalla sala e, di ragazzo in ragazzo, arrivò fino ai lavapiatti chiusi in cucina. La buona notizia, nella mia brigata, era corsa più veloce che sul ponte di una nave.

Io uscii di nuovo, era tempo per un'altra sigaretta.

E fu allora che notai, a poca distanza dalla mia panchina,

un individuo con ai piedi un paio di scarpe grosse. Ebbi subito una strana sensazione, perché nessuno, lì a Dipolog, indossava scarpe grosse. Era un po' come se un *redneck* si fosse messo a passeggiare per la Fifth Avenue e si fosse fermato a contemplare la scintillante vetrina di Tiffany.

Una sorta di nota stonata.

In più questo tizio, non giovane, anzi, piuttosto avanti con l'età, camminava avanti e indietro sul marciapiede, lanciando ogni tanto qualche sguardo all'interno del ristorante.

Cosa vuole?

Finché, verso le due, venne raggiunto da altre quattro persone, e insieme varcarono la soglia del ristorante.

«Questi di sicuro non sono di Dipolog» dissi al pizzaiolo, in attesa degli ordini per il forno, che quel giorno gli lasciavano ben più di un attimo per riprendere fiato. «Hanno l'aria di essere dei leader locali, forse sono venuti qua dalle montagne a trovare un qualche politico che li aspetta, più tardi, per festeggiare, boh...»

Ora, però, avevano voglia di mangiare nel mio ristorante. Li guardai, attraverso la vetrata, farsi guidare verso un tavolo da uno dei ragazzi.

Di solito, visto il mio passato da padre missionario – un passato in cui ero stato minacciato di morte e in cui ero sfuggito a un attentato – quelle scarpe grosse, quella nota stonata, mi avrebbero messo in allerta.

Ma in qualche modo l'atmosfera languida di quel giorno di festa – non potevo confessarlo alla mia brigata, ma anche io non vedevo l'ora di tornare a casa – aveva messo il silenziatore al mio intuito.

Così, svogliatamente, mi alzai dalla panchina ed entrai nel locale.

Mentre i cinque occupavano il tavolo che gli era stato assegnato, i miei ragazzi avevano facce da funerale. Che si fecero ancora più cupe quando, proprio alle due in punto – che nelle loro speranze sarebbe stato il rintocco che, come nelle migliori fiabe, li avrebbe liberati dall'incantesimo – davanti al ristorante parcheggiarono due automobili della polizia locale. E il capo della polizia provinciale, un tipetto basso con i capelli a spazzola grigi, ne uscì con il suo seguito di guardie del corpo, tutti con le divise immacolate e perfettamente stirate.

Ci salutammo, e lui annunciò: «Prendiamo qualche pizza per una piccola celebrazione al nostro quartier generale».

«Siete nel posto giusto» scherzai.

Poi, nell'attesa che il nostro forno compisse il suo lavoro, iniziammo a chiacchierare. D'altronde chiacchierare è parte del mestiere del ristoratore, che tu ne abbia voglia oppure no.

«Come va, tutto bene?»

«Tutto tranquillo...» mi rispose.

«Come al solito. A Dipolog non succede mai niente.»

Era così. Sembrava che quel punto della costa occidentale fosse stato dimenticato persino dai tifoni e dalle inondazioni che spesso flagellavano il resto del paese. Anche quando in un'area delle Filippine c'è un terremoto, a Dipolog arriva solo qualche scossa.

«Eh sì, siamo fortunati. Oggi non ho neppure fatto mettere i posti di blocco.»

Niente multe per chi non indossava il casco in motorino o non aveva le carte della macchina in regola, pensai. E proseguimmo a chiacchierare del più e del meno, come sempre, per una ventina di minuti, fino a quando dal forno napoletano non riemersero le pizze, cotte a puntino.

Dopo poco anche i cinque tizi con le scarpe grosse si alzarono dal tavolo e se ne andarono.

Si poteva quindi chiudere il locale? No, perché da quel momento, cominciò un lento andirivieni di persone che ormai avevano iniziato a popolare la città.

I miei ragazzi erano piombati in uno sconforto totale e anche il pizzaiolo, che ogni tanto dava spettacolo facendo volteggiare sopra di sé l'impasto della pizza, come aveva imparato a fare da un video su YouTube, ora lo stendeva normalmente, e con fare piuttosto fiacco.

«Dai che stasera andiamo tutti insieme sul Boulevard» dissi, nel tentativo di sollevare un po' il morale, ormai sottoterra.

Il Boulevard è l'arteria principale di Dipolog, la passeggiata lungo il mare, dove al mattino trovi *joggers* o appassionati di zumba, e alla sera la gente che fa le "vasche" avanti e indietro fermandosi a mangiare barbecue in offerta o a bere birra. O ancora a prendere un gelato o il *balut*, l'uovo di anatra fecondato e bollito nel suo guscio poco prima della schiusa, quando ormai l'embrione al suo interno è quasi del tutto formato.

Praticamente un pulcino.

E infatti in trent'anni trascorsi nelle Filippine non avevo mai osato assaggiarne uno. Al contrario della popolazione maschile locale che lo considera, oltre che estremamente nutriente, dotato di un forte potere afrodisiaco. Quante volte avevo sentito i venditori passare per le strade al grido: «*Baluuut! Baluuuuut!*» trasportandone due secchi appesi a un bastone, dietro le spalle. Nel cuore della notte li vedevi avvicinarsi alle finestre delle case, allora la gelosia si apriva, ne usciva una mano con dei soldi, e avveniva lo scambio, lasciando ben immaginare cosa stesse per succedere all'interno di quella casa.

E intanto il venditore riprendeva il suo passo: «*Baluuuut! Baluuuuut!*».

L'idea della passeggiata al Boulevard, comunque, non riuscì a risollevare neanche di un centimetro lo spirito della brigata, e il pomeriggio scivolò via tra sorrisi forzati e clienti che andavano e venivano, alcuni dei quali si fermavano da me per le chiacchiere di rito, comprese le solite domande sulla mia vita privata.

«Ancora single?»

«Eh...»
«E come mai?»
«Eh...»
In quel momento non sapevo ancora che, per molto tempo, quelle semplici chiacchierate mi sarebbero mancate come l'aria.

2

Si fecero le quattro e mezzo.

Io ero fuori, come al solito, con l'ennesima sigaretta della giornata tra le dita, seduto sulla mia panchina. Fu allora che li vidi: di nuovo quegli uomini con un paio di scarpe grosse ai piedi, che facevano avanti e indietro sul marciapiede di fronte al ristorante, lanciando sguardi furtivi all'interno.

Mi voltai verso il pizzaiolo, il cui già scarso entusiasmo, col passare delle ore, si era afflosciato sempre di più.

«Ma questi che ci fanno ancora qui?»

La cosa iniziò a parermi strana. Ma ancora una volta non bastò a mettermi in allerta. Era una giornata di festa, uguale a tante altre, ed ero stanco. Poi, come ci eravamo detti io e il capo provinciale della polizia, a Dipolog non succedeva mai niente, no?

Così rientrai. Avevo bisogno di uno dei miei caffè lunghi all'americana. Ne avevo già bevuti almeno quattro, ma per me non sono mai abbastanza. Toglimi il vino, toglimi la birra, ma non il caffè.

E ovviamente le sigarette.

Percorsi la prima sala, poi quella centrale e arrivai all'ultima, dove era collocato un secondo bancone e dove si trovava la mia postazione, quella in cui, per qualche momento, potevo prendere fiato dal lavoro nel ristorante.

Accesi lo schermo del computer, entrai nel forum dei tifosi del Bologna – la squadra per cui anche lì, a migliaia e migliaia di chilometri di distanza, continuavo a tifare – e diedi un'occhiata ad alcune delle ultime discussioni. Era uno dei modi che avevo per restare legato all'Italia. Tra gli utenti c'erano commercialisti, avvocati, infermieri, dottori, commercianti, operai, che mi tenevano compagnia e che qualche volta avevo anche incontrato, nei miei viaggi in patria, davanti a un piatto di tigelle o di gnocco fritto.

Stavo commentando la fine del campionato e le prospettive del calciomercato, sbirciando ogni tanto cosa stesse succedendo nel locale. Da lì potevo controllare, senza essere visto, chi entrava e usciva.

Passò un po' di tempo, eravamo ormai arrivati all'ora di cena. Lì ai tropici le persone mangiano verso le sei e mezzo, e alle otto i locali si sono già svuotati, e in particolare a Dipolog, dove tutti poi si riversano sul Boulevard per proseguire la serata tra musica e chiacchiere, come avevo promesso ai miei ragazzi per ricompensarli di quella inaspettata giornata di lavoro.

Poi la porta d'ingresso si aprì e vidi di nuovo entrare quegli individui con le scarpe grosse. Alzai lo sguardo dallo schermo, aggrottai la fronte.

Strano… ma si può sapere perché questi continuano a ronzare intorno al mio ristorante?

Ancora una volta, però, non feci nulla. Era una giornata speciale, dopotutto, non dovevo sorprendermi più di tanto che in giro per la città ci fossero persone che non avevo mai visto.

Fu un errore al quale nei sei mesi successivi continuai a pensare e ripensare, mentre i miei carcerieri mi lavavano gettandomi addosso secchiate d'acqua, quasi fossi un animale da circo da ripulire dalla sabbia; quando al risveglio le catene mi stringevano le caviglie; mentre mi chiedevo in chi, in *cosa*, mi fossi trasformato, nelle mani del più sanguinario gruppo di terroristi islamici del Sud-est asiatico.

Ma in quel momento no. Riabbassai semplicemente gli occhi sul computer e ripresi a scambiare messaggi con uno dei miei amici. Avevo solo voglia che quella giornata terminasse e che, l'indomani, il lavoro riprendesse normalmente, senza gli echi dei karaoke che arrivavano dall'esterno.

Fui distratto dall'arrivo di un mio amico di Manila.

«E tu che ci fai da queste parti?» gli chiesi alzandomi in piedi.

Lui fece cenno alla persona che era con lui, un tizio massiccio.

«Volevo far vivere al mio amico l'ebbrezza della festa del Sacro Rosario di Dipolog» rispose lui.

Sollevai le sopracciglia. Per chi non l'aveva già vissuta decine di volte, poteva essere un'esperienza interessante, in effetti... *forse*.

«E poi fargli assaggiare l'ossobuco alla milanese, ovviamente. Dopo ci raggiungi al tavolo?»

«Allora ci vediamo fra poco» risposi dopo aver scambiato qualche altro convenevole ed essermi presentato al suo amico, «e grazie di essere qua.»

Mi risedetti per salutare l'amico tifoso con cui stavo chattando. Parlavamo dell'ultima volta in cui ci eravamo visti dal vivo, in Italia. Ci tenevo, perché spesso queste persone si trasformavano per me in semplici *nickname*, e non volevo che la cosa fosse reciproca quando scrivevano a me.

Erano le 6.44, lo vidi in alto a destra sullo schermo del computer, quando una delle cameriere venne da me.

«Senti, Rolando, le persone di Manila chiedono di te. Puoi raggiungerli al loro tavolo? Hanno bisogno di dirti una cosa.»

Avevo appena chiuso la chat col mio amico lontano, ricordando la lasagna alla bolognese che avevamo mangiato insieme per addolcire un risultato non particolarmente brillante del nostro Bologna, quindi mi alzai.

«Va bene, va bene, arrivo subito.»

La pausa computer era ufficialmente finita.

Riemersi dalla mia postazione e mi avviai verso il tavolo a cui era seduto il mio amico. Di cosa voleva parlarmi? Dal tono usato dalla cameriera non sembrava che avesse soltanto voglia di quattro chiacchiere.

La verità era un'altra, ma in quel momento non potevo saperla.

Il mio amico di Manila aveva preso la tovaglietta di carta, e sul retro aveva scritto: «Di' a Rolando che noi ce ne andiamo perché la situazione qui non ci piace».

Lui, che era un imprenditore abituato a guardarsi sempre attorno, aveva notato un rigonfiamento sospetto sul lato dei pantaloni di quegli uomini dalle scarpe grosse, e non gli era sfuggito il modo in cui continuavano a guardarsi intorno, come se aspettassero il momento giusto per *fare* qualcosa.

Poi, proprio durante uno di quei loro movimenti, aveva visto con i suoi occhi, in corrispondenza del rigonfiamento, il calcio di una pistola.

Ma io, allora, non potevo immaginarlo.

Percorsi quei tre-quattro metri, sgusciando fra i vari tavoli. Probabilmente sfiorai qualcuno che, in quel momento faceva sporgere il gomito oltre la sedia. Mi misi a capo del tavolo e chiesi: «Allora, che succede?».

Il mio amico di Manila era seduto alla mia destra, il tizio grande e grosso che si era portato dietro alla mia sinistra, i loro sguardi puntati su di me.

«Allora, che succede?»

Le mie ultime parole da uomo libero.

Perché, in quell'esatto istante, dal tavolo degli uomini con le scarpe grosse se ne alzò uno. Aveva già indossato un passamontagna nero, che adesso gli copriva il volto, lasciandogli scoperti soltanto gli occhi.

Che succede?

Un attimo dopo vidi una cosa soltanto: il buco nero della canna della pistola che l'uomo, il braccio teso, mi stava puntando contro. A poco più di mezzo metro dalla mia faccia.

Ci sarebbero voluti due anni per togliermi quell'immagine dalla testa.

Tutt'attorno il silenzio. Un silenzio di tomba, come se nessuno, in quel momento, all'interno del ristorante in cui avevo costruito la mia seconda vita lì nelle Filippine, stesse respirando.

Poi rumore di sedie che venivano spostate, di malo modo. E altri uomini, con le loro scarpe grosse, che mi circondavano.

Li vedevo con la visione periferica, ma i miei occhi erano sempre puntati lì, sulla canna di quella pistola, che in meno di un secondo avrebbe potuto uccidermi.

Che...

...succede?

Due uomini mi immobilizzarono ai fianchi stringendomi i polsi. A pochi centimetri dalle mie dita, dietro di me, c'era il metallo degli stand su cui venivano servite le pizze, che i commensali si spartivano nelle loro serate spensierate, in compagnia. Il mio ristorante era sempre stato questo.

Avrei potuto dare uno strattone, con uno scatto prendere quegli stand e scagliarli contro gli aggressori. I miei cento chili dovevano pur servire a qualcosa. Le ore che avevo passato ad allenarmi nel pugilato dovevano pur servire a qualcosa.

Ma erano soltanto pensieri, come flash dentro la testa, che venivano puntualmente oscurati e messi a tacere dall'unica cosa che riusciva a catturare la mia attenzione: la canna della pistola puntata ancora contro di me, a un soffio dalla mia faccia.

Una sola mossa falsa, e tutto sarebbe finito.

Non so quanto durò quel silenzio, non so quanti furono i pensieri che andarono e sparirono.

Poi un grido squarciò il silenzio.

«No, Rolando!»

La voce di una donna seduta a un altro tavolo, una donna che poi non avrei più rivisto.

«No, Rolando, nooo!»

Il suo grido, però, lo ricordo ancora bene.

A quel punto gli altri uomini con le scarpe grosse si erano sfilati dal fianco la pistola, avevano teso anche loro il braccio, puntato le armi a ventaglio contro tutte le persone che c'erano nel ristorante.

Il ristorante dove la gente veniva per rilassarsi, divertirsi. E ora...

I pensieri mi si zittirono completamente. Avevo una sola possibilità, mi dissi. Mi lasciai cadere a terra, con tutto il mio peso. Sì, i miei cento chili dovevano pur servire a qualcosa, mi ripetei. Non mi sarei fatto portar via senza oppormi. E potevo oppormi con l'unica cosa che mi era rimasta: il mio corpo.

Due di loro mi afferrarono per le caviglie, e insieme cominciarono a trascinarmi verso l'uscita, mentre io trascinavo con me tutto quello che potevo: tavoli, sedie...

Non sapevo chi fossero quegli uomini, certo non erano politici locali venuti a incontrare il loro leader, no. Non sapevo neppure perché volessero rapirmi – adesso, nel 2015, quando non ero che un piccolo imprenditore italiano che aveva fatto delle Filippine la sua nuova casa.

Perché io?

Ma la vita mi aveva insegnato abbastanza da sapere che i rapitori hanno sempre i minuti contati. Un'azione va fatta rapidamente, altrimenti è meglio battere in ritirata.

Era l'unica speranza che mi rimaneva.

Volevo gridare, come ancora gridava quella donna, e come aveva cominciato a fare qualcun altro, ma dalla gola non mi usciva che un rauco grugnito.

Intanto il mio corpo strisciava sul pavimento del ristorante, centimetro dopo centimetro, raggiungeva l'ingresso. Non vedevo che frammenti di quello che mi circondava, ma ero certo che le pistole di quegli uomini continuavano a minacciare la vita dei miei ragazzi e dei clienti che avevano deciso di cenare lì da me in quel giorno di festa cittadina.

E il mio corpo superava la soglia del ristorante, veniva trascinato sul vialetto d'entrata, oltre il forno napoletano, fino al marciapiede dove, in una zona in ombra, c'era un pulmino. Aveva la porta laterale aperta, aspettava me.

Mi ci caricarono di peso, e dopo arrivarono le manette, assicurate alle maniglie che pendevano dal soffitto – quelle maniglie su cui i passeggeri normalmente si aggrappano per non perdere l'equilibrio e che per me sancivano invece una condanna, facendomi definitivamente perdere la libertà, e qualsiasi speranza di riconquistarla a breve.

Neanche il mio peso, ora, avrebbe potuto più nulla contro quell'unico polso ammanettato.

Poi arrivarono anche i pugni. Una tempesta di pugni a opera di colui che doveva essere il capo di quel gruppo di uomini con le scarpe grosse, un tipo bassino e piuttosto in carne. Contro cui però, in quel momento, non potevo nulla.

Mi sferrava un pugno dopo l'altro e nel frattempo gridava: «Non vuoi venire con noi? Ah, non vuoi venire con noi?!».

Ebbi soltanto la forza di dire: «Eh certo che non voglio venire». Ma poi rimasi in silenzio, perché parlare avrebbe peggiorato la mia situazione. Loro erano convinti di essere nel giusto, al punto che anche io, la vittima di questo sequestro di cui ancora non riuscivo a immaginare le ragioni, né tantomeno i mandanti, avrei dovuto seguirli senza fare storie.

Un ultimo pugno sulla mascella e il pulmino partì sgommando e prese una strada laterale, sterrata.

Non si diresse verso il centro commerciale dove solo qualche ora prima avevo acquistato un nuovo paio di occhiali da sole, ora sul mio bancone accanto al computer che mi connetteva agli amici lontani. Lì avrebbe trovato troppa gente, troppi testimoni, magari anche un posto di blocco, nonostante quanto mi aveva raccontato poco prima il capo della polizia provinciale. Puntò invece verso la fine del Boulevard, che al tempo era ancora in costruzione, e non certo illuminato a dovere. Il sole, infatti, era già tramontato da un pezzo, e probabilmente era anche per quello che avevano atteso tanto a lungo prima di passare all'azione.

Era tutto programmato nei minimi dettagli, pensai, perché prendendo il Boulevard dall'inizio sarebbero dovuti passare fra la folla. E questo pensiero, insieme alla presa di coscienza che quello non era un incubo, ma qualcosa che mi stava succedendo davvero, mi immobilizzava.

Tentai ancora di opporre un po' di resistenza quando il pulmino si fermò alla fine del Boulevard, verso sud, nel bel mezzo del cantiere che, di lì a qualche tempo, avrebbe allungato la passeggiata serale degli abitanti di Dipolog.

Anche questa volta, la mia resistenza non impedì a quel gruppo di uomini di fare di me ciò che desideravano. Mi tolsero la manetta e mi buttarono giù di peso dalla vettura. Non fu tanto la botta a farmi male, ma la ghiaia di quel tratto di strada non ancora asfaltato che prese a graffiarmi la pelle mentre venivo trascinato a terra.

In quel momento non potevo guardarmi, ma ero sicuro che avrei ritrovato il mio corpo pieno di escoriazioni.

Poi, finalmente, riuscii a rialzarmi. Subito mi misero sulla testa un sacco di nylon intrecciato, di quelli usati per trasportare il riso.

Eravamo arrivati nei pressi del mare.

Il mare, ecco in che modo mi faranno sparire.

Questo pensai e sulla riva vidi, per quanto mi permetteva il sacco che avevo in testa, due barche con bilancieri, evidentemente in attesa del nostro arrivo. A bordo di una c'erano già degli uomini, sull'altra venni fatto salire per primo io. Mi spinsero a poppa e capii che lì avrei preso l'acqua per tutto il tempo. Ma questo sarebbe stato il meno, lo sapevo, e infatti subito mi riammanettarono, facendomi sedere sul fondo dell'imbarcazione. Mi dovetti accucciare, stringendo le ginocchia, quella barca non era fatta per uomini della mia stazza. In più una manetta stava schiacciando l'orologio, che ora spingeva dolorosamente sulla pelle. Sentii che il polso cominciava a sanguinare, ma al momento non dissi nulla, perché le barche, all'unisono, si erano messe in moto.

È la fine.

Di lì a pochi istanti, ci saremmo staccati dalla riva. Nessuno ci aveva seguiti, non sentivo sirene in lontananza, grida amiche che venivano in soccorso, non vedevo luci, niente di niente. Mi stavano portando via come un gigantesco, inerte sacco di riso, e io lì, dentro quella barca troppo piccola per me, accucciato, ammanettato, sanguinante.

Attraverso il nylon vidi gli uomini a bordo della prima barca – saranno stati quattro, o forse cinque, o sei – sollevare tutti quanti il braccio, tenderlo per bene verso il cielo, come a dire a quelli che rimanevano a terra: "Si va!".

Non dissero nulla, bastò quel braccio alzato a segnare una partenza che per loro significava "missione compiuta" e per me l'inizio di qualcosa che ancora non aveva confini. Andavo incontro all'ignoto, in quel mare aperto e nero che adesso mi faceva paura come mai prima, e ci andavo respirando a malapena.

Fu solo quando la riva fu distante, che qualcuno mi tolse quel sacco di nylon dalla testa, regalandomi un attimo di sollievo. Ma soltanto un attimo, perché il polso, dove l'orologio spingeva fra l'acciaio della manetta e la mia pelle, mi faceva sempre più male.

Sulla mia stessa barca c'era un uomo più anziano degli altri, seduto non sul fondo, ma su una tavoletta di legno incastrata tra le sezioni verticali dell'imbarcazione. Mi dava le spalle.

Quando si girò verso di me, cercai, muovendo il mento, di attirare la sua attenzione sul polso ferito. Se fosse stato solo probabilmente mi avrebbe tolto le manette.

Tanto dove potevo scappare ormai? Buttandomi giù dalla barca sarei soltanto annegato. Ma dovette chiederlo al capo, il piccoletto che prima mi aveva tempestato di pugni.

Non avevo opposto che un briciolo di resistenza, eppure

quel briciolo lui me lo voleva far comunque pagare. E la sua riposta fu un «no» che acuì il mio dolore.

Fu in quel momento, mentre una barca con bilanciere mi portava chissà dove e il polso non smetteva di sanguinarmi, che capii una cosa: ai loro occhi non ero una persona, qualcuno che potesse avere una volontà, ero un ostaggio, una cosa, una merce di scambio.

E qualsiasi mio tentativo di ribellarmi a questa condizione mi sarebbe costato caro.

Attorno a me soltanto il mare, il rumore delle onde, che quasi soverchiava quello del motore. Chiusi gli occhi.

Cosa ci faccio qui?

3

Zamboanga, 5 luglio 1989

Chiudo gli occhi, provo a fare qualche respiro profondo, ma è inutile. Riesco a dormire solo qualche minuto, e poi sono di nuovo qui, sveglio, nel mio letto. Attorno a me ancora il buio della notte, il silenzio della stanza, e per fortuna il fresco. Perché la stanza che mi è stata assegnata per trascorrere questa notte a Zamboanga, nella casa del mio istituto missionario, ha l'aria condizionata. È l'ultima notte, da domani mi aspetta il caldo umido e a tratti asfissiante dei tropici in questo periodo dell'anno, dovrei approfittarne, ma il sonno proprio non arriva.

Ieri ho potuto farmi una doccia, rilassarmi, e prepararmi alla partenza. Perché domani – o forse già oggi, tra qualche ora – sarò a Sibuco, il luogo che ho scelto per iniziare la mia vita di missionario.

Non è lontano da qui, ma ci si arriva soltanto in barca. Per quanto si trovi sulla terraferma, è un paese isolato, non ci sono strade d'accesso, e chissà quando queste vie verranno spianate. Non che le strade nelle Filippine consentano viaggi confortevoli. A volte per percorrere cinquanta chilometri ci si impiegano anche tre-quattro ore, tra buche e sballottamenti.

Mi chiedo come verrò accolto. Ci sarà una festa? Si farà un banchetto? Mi metteranno al collo una ghirlanda di fiori?

Verrò presentato a tutte le persone del villaggio? E sarò ben voluto?

Le domande mi rimbalzano da una parte all'altra della testa, e non riesco a dormire.

Ripenso al mio arrivo qui nelle Filippine qualche mese fa, al giro delle missioni da un estremo all'altro del paese, ai miei sguardi di meraviglia, alla sensazione costante di essere dentro a un documentario di Jacques Cousteau, o tra le pagine più belle di una delle enciclopedie illustrate che sfogliavo da bambino.

Ma da adesso in poi non sarò più un turista, sarò parte di una missione.

E allora il sonno si allontana. Per poi tornare, e riallontanarsi di nuovo.

Quando il sole sorge, so che avrei bisogno di una dormita come si deve, ma al contempo sono pieno di energie.

Tra poco si va, tra poco comincia la mia nuova vita qui.

Il risveglio vero e proprio avviene su un autobus sgangherato, di quelli che ho ormai imparato a conoscere, con la carrozzeria piena di ruggine, i sedili in legno, stipato con sessanta persone anche quando ne potrebbe trasportare soltanto una trentina – e invece qualcuno si arrampica persino sul tetto, prendendosi rami, polvere e vento per l'intero tragitto.

Ci sono anche io, su questo autobus, stritolato tra gli altri passeggeri, con le mie valigie, contenenti poche cose, fra le ginocchia. La prima destinazione è Labuan, un piccolo centro sulla costa occidentale dell'isola di Mindanao, nel Sud delle Filippine, per fortuna non molto distante dalla città di Zamboanga. Dal suo porto salpano le imbarcazioni che portano anche a Sibuco.

La meta non è distante, una ventina di chilometri appena, forse venticinque, ma il viaggio è lungo, perché sulla strada incontriamo diversi posti di blocco militari. A ciascuno, l'autobus deve fermarsi, gli uomini scendono, a bordo rimangono solo le donne, e i militari salgono per controllare la situazione. I nostri bagagli però rimangono su. Non ho molto nella mia valigia, ma vorrei riuscire a portarla fino a Sibuco, e quando c'è un controllo militare non si sa mai, anche questo l'ho già imparato. Appurato che a bordo non c'è nulla di sospetto, si può subito risalire e riprendere il viaggio. Ed è una nuova lotta per accaparrarsi il posto e ritrovare uno spazio vitale.

La strada è sterrata e corre lungo la costa, alla nostra sinistra. Sulla destra costeggia invece grandi piantagioni di palma da cocco, dove vedo persone chine a lavorare, tutte guardate a vista da uomini con in braccio un fucile.

Possibile? mi chiedo guardandomi in giro, come in cerca di risposte. Fino a che all'orizzonte si profila la sagoma di una costruzione, sormontata da un cartello che recita «Colonia penale di riabilitazione».

Sono prigionieri, mi rispondo da solo. E intanto l'autobus prosegue. Impiega un'ora per percorrere quella ventina abbondante di chilometri.

All'arrivo è tutto uno spingersi per recuperare le valigie e uscire prima degli altri. Io decido di non gettarmi nella mischia e attendo pazientemente che escano tutti.

Ma, una volta sceso, la situazione non è più tranquilla, perché l'autobus viene circondato da un gruppo di *porters*, con il loro coro di «aiuto io», «porto io». Uomini bassini e filiformi, tutti nervi, che si caricano sulle spalle valigie spesso grandi quanto loro o sacchi pesanti anche quaranta o cinquanta chili.

Li scanso e, seguendo il flusso delle persone, mi dirigo verso la spiaggia: là qualcuno deve essere in attesa del mio arrivo. E dopo il caos dell'autobus e quello dei *porters*, mi ritrovo nel caos supremo della via commerciale. Un dedalo di negozi, bancarelle, sacchi di riso o di granoturco appoggiati direttamente sulla strada, cassette di bibite, galline legate insieme per le zampe, maiali, e poi ancora zucchero, saponi – tutto in un sottofondo di rumori e voci che si accavallavano gli uni sugli altri. Dev'essere un mercato generale, dove si approvvigionano venditori che poi si recano tra le montagne, nei piccoli villaggi, per rivendere quella merce a prezzo, ovviamente, maggiorato. Persone sorridenti, dal fare amichevole, ma col pelo sullo stomaco e spesso del tutto prive di senso etico – i miei compagni missionari già me ne hanno parlato.

Io sono l'unico bianco, qui, e gli occhi sono tutti puntati su di me. Qualche donna mi urla «*gwapo, gwapo*», qualche altro «*kano, kano*», abbreviazione di *americano*, perché per i filippini tutti i bianchi sono americani. Ma c'è anche chi mi chiama «*pari, pari*», perché i bianchi sono spesso padri missionari, i turisti non hanno ancora scoperto questi luoghi straordinari – e ai loro occhi è automatico che sia un *pari* anche io.

Non si stanno sbagliando, mi dico con un sorriso. E fra non molto arriverò alla mia nuova casa. Penso ancora all'accoglienza che mi aspetta, la ghirlanda di fiori, magari il cocktail di frutta.

E, riemergendo da quel budello di colori e odori, e non tutti profumi, mi ritrovo sulla spiaggia da cui partirà la mia barca.

Già, a proposito della mia barca... Quale sarà?

Mi fermo, davanti a me c'è una fila immensa di piccole imbarcazioni, tutte con la poppa nella sabbia, legate con un filo di nylon a un paletto.

Mi guardo attorno, in cerca di qualcuno che mi venga incontro, che mi indichi su quale devo salire. Dopotutto sono un *kano*, sono l'unico a indossare delle scarpe chiuse in un posto in cui tutti vanno in giro a piedi nudi o al massimo con un paio di infradito, non sarà difficile riconoscermi, mi dico. E mi dico anche: se qua non viene nessuno, ora io riprendo l'autobus e me ne torno a Zamboanga.

Ma no, devo aspettare, rimugino subito dopo. Anzi, devo rimediare a questa situazione, penso fissandomi i piedi. Per salire sulla barca avrò bisogno di fare qualche passo dentro l'acqua, quindi le scarpe chiuse sono totalmente fuori luogo.

Individuo un negozietto che dà direttamente sulla strada, dove compro per pochi spiccioli delle infradito di plastica verdi, e poi, con le mie scarpe legate per le stringhe appoggiate su una spalla, mi rimetto in attesa.

Non so quanto tempo trascorre, quando ecco un ragazzotto alto, che spicca in mezzo a tutti, la pelle scura e un sorriso bianco aperto da guancia a guancia. Mi saluta con la mano e mi dice: «Rolando? *Pari*?».

E io, con un sospiro di sollievo, rispondo di sì.

«Scusami, sono in ritardo» riprende lui parlando in un inglese molto elementare.

«Fa niente, fa niente» rispondo.

A quel punto, come se niente fosse, si china a prendere il mio bagaglio.

«No, no, non toccare nulla, non ti preoccupare.»

Ma lui non mi ascolta. Prende borsa, zaino, scatolone e si avvia a passo deciso da qualche parte. Io lo seguo, finché raggiungiamo quella che dev'essere la barca della missione. Una barca a bilancieri verniciata di fresco, bianca e blu.

A bordo c'è un ragazzino, e il tizio che mi sta portando i bagagli si affretta a presentarmelo: «*My brother, my brother*».

Ecco la mia ciurma, penso.

Mi fanno accomodare, se così si può dire, sul fondo della barca. A farmi da schienale c'è un'asse di compensato che mi separa dal motore. «*Welcome, welcome*» mi dice il tizio mentre i bagagli vengono disposti a prua, coperti per bene da tela cerata, come a dire: "Non sarà un viaggio asciutto".

A un certo punto il ragazzino annuncia: «*Let's go!*» e partiamo.

Il vociare proveniente dalla costa si fa più flebile a mano a mano che ci allontaniamo, le persone diventano sempre più piccole, le vedo ancora camminare, correre, accalcarsi. Mi sto lasciando tutto questo alle spalle, mentre superiamo la baia di Sibuco, e la costa che si affaccia sul mare di Sulu mi si spalanca alla vista in tutta la sua bellezza. Mi sembra di trovarmi in una sorta di paradiso terrestre, non posso che ammirarla a occhi spalancati.

Stiamo viaggiando da una decina di minuti quando la barca rallenta leggermente e il ragazzino – che nel frattempo ho scoperto chiamarsi Marwin – mi indica un punto nel mare e mi dice: «Guarda!».

È un mostro largo più di cinque metri e lungo una quindicina, che nuota sotto il filo dell'acqua, nero e maculato di bianco. L'ho visto in un documentario, è uno squalo balena, una bestia senza denti, il più grande pesce al mondo... A vederli così da vicino sono davvero impressionanti, anche se so che sono praticamente innocui: si nutrono di plancton, gamberetti, piccoli pesci, non certo di carne umana. Tanto che i bambini filippini, quando escono a pescare insieme ai papà, hanno l'abitudine di saltarci sopra.

Io, per non saper né leggere né scrivere, non ci proverò.

Mi risiedo e cerco di rilassarmi, anche se non è così semplice. Il rumore del motore, che avrà massimo dieci cavalli, è assordante, e la mia schiena è già rovente: il compensato non isola un bel niente.

Quando però sollevo lo sguardo, ecco la meraviglia: una miriade di piccole cale, e poi barche minuscole senza motore e senza bilancieri, spinte a pagaia dai pescatori che cercano di catturare le loro prede con un filo di nylon. Si mettono in attesa e quando sentono il filo che si tende, allora lo sollevano dietro alla propria spalla.

Ma il sollievo regalato da questo paradiso terrestre non riesce a farmi scordare quanto il viaggio stia diventando infernale.

Sto respirando sicuramente più benzina di quanta dovrei, e credo di avercene un po' anche addosso, perché sul fondo della barca è pieno di macchie d'olio, iridescente sotto la luce del sole. Sole che, tra le altre cose, è accecante, comincia a scottare sul serio – solo adesso mi rendo conto che, oltre alle infradito, avrei dovuto comprare anche un paio di occhiali scuri, della crema solare e un cappello, o perlomeno dei fazzoletti per coprirmi la testa. Fazzoletti che qui non sono molto usati, non per proteggersi la bocca dalla polvere quando si viaggia sui posti anteriori dei *jeepney*. Per il resto, si tappa una narice e via… d'altronde perché portarsi appresso, seppure chiusi in un fazzoletto di carta, i nostri umori?

Comunque sia, mi sento ferito nell'orgoglio. Ero convinto di essermi preparato a dovere e invece, ora che non ho più la mia guida con me, sono impreparatissimo. Non ho calcolato le cose più elementari.

Ma ecco che Marwin mi allunga la sua giacchetta: è blu navy, imitazione di un modello Adidas, con due bande bianche che vanno dalla spalla al polso. A occhio e croce proviene da uno dei tanti *ukay-ukay* che si trovano qui nelle Filippine, negozi e bancarelle che vendono vestiti di seconda mano arrivati da chissà dove – tanto che può capitarti di incontrare, nel cuore della foresta, un bambino con addosso la maglia dell'Inter (molto più raramente del Bologna…).

Faccio per coprirmi la testa con la giacchetta, ma Marwin mi dice: «Mettila sulle ginocchia. Se no poi, se le ginocchia ti si bruciano, la pelle tira e non riesci a camminare». Lo spiega col tono di chi ha capito di avere di fronte a sé una persona inesperta, ma anche con la fierezza di chi ha il compito di portare il *pari* sano e salvo fino alla missione.

Il viaggio in quel paradiso incontaminato prosegue per un bel po' finché davanti ai miei occhi si apre una baia immensa.

«La baia di Sibuco» annuncia Marwin.

Eccoci a destinazione. Io comincio già a sistemarmi la maglietta, tutta spiegazzata, come se fossi in attesa di presentarmi a un colloquio di lavoro. Sono nel luogo che ho scelto, tra poco la mia nuova vita comincerà.

E, a mano a mano che ci avviciniamo alla costa, riesco a vedere meglio i venti, la grande spiaggia della baia, le piccole case dei pescatori – dai camini di alcune di queste esce del fumo, è già mezzogiorno.

Stringo gli occhi, cerco di individuare il mio comitato di accoglienza, ma non vedo nulla. La spiaggia è praticamente deserta sotto quel sole.

Poi la punta della barca sbatte contro la sabbia. Siamo arrivati davvero. Scendo, immergendomi nell'acqua fino al ginocchio, e mentre ci passiamo i bagagli per far sì che perlomeno loro non si bagnino, penso con un po' di delusione che non ci sarà nessun cocktail di benvenuto, nessuna corona di fiori.

Ma all'improvviso ecco un gruppo di quattro, cinque ragazzi sorridenti, in pantaloncini corti e t-shirt. Gridano: «*Father! Father!*» prima di avventarsi sui bagagli.

Sollevo la mano in segno di saluto e ringraziamento, mentre Marwin dice: «Io vi raggiungo fra poco, prima lego la barca».

Non mi resta che seguire i ragazzi. Imbocchiamo una stradina cementata che parte proprio a ridosso della spiaggia. Ai lati ci sono varie abitazioni, dalle finestre sono affacciate delle persone. Sono tutti musulmani.

Alla fine della stradina, lunga un centinaio di metri, si apre una piazza. Non certo piazza Duomo a Milano, ma neppure la piazza di Angera, il paese sul Lago Maggiore in cui sono cresciuto. Sulla destra c'è un grande campo, con un edificio in costruzione – una scuola, come scoprirò. Sulla sinistra il municipio, il posto di polizia e un campetto in cui una decina scarsa di capre stanno brucando l'erba, belando ogni tanto allegramente. Su questo campetto si affaccia anche la chiesa.

Il ragazzo alla testa della comitiva apre un cancelletto ed entriamo.

Mi accoglie, con un battimano che mi scalda il cuore, la famiglia che vive lì con il padre missionario. Lui è un tipo mingherlino, basso di statura, tutto nervi, opera in questa missione da ormai più di vent'anni. Mi basta uno sguardo per soprannominarlo, nella mia testa, il Peperino.

Quando arrivo sta fumando una sigaretta: «Benvenuto!»

mi dice. «Allora, com'è stato il viaggio? Hai conosciuto Marwin?»

Mi rendo subito conto di aver scelto davvero un luogo semplice per iniziare la mia vita da missionario. Nella cucina non c'è il frigorifero, né i fornelli a gas, solo la carbonella.

Ma tanto basta. E poi c'è il calore umano.

Il padre prepara una pasta con alcune scatolette di tonno che si è fatto arrivare dall'Italia, quindi cuciniamo un po' di pesce alla brace. Poi la frutta – banane, per la precisione. Nelle Filippine le banane si mangiano sempre, e non hanno nulla a che vedere con quelle che avevo mangiato in Italia; ce ne sono alcune panciute, le *senoritas*, piccole e dolcissime.

Per concludere il caffè, insieme a lunghe chiacchiere.

Ho tante emozioni dentro: ripenso alla partenza da Labuan, al dedalo di strade in cui mi sono sentito perso e poi a quel viaggio in barca sotto il sole, all'ombra maculata dello squalo balena.

Quando il padre mi mostra la mia stanza, al secondo e ultimo piano dell'edificio, sono talmente stanco che mi butto sulla stuoia e mi addormento all'istante.

Mi risveglio che è già notte. Fuori dalla finestra c'è il buio completo di questo luogo, il silenzio interrotto solo dai suoni della natura, col sottofondo del mare in lontananza.

Sono a casa.

4

Il viaggio sarebbe durato tutta la notte.

Osservai le luci della città allontanarsi con un terrore che non avevo mai provato prima, anche per l'accoglienza che mi sarebbe stata riservata.

"Dove mi stanno portando?"

Ogni tanto chiudevo gli occhi e pensavo a cosa potesse essere successo davanti al mio ristorante: l'arrivo della polizia, gli amici, i semplici curiosi, la festa del Santo Rosario macchiata da un evento del genere.

"Chi lo dirà alla mia famiglia?"

Questo era il pensiero che più mi faceva stare male. Nelle Filippine non avevo una nuova famiglia, e a nessuno avevo dato il numero di telefono dei miei cari in Italia. Forse, mi dicevo, lo avrebbero saputo, come chiunque altro, dai telegiornali. E i telegiornali come avrebbero presentato la notizia?

Piombai in un'ansia profonda.

"Si sono sbagliati... si sono sbagliati..."

Non facevo che ripetermelo: "Perché questi hanno rapito proprio me?".

In quel momento non potevo ancora immaginare che sarei finito in mano al gruppo dei paramilitari separatisti islamici Abu Sayyaf, non ci pensavo proprio. Anche perché le imbarcazioni sulle quali stavamo viaggiando erano sì potenti, ma non abbastanza da reggere una traversata fino a Jolo, dove era verosimile che degli Abu Sayyaf mi avrebbero portato.

Avevo una certa esperienza di barche, nella missione ne avevamo una. E no, quella barca senza tubo di scappamento – rumorosissima – non ci avrebbe potuto portare tanto lontano.

"Rimarremo in provincia" mi dicevo. Cercavo di aggrapparmi alla razionalità, di rimanere freddo, ma i pensieri si accavallavano l'uno sull'altro.

"Come farò a spiegare che hanno preso una cantonata?"

"Io non ho le disponibilità finanziarie per pagare un riscatto."

"E la mia famiglia? Come si sentiranno, loro?"

Seduto a poppa, ero bagnato dalla testa ai piedi, e continuava a farmi male il polso. L'orologio, incastrato nella manetta, spingeva contro la carne. Alla fine, il vecchietto che era sulla barca insieme a me si impietosì – che poi forse avrà avuto una cinquantina d'anni, all'incirca un mio coetaneo, solo con un reticolo di rughe che lo faceva sembrare un nonnino. Non mi tolse la manetta, ma mi strappò l'orologio, e se lo mise in tasca.

Quell'orologio non l'ho più visto.

Era trascorsa un'oretta, ma non so dirlo di preciso, quando le luci di Dipolog scomparvero definitivamente e ci ritrovammo immersi nel buio più assoluto.

Ero certo che la barca stesse comunque seguendo la costa, a relativa distanza, perché un'imbarcazione del genere non poteva permettersi avventure in mare aperto. Il mare è traditore, il mare può cambiare diverse volte nel giro di pochi minuti, far crescere le proprie onde, inghiottirti.

Quindi ne ero sicuro: per quanto le luci della città fossero scomparse alla vista, la terra non era poi così distante.

Inoltre il buio mi tranquillizzava. Nella notte non puoi essere un bersaglio, perché nessuno può vederti. Lo avevo sperimentato nelle situazioni più pericolose della mia storia da missionario.

E così, complice la stanchezza, mi addormentai.

* * *

Al risveglio, mi ritrovai ricoperto da una tela cerata, con due persone sedute sopra di me. Chiunque ci avesse visto dall'esterno avrebbe semplicemente immaginato dei pescatori accomodati placidamente sopra le reti da pesca, non certo dei rapitori che nascondevano un ostaggio.

Sentivo il rumore della nostra barca, ma anche quello di altre imbarcazioni – più piccole, con uno o due occupanti, le riconoscevo dal suono dei loro motori. Doveva essere l'alba, dunque, il momento della giornata in cui i pescatori uscivano per mare.

Non mi sbagliavo. Poco dopo giungemmo a una spiaggia. Io ero bagnato fradicio, ma pur essendo ancora mattino presto, la temperatura si avvicinava già ai trenta gradi, mi sarei asciugato presto. Mi accorsi che non avevo più le scarpe.

Sceso dalla barca mi avvicinai a uno scoglio arancione scuro, striato di marrone, e mi ci appoggiai. Avevo dormito, ma ero stravolto.

Chiusi un attimo gli occhi e quasi boccheggiai. Di colpo mi riapparve, come se ce l'avessi avuta davanti agli occhi, la canna della pistola che mi era stata puntata dentro al ristorante.

Cercai di respirare, di scacciarla dalla mente. Il sollievo non durò che qualche attimo perché i miei rapitori mi spinsero subito in avanti, senza alcuna delicatezza, verso la vegetazione: erba alta e tagliente e palme da cocco, che mi nascosero alla vista di chiunque.

Cominciammo a camminare. Io, senza più nemmeno un paio di sandali, facevo molta fatica, e un nuovo terrore si insinuò in mezzo agli altri. In passato avevo sofferto di una terribile infezione a una gamba che ora, ogni sei o sette mesi, si ingrossava. Con me non avevo certo una bottiglia di alcol per disinfettare le piccole ferite che quel tragitto mi avrebbe di sicuro causato: piccole ferite che però mi avrebbero potuto impedire di camminare.

“E se non posso più camminare” pensavo “diventerò soltanto un peso. E se diventerò soltanto un peso, forse questi decideranno di farmi fuori all’istante.”

Ma per il momento non potevo fermarmi, anche perché appena rallentavo un po’ loro mi spingevano per la schiena. Provai a far capire che non ce l’avrei fatta, senza un paio di calzature, e alla fine mi diedero delle infradito, che però non erano della mia misura e mi rendevano la camminata ancora più difficoltosa. Decisi di proseguire comunque a piedi nudi. In più ero sempre ammanettato con le mani davanti, e stare in equilibrio non era per niente facile, a ogni passo rischiavo di cadere.

Ero davvero un peso, che stava rallentando l’intera comitiva. Se ne dovettero accorgere anche loro perché a un certo punto il tizio basso e grassottello – il capo della banda, che ora era composta da sei, sette persone – venne da me e mi mostrò la chiave delle manette.

«Fai anche solo un passo falso e ti sparo, oppure ti lascio incatenato da qualche parte e butto la chiave.»

Mi disse qualcosa del genere, e finalmente mi tolse le manette.

Ricominciammo a camminare in mezzo alla vegetazione. Non si passava per sentieri battuti, ovviamente, davanti a me c’era solo un’erba altissima e affilata.

Allora alzavo gli occhi al cielo, che si era ormai fatto azzurro, e intanto, osservando la posizione del sole, provavo a fare ipotesi su dove ci trovassimo. Avevamo viaggiato in mare per sei, massimo otto ore, e mi dissi che dovevamo ancora trovarci nella provincia di Dipolog. No, non ci eravamo allontanati di tanto.

Speravo di sentire il frastuono di qualche elicottero. Magari qualcuno mi stava cercando… ma c’era solo il rumore dell’erba che spostavamo al nostro passaggio, e che intanto aveva riempito di tagli le mie braccia.

Eppure non provavo alcun dolore. Vedevo le escoriazioni, vedevo un po’ di sangue, ma non facevano male.

A un certo punto diedi un piccolo colpo di tosse. Tutti si voltarono di scatto verso di me, e il capo si prese il collo della maglietta e se lo infilò in bocca, come a dire: "È così che devi tossire". Per quanto non si sentissero elicotteri, era palpabile la loro paura che in giro ci fossero poliziotti o militari sulle mie tracce. Ma era meglio non attirare l'attenzione neanche dei contadini del luogo, che potevano trovarsi a camminare da quelle parti. Dovevamo rimanere invisibili, e il più possibile *silenziosi*.

Dopo un po' di cammino arrivammo a una piccola radura. Avendo potuto aggrapparmi con le mani ai rami o agli arbusti, era andata decisamente meglio, ma avevo una gran sete. Faceva molto caldo ed ero sudato.

Per quella radura passava un torrente, che però in quel periodo dell'anno era secco. Almeno potei usare i larghi massi levigati dall'acqua, e all'ombra, come un punto di ristoro, perlomeno per le mie gambe e la mia schiena stanche.

Qualcuno dei miei rapitori si allontanò per tornare con dell'acqua, finalmente. Ma non mi potei attaccare alla bottiglia come avrei sperato.

Tanto per cominciare non potevo avvicinare le labbra alla plastica, ero un infedele e così l'avrei contaminata. Solo tra fratelli si potevano condividere lo stesso piatto, lo stesso bicchiere, la stessa bottiglia. Il primo sorso, poi, serviva per sciacquarsi la bocca. Potevo deglutire il secondo, ma molto lentamente, perché altrimenti mi sarei appesantito e non sarei più riuscito a camminare.

Doveva essere un metodo sperimentato durante le loro camminate sotto il sole, perché mi sentii comunque bene e, chiudendo gli occhi, quasi mi addormentai sopra quelle rocce lisce, e perfino comode, dopo il terribile viaggio in barca.

Il gruppo, intanto, si era disposto nella radura. In due erano vicinissimi a me, non mi toglievano gli occhi di dosso, altri due o tre si erano allontanati e parlavano non so di cosa. C'era poi un altro uomo, che si era sistemato in una posizione leggermente sopraelevata e imbracciava un mitragliatore M16 di fabbricazione americana. Un ragazzo giovane, dall'aspetto pulito, educato, piacevole. Soltanto quando sorrideva, e mostrava così un dente argentato, il suo aspetto si faceva più inquietante. Era stato lui a puntarmi la pistola al ristorante, me lo aveva rivelato lui stesso togliendosi il passamontagna e rivolgendomi per la prima volta quel suo sorriso scintillante.

Ora, mentre mi osservava, mi metteva a disagio. Sia per quell'M16 puntato, ma anche perché i suoi occhi erano come scanner che sembravano soppesarmi, dall'alto verso il basso e da destra a sinistra. Sembrava si stesse chiedendo: "Cos'abbiamo fra le mani? Quanto potrà valere di preciso?".

Così decisi di accucciarmi in posizione fetale sulla pietra che avevo eletto a mio divano, chiusi gli occhi ma... ecco di nuovo la canna di pistola puntata contro di me.

Di nuovo respirai, di nuovo cercai di scacciarla e alla fine mi appisolai. Avrei voluto dormire profondamente, e poi risvegliarmi e scoprire che era stato tutto uno strano, orribile, sogno.

Invece fu un dormiveglia, il mio, in cui i pensieri continuarono a mulinare nel cervello e che terminò verso sera, quando qualcuno mi strattonò in malo modo e mi urlò: «Andiamo, andiamo!».

Si ripartiva. Di nuovo un passo dopo l'altro, di nuovo l'erba tagliente sulle braccia, i sassolini sotto i piedi. Attraversammo un grande terreno pieno di palme da cocco, probabilmente la piantagione di un privato.

In lontananza sentivo il rumore del mare. E lo raggiungemmo, di lì a poco. Ci trovavamo ad almeno trecento metri dalla più vicina casetta di pescatori, coi suoi lumini accesi, e mi arrivarono alle orecchie abbai di cani e il pianto di un bambino, che durò poco più di un istante. La vita era lì, ma io non potevo muovermi, correrle incontro, salvarmi.

Io avevo sempre quella maledetta canna di pistola puntata contro la mia testa.

Non feci in tempo a chiedermi cosa facessimo su quella spiaggia – anche se la risposta era ovvia: ripartire alla volta del mare aperto – che comparve un uomo che non avrei rivisto più, nel corso dei miei sei mesi di prigionia. Ci venne incontro con due borse di plastica, dentro c'erano delle bottiglie di Sprite e dei cracker. La Sprite era calda, terribile, ma in quel momento avevo più che mai bisogno di zuccheri e ne bevvi più che potei, insieme a un pezzo di cracker. Era un giorno e mezzo che non mangiavo nulla, avevo fame, e chissà quante calorie avevo già perso.

Dopo quello spuntino, sulla spiaggia eravamo in quattro: io, il vecchietto che mi aveva strappato l'orologio, ma che mi aveva anche massaggiato le mani per lenire il mio dolore, il capo grassottello e il giovane della pistola, il quale rimase con me anche quando ci raggiunse la barca che mi avrebbe portato chissà dove.

Mi sentivo come un pacco, senza più forze, in balia di questi uomini che avevano sbagliato tutto e rapito la persona sbagliata.

Sulla barca eravamo pochi, adesso, e si stava decisamente meno stretti. Era buio, ormai, e a un certo punto passammo vicino a un faro.

Più ci pensavo e più non riuscivo a capire dove fossimo. Provavo a ragionare, visualizzando la cartina delle Filippine nella mia testa, a riconoscere la forma delle baie, e fu lì che capii che, in realtà, non ci eravamo mossi di molto. I miei rapitori stavano girando in tondo, probabilmente per disorientarmi.

"Non sono così dei sempliciotti come sembrano, allora."

La nostra destinazione, questa volta, era una caletta, dove non trovammo nessuno ad accoglierci. Risalire da questa cala non si preannunciava semplice: bisognava praticamente scalare una piccola scarpata, che scendeva giù quasi in perpendicolare. Non mi sembrava affatto qualcosa alla mia portata: ero stanco, senza scarpe e mi sentivo pesantissimo.

«Non ce la faccio» provai a protestare. «Non c'è un percorso più semplice?»

Ma le mie proteste caddero nel vuoto, e a suon di spintoni riuscii a risalire quella china e raggiungere quella che doveva essere la cima di una scogliera. Non potevo esserne sicuro perché era buio, ma sentivo il mare e l'aria sulla faccia.

Mi sedetti per riprendere fiato e toccandomi le caviglie mi accorsi che erano bagnate. Non certo di sudore, sembrava piuttosto sangue anche se, proprio come in mezzo all'erba alta e affilata, non sentivo alcun dolore. E non perché mi fossi trasformato in una specie di supereroe inscalfibile, ma perché probabilmente lo sforzo mi aveva fatto perdere del tutto la sensibilità.

Mi dissi che ci avrei pensato l'indomani. Ora basta, non volevo più saperne di niente.

Mi sdraiai, sopra quel terreno scomodo e accidentato, pieno di radici, e mi addormentai.

Sfinito.

5

A risvegliarmi fu un concerto di bengalini colorati che popolavano le chiome degli alberi sopra la mia testa. Era bellissimo, semplicemente bellissimo, meglio di una radio accesa che passa la tua canzone preferita.

Ero prigioniero, la consapevolezza dell'incubo in cui ero precipitato mi arrivò un istante dopo, eppure lì sdraiato, mentre guardavo il cielo e ascoltavo quel suono meraviglioso, per un momento mi sentii bene.

E insieme a quel suono mi arrivarono alla memoria alcune parole:

Perciò vi dico: per la vostra vita non affannatevi di quello che mangerete o berrete, e neanche per il vostro corpo, di quello che indosserete; la vita forse non vale più del cibo e il corpo più del vestito? Guardate gli uccelli del cielo: non seminano, né mietono, né ammassano nei granai; eppure il Padre vostro celeste li nutre. Non contate voi forse più di loro? E chi di voi, per quanto si dia da fare, può aggiungere un'ora sola alla sua vita?

Il Vangelo. La mia porta d'accesso a Dio. Per quanto uomo di Chiesa, avevo sempre avuto un rapporto particolare con la religione: non mi affidavo ai rituali o alla teologia, per me importava soltanto il Vangelo, era quella l'unica parola che mi arrivava dritta e chiara.

E, anche in quel momento, mi arrivò.

Mi sollevai e mi guardai la caviglia. Proprio come avevo immaginato, il liquido che avevo sentito era sangue, ora seccato. Non avvertivo alcun dolore però, quindi mi tirai in piedi, volevo ammirare, da quella scogliera, il mare che la sera prima non era altro che una distesa di nero assoluto.

Proprio in quel momento... *pam!*

Un uccellino mi colpì sulla guancia, per poi volare via.

Alzandomi di colpo mi ero trasformato in un ostacolo imprevisto sulla sua traiettoria.

Sì, razionalmente era tutto qui.

Ma poteva essere *davvero* tutto qui?

"No, è un segno che qualcuno mi è vicino," mi dissi "che qualcuno, in qualche modo, si sta prendendo cura di me. Mi sta *nutrendo*."

Poi però mi voltai e vidi i miei carcerieri. Uno aveva già preparato il cavalletto su cui tenere posizionato il suo M16 di derivazione americana, introdotto lì durante la guerra del Vietnam, puntato su di me. Un altro, che non mi degnò nemmeno di uno sguardo, era impegnato a pulire tutte le pistole che si erano portati dietro per la missione.

C'erano anche il vecchietto e il capo grassottello. Durante la notte il gruppo si era ricomposto.

«Stasera si mangia» mi annunciò il vecchietto. «Bisogna aspettare.»

Dal lato opposto della scogliera arrivava infatti il rumore di una betoniera che girava, e poi, intermittente, quello di un martello pneumatico. Qualcuno, insomma, stava lavorando: insomma, noi non potevamo spostarci da lì.

La giornata fu lunga, ma passò. E alla sera, come annunciato dal vecchietto, si presentò un giovane con un cappello di paglia in testa, i pantaloni fino al ginocchio un po' sdruciti, la pelle scura e ambrata come quella di un bagnino a fine stagione. Era tutto sudato – chissà da quale parte era arrivato fin là, forse dalla stessa scogliera che era toccata scalare a me.

Poco importava, però. Perché con sé aveva, finalmente, del cibo caldo: un pentolone di riso al vapore e sopra delle uova sode e un po' di pesce cucinato alla brace.

Fu la cena migliore della mia vita. Finché non ti manca non sai quanto può essere prezioso, e buono, il cibo.

A fine cena, il capo prese dei soldi dal marsupio che portava sempre con sé e li diede al ragazzo col cappello di paglia. Erano banconote nuovissime, come appena uscite dalla zecca di stato, e mi chiesi che origine avessero. Ma quello che più attrasse la mia attenzione fu un pacchetto di sigarette prima abbandonato vicino alle armi, che ora lui stava mettendo via.

Per quanto cercassi di distrarmi il mio sguardo andava sempre lì. Per me, che fumavo decine di sigarette al giorno, era come un magnete.

Mi dissi che avrei potuto allungare il braccio per indicarle, sperando che qualcuno me ne desse una, ma mi dissi anche che avrebbero potuto interpretare quel gesto come un tentativo di afferrare uno dei mitragliatori.

Quindi rimasi fermo, torturandomi con la bava alla bocca. Avevo *bisogno* di una sigaretta.

Finché il capo ne prese una, se la portò alla bocca e la accese. Quello fu il massimo della tortura, per me, e il mio sguardo doveva essere abbastanza eloquente, perché lui, inaspettatamente, me ne offrì una.

La accettai e quando inspirai la prima boccata mi sentii come il re della scogliera, con la brezza proveniente dal mare che mi accarezzava la faccia e quel fumo buonissimo che mi scendeva, caldo, nei polmoni.

Cercai di farla durare il più possibile, mentre il buio calava e si avvicinava ancora il momento di dormire.

Stavolta, visto che mi toccava di nuovo dormire sul suolo nudo, senza neanche una tela cerata a farmi da giaciglio, cercai di trovare la posizione giusta fra le fastidiose piccole radici che serpeggiavano a filo del terreno.

Non so come – tutta la tensione, e poi anche la sorpresa

di quella sigaretta, che mi aveva regalato un attimo di pace in mezzo a una tempesta emotiva –, ma mi addormentai profondamente.

A svegliarmi questa volta non fu il concerto dei bengalini, ma un miagolio insistente, metallico.

Miao-miao-miao…

Aprii piano gli occhi, e vidi la fonte di quel suono. Era un piccolo telefono Nokia appeso ai rami di un arbusto.

Due dei miei carcerieri erano svegli, uno prese il telefono per rispondere e insieme si incamminarono verso la scogliera.

Li osservai per qualche istante, mentre parlavano con qualcuno, con quel Nokia tra le loro bocche, il loro viso illuminato da una tenue luce bluastra. Erano lì, a soli due metri da me, convinti che tutti quanti stessimo dormendo, completamente ignari che io, invece, li stessi guardando. Non immaginavano nemmeno quale pensiero stesse passando dentro la mia mente.

"Potrei spingerli giù, e poi prendere uno dei mitragliatori e, se servisse, finire il lavoro con gli altri per poi scappare, tornare libero."

Muovendomi appena, infatti, la mia testa aveva sfiorato il lato dell'M16.

Era proprio lì, a portata di mano.

Sarebbe bastato così poco…

Ma rimasi come immobilizzato.

Ero fatto per ricordarmi le parole del Vangelo, che avevano trovato dimora dentro di me e mi venivano in soccorso quando servivano, ma non ero fatto per uccidere. Non avevo paura di affrontare il pericolo, ne avevo affrontati tanti nella vita.

Ma avevo paura di uccidere.

Non mi mancava il coraggio. E neppure la preparazione fisica. Per quanto fossi stremato da quei due primi giorni di inferno, avevo pur sempre praticato il pugilato ed ero decisamente più alto e più pesante di loro. In quel momento, poi, i miei due carcerieri erano disarmati, distratti dalla conversazione al telefono, mi davano persino le spalle.

Non avevano speranza di spuntarla. Sarebbero precipitati giù dalla scogliera come sassolini calciati dal piede di un bambino.

C'era però la mia coscienza a impedirmi di calciare quei sassolini.

Quella coscienza che mi aveva spinto a fare scelte radicali, a scontrarmi con le istituzioni.

Quella maledetta coscienza che adesso mi impediva di avere la libertà di trovare la strada per… la libertà.

Mi allungai di nuovo con la testa all'indietro, chiusi gli occhi.

Non potevo uccidere, non ce l'avrei mai fatta. Non avevo mai tenuto un'arma in pugno. Ma mentirei se dicessi che in quel momento ero orgoglioso di me stesso.

No, ero arrabbiato, profondamente arrabbiato con questa mia coscienza, che non mi serviva a niente. Per colpa sua non potevo fuggire.

Cercavo di convincermi a metterla da parte, almeno per una volta.

La volta decisiva.

"Questa è autodifesa, Rolando, non stai facendo nulla di male in fondo."

"Piantala, buttali giù, salvati."

"Non te ne pentirai."

Ma fu inutile, non riuscii a muovermi, e alla fine la conversazione al telefono terminò, i due si girarono di nuovo verso di me, immobile e con gli occhi serrati di colpo, e il momento – l'unico momento in cui sarei potuto scappare – fuggì via.

Dormii male per il resto di quella notte. La mia coscienza era più fastidiosa delle radici di *kahoyi dalaga* che mi spingevano contro la schiena.

6

Non c'era nessun buongiorno dov'ero finito.

Non c'era il caffè, non c'erano biscotti, né qualcuno che ti chiedesse: «Dormito bene?».

C'era solo la consapevolezza, dopo che la notte aveva concesso un'evasione dalla realtà, ma anche quel senso di protezione che a me piaceva tanto, di trovarmi in gabbia.

Sì, mi sentivo come in una gabbia fatta di arbusti e vegetazione. Le giornate stavano trascorrendo senza che facessimo niente, io al massimo cercavo di strappare con le dita le radici che mi davano tanto tormento, in modo da poter riposare un po' meglio.

Quella mattina, però, mentre ancora una parte di me malediceva la mia coscienza, sentii all'improvviso il rumore di una barca provenire dal mare. D'istinto sollevai lo sguardo, e la vidi. Era un'imbarcazione di grosse dimensioni, con la scritta «polizia» sul lato e un poliziotto in piedi che scrutava la costa con un binocolo.

"Mi stanno cercando!" esultai dentro di me.

Ma subito una mano mi spinse con forza la testa verso il terreno, immergendomi nella mia gabbia di erba alta, e rendendomi di nuovo completamente invisibile.

"Chissà se hanno notato qualcosa?" mi chiesi, ma già sapevo che non era possibile perché nel nostro piccolo accampamento non avevamo acceso un fuoco e la vegetazione ci nascondeva. Le cose non erano state lasciate al caso.

Dopo giorni di silenzio, però, trovai il coraggio di fare al vecchietto – la persona che si era mostrata più comprensiva delle altre – una domanda che avevo dentro fin dall'inizio di quell'incubo.

«Perché proprio io? Siete sicuri di avere rapito la persona giusta? Secondo me vi siete sbagliati perché...»

«No, no, no» mi interruppe lui. «Noi ti conosciamo molto bene. Il nostro capo viene sempre a mangiare da te, è stato lui a ordinare questa operazione.»

Fu come aprire una voragine tra i miei pensieri. Quindi il mandante del mio rapimento aveva un volto che, se avessi scavato nella memoria, avrei anche potuto ricordare... fu come se una carrellata di fototessere mi passasse davanti agli occhi. Cercavo di pensare ai clienti non abituali, o a quelli venuti a mangiare da soli, ma era inutile.

E poi, se anche avessi capito chi era il loro capo, mi sarebbe servito per cambiare, in meglio, la mia situazione attuale?

No. Meglio non aggiungere altri pensieri a quelli che già mi avevano sommerso il cervello come uno tsunami.

Mi chiedevo se i talk show radiofonici di Dipolog stessero parlando, tutte le edizioni, del mio rapimento. Ero la notizia del momento, non c'erano dubbi. D'altronde lì, come diceva anche il capo della polizia provinciale, non succedeva mai niente, no?

Soprattutto, però, pensavo allo sconforto che stavano provando a casa i miei famigliari. Quali parole aveva scelto mia sorella per comunicare l'accaduto a mia madre, già anziana?

Ricordavo quando ci eravamo salutati all'aeroporto, solo un mese prima del mio rapimento. Mi aveva detto quello che ormai mi diceva tutte le volte che ci incontravamo: «Chissà se quando torni mi trovi ancora».

Io le avevo risposto: «Ma no, mamma, adesso torno più spesso di un tempo, lo sai. Ti prometto che ci vediamo per il tuo compleanno, in aprile».

«Dici sul serio?». Era rimasta incredula, ma contenta.

Ripensare al suo volto in quel momento mi faceva male, adesso.

Avevo visto come un rapimento poteva distruggere una famiglia. La vita si trasforma in una montagna russa che viaggia tra speranza e sconforto.

È il 1998, e dopo un periodo difficile nella lotta contro la deforestazione – anche quello una vera e propria montagna russa – mi appresto a ritornare in Italia per una vacanza di tre mesi.

Al mio posto, dalla sua missione, arriverà a sostituirmi Luciano, il padre che mi ha accompagnato nel mio giro esplorativo attraverso le Filippine.

Restiamo insieme per quattro, cinque giorni. Gli spiego a chi rivolgersi per qualsiasi esigenza, per lui non sarà una vacanza, ci sono delle attività da continuare e c'è un clima per nulla disteso attorno alla mia missione.

Comunque parto. Prima Zamboanga City, poi Manila e infine eccomi in Italia, sbarcato all'aeroporto di Malpensa. Ci sono i saluti, ci sono gli abbracci, e quella notte vado a dormire alle quattro del mattino.

Il risveglio non poteva essere peggiore, perché ricevo una telefonata in cui mi viene detto che un commando ha portato via Luciano dal letto in cui di solito dormivo io. Non solo, le persone che vivono alla missione sono state chiuse nel magazzino del riso e i rapitori hanno fatto razzia del negozietto di generi di prima necessità che avevamo messo in piedi per i contadini e portato via tutto il nostro equipaggiamento, compresa la radio per le comunicazioni.

Non c'è stato un blitz, l'area è isolata e probabilmente la stavano monitorando da giorni.

Io so soltanto una cosa: Luciano è stato rapito al posto mio. È me che volevano, perché sono stato io a dar fastidio ai potenti della deforestazione.

Il mio superiore dell'istituto missionario a Roma mi chiede

di assistere la sua famiglia in questo momento di dolore. Di lì a poco sono già in viaggio verso il Trevigiano, dove vivono i suoi cari e dove sono testimone di una lacerazione immensa.

Le notizie si rincorrono e alcune sono false, capaci di gettare chi è in apprensione in una disperazione ancora più profonda.

Si dice che le trattative non sono andate a buon fine. Si dice che è stato recuperato il corpo di un bianco da un fiume. Poi arrivano notizie più confortanti. E in mezzo ci sono sempre degli intermediari del luogo che si offrono di portare biancheria e generi di prima necessità al rapito, persone che poi avranno una percentuale sul riscatto pagato.

La tensione è davvero difficile da reggere. Un pomeriggio, mentre sono sul balcone della casa di Luciano e sto parlando con qualcuno laggiù nelle Filippine, la sorella mi raggiunge e mi chiede: «Ci sono novità?».

Scuoto la testa. «No, ma bisogna essere speranzosi.»

Lei esplode e comincia a tempestarmi le spalle di pugni. «Basta! Basta!» grida. «Non ne posso più. Nessuno mi dice qual è la verità. Non ce la faccio… non ce la faccio!»

La lascio sfogare senza neppure afferrarle i polsi per farla smettere, non posso fare altro. È giusto così.

Ma ricordo, poi, anche la gioia al momento della sua liberazione. L'incontro all'aeroporto a metà novembre, dopo oltre due mesi di prigionia.

«Qual è il suo più grande desiderio adesso?» gli domandano i giornalisti.

E lui: «Mangiare un buon gelato».

Lo portano davvero a mangiare un gelato, il suo primo gesto da uomo libero, ritornato in patria, circondato da una felicità immensa, il punto più alto della montagna russa su cui si sono ritrovati i suoi famigliari.

La stessa montagna russa sulla quale ora si trovavano anche i miei. Ci pensavo e ripensavo. Era anche per loro che forse avrei fatto bene, quella notte, a zittire la mia coscienza maledetta, a uccidere, a macchiarmi di quella colpa.

Non restava che accucciarmi lì, nella mia gabbia d'erba, in balia degli eventi.

L'unico a parlarmi era il vecchietto, diventato il mio guardiano personale, che volle spiegarmi il perché di quella loro vita. Combattevano contro il governo, chiedevano l'indipendenza e per mantenersi facevano rapimenti. Citava fatti storici, faceva sembrare tutto talmente naturale, talmente *giusto*. E dalla sua prospettiva doveva essere proprio così.

«Ma cosa c'entro io?» provavo a controbattere. «Faccio fatica a far quadrare i conti io. Cosa sperate di ottenere da me?»

Il vecchietto sembrava quasi non sentirmi, e alla terza volta che ricominciò con questa sua litania, io finsi di ascoltarlo, e invece mi misi a braccia conserte, supino, col mento appoggiato sulle mani e guardai di fronte a me. In mezzo all'erba c'era una breccia, come una finestrella, un piccolo oblò, verso il mare. Mi spostai leggermente sul terreno finché non riuscii a guardarci attraverso.

E lo vidi.

Su uno scoglio a neppure dieci metri da dove mi trovavo cresceva un alberello. Se ne stava sulla punta di quello scoglio, solitario, sferzato dal vento.

"Come fai a sopravvivere lì?"

Me lo immaginai nei momenti in cui il mare si ingrossava e le onde gli sbattevano contro, con quel fusto sottile.

"Come fai a non piegarti?"

Con tutta quell'acqua salata che lo sommergeva.

"Come fai a non spezzarti?"

Se riusciva a sopravvivere lui, e persino a germogliare, mi ritrovai a pensare, avrei potuto riuscirci anche io. Dovevo aggrapparmi a quello che potevo.

Così mi aggrappai al barlume di gentilezza dell'ometto che si stava occupando di me.

«Posso avere una sigaretta?» cominciai a chiedere timidamente.

Allora il mio guardiano, felice di potersi muovere un po', usciva dalla coltre di vegetazione per andare a cercare il compagno, che era un fumatore. Tornava col bottino, che io fumavo con un gusto indescrivibile.

Una volta a portarmi le sigarette venne direttamente il suo compagno. Si chinò su di me e mi fissò negli occhi, poi muovendo la sigaretta mi fece: «Ssst! Altrimenti questa non te la do». Io non la presi, e lui me ne lasciò lì due. Prima di andarmene aggiunse: «Stasera me ne portano altre».

Io restai da solo insieme al mio tesoro.

Due sigarette.

Erano le uniche cose su cui potessi esercitare una qualche autorità. Ero io a decidere quando fumarle, quanto velocemente farle bruciare.

Proprio come loro, i rapitori, stavano facendo con me.

"Cosa vogliono fare con me?"

Me lo chiedevo spesso. Per quanto tempo saremmo rimasti in cima a quella scogliera?

Tutto sembrava sempre uguale a se stesso, stavo persino cominciando a perdere la cognizione del tempo. Erano passati due giorni, tre?

Cominciò a piovere, e venni ricoperto con una tela cerata lurida – che doveva aver vissuto diverse battaglie – almeno sulla testa e sulle spalle, perché non era abbastanza grande da coprire tutto il mio corpo e le gambe rimasero scoperte, in balia dell'acqua.

Poi il capo venne da me, col telefonino tra le mani, e mi ordinò: «Tu ora registrerai un messaggio, un messaggio disperato, dovrai chiedere al governo filippino di interrompere i bombardamenti sull'isola di Jolo».

Avrebbe potuto dirmi qualsiasi cosa.

Niente cambiava, mi sentivo vuoto, abbandonato, proprio come mi sentivo ogni mattina al risveglio e, aprendo gli occhi, mi ritrovavo con il naso a un centimetro dalla terra e un nodo terribile alla bocca dello stomaco.

"Sono ancora qui."

Quella mattina affiorarono alle mie labbra le parole di una preghiera, che avevo recitato, meccanicamente, chissà quante volte.

Signore, sei tu il mio pastore,
nulla mi può mancar se tu sei con me.

Sui prati verdeggianti mi guidi a riposar,
ad acque chiare e fresche mi vengo a dissetar.

Se in una valle oscura io camminar dovrò,
vicino a te, Signore, più nulla temerò.

Ebbi come un brivido di terrore.

Mi ricordai della mia ordinazione. Nel Duomo di Milano.

Me ne stavo sdraiato a faccia in giù, insieme a tutti gli altri, come segno di sottomissione totale.

Mi ricordai cosa avevo chiesto, intimamente, in quel momento.

Avevo chiesto il martirio.

Avevo chiesto di andare in un luogo dove avrei donato tutto me stesso agli altri, anche a costo di perdere la mia stessa vita.

"Dio, mi hai forse preso sul serio?"

Ma non ero più un prete, da molti anni ormai. Dio stava prendendo in considerazione troppo tardi quella richiesta di cui negli anni mi ero persino scordato.

"Sono pronto per morire, adesso?"

Morire su una scogliera, poi, senza che la mia morte potesse avere un valore per qualcuno, come quando combattevo contro la deforestazione a Sibuco… no, non ero pronto.

Mi rivolsi al vecchietto, lo sguardo impaurito: «Cosa mi succederà?».

«Il tuo destino è scritto sul palmo della tua mano» mi rispose. «Io non posso saperlo, solo *Lui* lo sa.»

* * *

Le ore successive passarono segnate da un terrore interiore che non riuscivo a tenere a bada. Sentivo poi che attorno a me c'era sempre più nervosismo. I rumori del cantiere vicino – probabilmente stavano costruendo una strada – si facevano a mano a mano più forti: i camion andavano e venivano, scaricavano ghiaia, tondini in ferro, nella mia mente potevo visualizzarli.

"Devo scappare, devo scappare al più presto."

E fantasticavo su come raggiungere la scogliera, ridiscenderla, entrare in acqua, nuotare fino a dove ci fosse qualcuno...

Il mare era la mia salvezza, quel suo orizzonte infinito, lì avrei potuto riconquistare la libertà. Dovevo solo raggiungerlo.

Solo...

Erano solo fantasie, non ce l'avrei mai fatta, inutile illudersi.

Intanto avvertivo che qualcosa stava veramente cambiando. Quella sera il pasto arrivò più tardi del solito, e il ragazzo col cappello di paglia che ce lo portava quando se ne andò portò via con sé le pistole, mentre gli altri chiudevano borse e zaini.

Proprio come avevo immaginato. Non potevamo certo restare lì a lungo.

Infatti, nel cuore della notte venni svegliato e ci dirigemmo verso la scarpata. Scendere fu ancora più complicato che salire, perché gli arbusti erano troppo bassi e mancavano completamente degli appigli per non perdere l'equilibrio.

La cala era illuminata debolmente dalla luna, alta nel cielo. Riuscivo a distinguere bene i tronchi portati a riva dalle onde.

Davanti a me c'era il mare. Che però non significava libertà. Dal mare arrivava la nuova minaccia, lo sentivo, ma non osavo chiedere nulla al vecchietto.

Fu lui a parlare per primo, mi ordinò di togliermi i pantaloni, quindi li piegò per bene e se li strinse al petto.

«Adesso io divento Spider-Man» disse.
«Spider-Man?» domandai. «Perché?»
«Perché indosserò i tuoi pantaloni e diventerò Spider-Man e tu potrai chiamarmi così.»
Non capivo, mi sembrava tutto talmente surreale.
Mi limitai a rispondere: «Va bene...» poi mi sedetti su un tronco e gli chiesi: «Ma adesso che facciamo qui?».
«Aspettiamo, tu stai lì.»
Non mi mossi mentre lui raggiungeva il capo, che era coi piedi nell'acqua e scrutava l'orizzonte, in attesa di qualcosa.
«Torna subito dall'ostaggio» lo sgridò quello, col pensiero che io potessi scappare approfittando dell'oscurità.
Spider-Man, coi miei pantaloni sempre stretti al petto, obbedì e venne a sedersi accanto a me.
I minuti passarono uno dopo l'altro, lentissimi. Io disegnavo tracce nella sabbia, seguendo le forme che la paura tracciava dentro la mia mente.
Finché si udì, in lontananza, il rumore di una barca in avvicinamento. Non riuscivo ancora a scorgerla, ma a giudicare dal suono non doveva essere piccola.
Poi, finalmente, la vidi.
Una presenza nera che solcava l'acqua, con sopra le silhouette di quattro figure umane.
Quattro ombre con i mitragliatori al collo.
"Ecco," mi dissi "ecco chi sono i miei veri carcerieri."

Seconda parte
COSA SONO?

7

Pian di Verra, 11 agosto 1978

Le notizie più brutte arrivano in giornate splendide.

Il sole è caldo, la fatica si sente ancora sulle gambe, ma è una fatica bella. Un passo dopo l'altro siamo arrivati fino alla baita, e ora siamo qua, a goderci il vento lieve, l'odore intenso del prato.

Poi, in tarda mattinata, la notizia: don Carlo è morto.

È una notizia che arriva dall'alto, da sopra i Pian di Verra dove noi altri ci siamo fermati. Lui, invece, ha voluto proseguire, scalare una cima che non aveva mai scalato prima.

Così ci si era fatto accompagnare. Don Carlo amava scalare le montagne con i suoi ragazzi.

Amava... È strano come, di colpo, per parlare di qualcuno si debba passare dal presente al passato. Ma d'altronde è così che si muore, di colpo.

Un attimo prima il don era lì – noi dalla piana riuscivamo a vederlo, una figurina che si spingeva sempre più in alto – e un attimo più tardi, proprio dopo aver raggiunto la cima, non c'era più.

La frana. Un pezzo di montagna che crolla dal versante svizzero, portandosi via due persone. Una di loro è proprio don Carlo.

Anche per me è come se crollasse un pezzo di vita.

Ho vissuto in prima persona la preparazione a questa scalata. Ho prestato io a don Carlo l'attrezzatura da montagna – i ramponi, la piccozza, i guanti – perché lui non era equipaggiato per raggiungere i quattromila, ma soltanto i rifugi o le cime attorno a Pian di Verra.

Se non avessi assistito a quella scena coi miei stessi occhi – il rombo, la roccia che si sgretola – non riuscirei a crederci. E mi sembra ancora di rivederlo, don Carlo, un giovane sacerdote balbuziente mandato ad Angera, e subito amato da tutti. Amatissimo da me.

A me spetta il compito di svuotare e chiudere la casa di Pian di Verra, a me spetta guidare per l'ultima volta la sua 127 rossa, ritornando dalla montagna. Mentre passo per le stradine del paese, ci sono ali di folla a destra e a sinistra, tutti vogliono toccare la sua macchina, che presto non vedranno mai più.

Io ho lo stomaco stretto in un nodo, ho poco più di vent'anni e non credevo di poter soffrire così.

Mi mancherà una persona insostituibile.

Don Carlo è la prima persona con cui mi sono riuscito ad aprire per davvero, a confessare quello che mi si muoveva dentro.

Venivo da cinque anni di scuola agraria, cinque anni di fatica da pendolare: sveglia alle cinque e mezzo, un tragitto in bicicletta fino alla stazione dei treni, poi un'attesa di quaranta minuti per un cambio e finalmente salire su un convoglio diretto a Novara. Era la fine degli anni Settanta, epoca di contestazione, e io mi sentivo diverso dagli altri, avevo il desiderio di mettere in discussione tutto quello che mi veniva imposto e persino la contestazione in qualche modo mi dava fastidio.

Perché accettare qualcosa senza porsi perlomeno delle domande?

A me piaceva proporre e concretizzare, i bla bla li lasciavo ad altri.

Questo atteggiamento aveva influito anche su quell'estate. Invece di passare quindici giorni con i miei amici e il don nella solita baita di Pian di Verra me ne ero andato a lavorare in un ristorante soltanto a poche decine di metri dalla baita in cui si riunivano tutti i miei amici, che invece sembravano vivere proprio senza mai farsi delle domande sul senso della vita, sul loro ruolo nel mondo. Col tempo avrei capito che non era così. Il ristorante era gestito da una famiglia valdostana e io avevo chiesto di poter fare il barista, il cameriere, qualsiasi cosa.

Era una protesta abbastanza assurda, ma per me era come urlare a tutti che facevo fatica a sentirmi.

Ogni tanto qualcuno dei miei amici veniva a prendere il caffè, e una sera ci era venuto anche don Carlo.

È stato una settimana prima, in realtà, solo una settimana prima di morire. Lui e gli altri ragazzi erano alla baita, cantavano e suonavano la chitarra, io lavavo bicchieri.

«Dai, vieni a cantare qualche canzone» mi ha detto.

«No, don, faccio fatica, e sono anche un po' in imbarazzo.»

«Ma mica ti sto chiedendo di tornare, solo di venire a cantare qualcosa. Io e te, qua fuori sul patio. Oppure parliamo e basta. Anzi, se vuoi parli tu, e io ti ascolto soltanto.»

Era quello di cui avevo più bisogno, qualcuno che mi ascoltasse. Così mi sono aperto più di quanto avessi già fatto. Gli ho parlato del mio percorso scolastico, il cui esito naturale sarebbe stato l'esame di ammissione all'università agraria di Piacenza. Mi ero già iscritto, per la verità, ero pronto a sostenerlo, ma al contempo non riuscivo a non pensare alle cose che avevo sentito dire ad alcuni esponenti di gruppi di volontariato e delle associazioni non governative con cui ero venuto in contatto.

E se andassi all'estero a lavorare in uno di questi progetti di sviluppo sostenibile?

Era questa la domanda che mi ronzava continuamente per la testa. La domanda che ancora adesso, mentre tutta

Angera è dolorosamente riunita per il funerale di don Carlo – in tanti sono tornati dai luoghi di villeggiatura – non riesco a spegnere.

Mi guardo intorno. I volti sono tristi, ma dentro c'è la grande gioia che ci ha lasciato il don, questo giorno è come una festa tra le lacrime.

Quella sera, con don Carlo, parlavo sempre più animatamente, e alla fine ho anche sbattuto un pugno sul tavolo.

«Ma possibile che nessuno riesca a darmi un consiglio? Cosa ci state a fare? Io ho bisogno di sapere cosa fare della mia vita.»

Mi lascio andare solo con le persone che reputo vicine, amiche. E il don era una di queste.

Con lui sapevo che non mi sarei mai dovuto vergognare di pormi un'altra domanda, ben più importante, ben più fondante: "Chi sono? Cosa sono io?".

Passano tre giorni dal funerale di don Carlo, e io ho deciso: devo cercare un istituto che mi mandi all'estero.

È mattina, e sono sul treno diretto a Milano. Poi qualche fermata di metropolitana e mi ritrovo alla sede di un istituto missionario di Milano che mi è stato suggerito. Parlo con il padre missionario del mio desiderio di rendermi utile, di recarmi nelle zone del mondo in cui più c'è bisogno di una mano.

La sua risposta lascia intendere una visione clericale che riaccende il mio sconcerto.

«Sì, certo...» mi dice. «Abbiamo progetti del genere. Ma sai, quelli che vanno all'estero si spendono, si spremono, ma alla fine non lasciano traccia. Iniziano un progetto, ma poi vanno in crisi, scappano. Meglio qualcosa di più stabile... perché non provi a fare un percorso in seminario?»

«E poi potrò partire per l'estero?»

«Al termine del percorso potrai scegliere la tua meta, certo. Ma intanto hai la possibilità di mettere a fuoco chi vorrai essere.»

Faccio domanda per entrare all'istituto missionario due giorni prima della chiusura delle iscrizioni, e mi ritrovo in un ambiente aperto all'esterno: i laici e gli amici possono entrare, non è una comunità chiusa, sigillata. A gestire tutto è un team di educatori e il loro slogan è "libertà nella responsabilità".

Noi seminaristi dobbiamo avere la consapevolezza di ciò che dobbiamo fare ogni giorno, siamo liberi di portare a termine gli impegni quotidiani nei nostri tempi, assumendocene la responsabilità. Siamo anche liberi di scegliere il nostro piano di studi, ma al contempo dobbiamo contribuire al mantenimento del seminario: si raccoglie carta, si effettuano traslochi.

Io che ho studiato agraria metto in piedi un allevamento di conigli. A chi vuole vedere il fantastico maschio Nerone accoppiarsi con le femmine faccio pagare due sigarette. È un business che però dura poco, proprio come l'accoppiamento dei conigli: uno spettacolo di una manciata di secondi che presto non interessa più a nessuno.

Al terzo anno io non sto più nella pelle: voglio fare qualcosa.

«Possibile che queste missioni dobbiamo vederle solo in diapositiva?»

Sono io, che sbotto in classe durante l'ennesimo incontro in cui ci vengono fatti racconti su racconti su ciò che un padre missionario *davvero* fa.

La risposta è la solita: «Dovete aspettare».

Ma io non ho voglia di aspettare, e quell'estate, zaino in spalla, parto per il Brasile. Da solo. Ci rimango tre mesi, lo visito in lungo e in largo, mi inoltro nella foresta amazzonica, vedo le missioni finalmente. È un'esperienza bellissima, in cui entro in contatto – nel profondo, nelle emozioni – con le persone, che alla fine del mio viaggio mi inondano di musicassette registrate con parole, canzoni.

Torno in Italia con questo bagaglio straordinario di vita, ma in ritardo per l'inizio dell'anno in seminario: subito vengo richiamato all'ordine dai miei diretti superiori.

Ma io non ci sto, così una mattina sono sul treno diretto a Roma. Voglio parlare con il superiore generale.

«Cos'ho fatto di male?» gli dico. «Avevo l'estate libera e invece di andare al mare a divertirmi, sono andato in Brasile. Certo, lì mi sono appoggiato alle case delle missioni... ma che problema c'è?»

Ho disobbedito, questo è il problema. Anche se presto le cose sarebbero cambiate: tutti i seminaristi del terzo anno sarebbero partiti per vedere coi loro occhi le missioni.

E poi ora so dove voglio andare: proprio in Amazzonia. Lì ho conosciuto un padre fantastico che lavora fra gli indios. Un uomo in prima linea, dallo spirito indipendente, e anche un po' emarginato dall'istituto missionario.

Una sera gli ho detto: «Com'è possibile che in Italia non ho mai sentito parlare delle vostre missioni?» riferendomi anche a quelle tra le favelas, dove ho incontrato persone testarde e indipendenti come lui.

«Vedi,» mi ha risposto lui «tu sei come tanti altri che vengono qui, ci fanno tanti complimenti e poi non tornano più.»

«Io tornerò» gli ho detto io.

Ed è quello che sul serio vorrei, anche se l'Amazzonia è una realtà dura. Ma non troppo dura per me.

"Ormai è fatta", mi dico alla fine del mio percorso in seminario, quando ormai sono stato ordinato.

Mi trovo in Sicilia, a Catania per la precisione, quando vengono pubblicate ufficialmente le nostre destinazioni, sono venuto alla festa per la prima messa di Renato, un mio compagno di seminario.

È durante i festeggiamenti che il rettore fa il suo annuncio: sarà proprio Renato, che in tutti questi anni non è mai uscito dall'Italia, ad andare in Amazzonia, nella missione dove pensavo mi avrebbero presto cambiato vita.

È come una botta in faccia. Peggio, è una pugnalata dietro la schiena.

Me ne vado via, cosa ho più da festeggiare? Raggiungo Aci Trezza, mi siedo sugli scogli davanti al mare, mi sento vuoto, frastornato, mi sento malissimo.

«Cos'hai?» mi chiede un mio amico raggiungendomi e sedendosi vicino a me.

«Sono stato tradito» rispondo. «Cosa chiedevo in fondo?» Sono incredulo. Il pugnale di quel tradimento spinge sempre più a fondo nella carne. «Chiedevo soltanto di essere mandato in un posto dove non vuole andare nessuno. E invece...»

Il mio amico mi lascia sfogare, mentre io ripenso a tutti gli anni trascorsi in seminario, a come, nonostante il mio animo da sempre ribelle, avevo cominciato a considerare il mio istituto missionario come una casa.

È stato un errore, perché più l'amore si fa grande, e più è grande il dolore quando ci si sente traditi. Ho voglia solo di andarmene, lasciare tutto quanto, non mi meritano.

Il mio amico cerca di farmi ragionare, mi dice di aspettare anche la mia destinazione. Chissà, forse andrò in un posto dove avranno comunque bisogno di me, dove potrò spendermi per gli altri.

Ha ragione, lo so. Ma in questo momento riesco a pensare, a *sentire*, una cosa soltanto: "Sono in trappola".

8

In trappola.

Ecco come mi sentivo mentre le quattro ombre con i mitragliatori in spalla scendevano dalla barca e alla debole luce della luna mostravano pian piano i loro connotati.

Mentre parlottavano con uno dei miei ormai ex carcerieri, ogni tanto lanciavano uno sguardo nella mia direzione, come se mi stessero studiando.

Stava avvenendo uno scambio. Chi mi aveva rapito lo aveva fatto per conto di altri, e quegli altri erano probabilmente lì davanti a me.

A un certo punto uno dei quattro mi venne incontro. Era piccolo, coi capelli ricci e una bandana sulla testa.

«Alzati!» mi ordinò.

Quindi, quasi senza aspettare, mi afferrò il gomito e mi spinse in avanti.

«Adesso sei con noi,» proseguì «cerca di collaborare. E stai zitto.»

Mi fece salire sulla barca, e lì vidi che a prua, sdraiato sul fondo, c'era un vecchietto, mingherlino e coi capelli bianchi. Doveva essere l'operatore dell'imbarcazione, perché era sdraiato dietro al motore – in realtà tre motori, disposti parallelamente, il che voleva dire che la barca sarebbe potuta arrivare lontano. Non era un buon segno.

I motori erano ricoperti, in alto, da lastre di compensato, sopra le quali erano seduti altri due personaggi.

Era difficile stare in piedi, perché la prua era piena di bidoni di benzina traboccanti. E questo era un altro particolare che non mi tranquillizzava: quella barca aveva la potenza per arrivare lontano, e anche il carburante per poterlo fare.

"Dove mi porteranno?"

Fu in quel momento che ripensai a un fatto di cronaca di appena un mese prima, quando in un grosso resort nella città di Mindanao erano stati rapiti due canadesi e un norvegese, insieme alla compagna filippina di quest'ultimo. Si sapeva che erano stati portati a Jolo con una barca a motore molto veloce.

E Jolo significava Abu Sayyaf, il gruppo separatista islamico nato all'inizio degli anni Ottanta, che aveva esordito uccidendo due cittadini americani di religione evangelica per poi continuare con attacchi con esplosivi, uccisioni, stupri, estorsioni – tutto questo con lo scopo di creare uno stato islamico nel Mindanao occidentale e sulle isole Sulu.

Non potevo esserne sicuro, certo, ma il sospetto bastava ad agitarmi.

Cominciai a sentire delle vampate di caldo percorrermi tutto il corpo, fino all'attaccatura dei capelli. Se quelli erano degli Abu Sayyaf per me era davvero la fine, pensai mentre, portatimi via i pantaloni, mi facevano sdraiare sul fondo della barca e le mutande mi si impregnavano di acqua mista a benzina. Presto le gambe avrebbero cominciato a bruciare.

Lo sapevo perché mi era già successo, in alcuni dei numerosi viaggi in barca fatti durante gli anni della missione: per almeno tre giorni la pelle sarebbe stata tutta arrossata.

Partimmo.

Nella mia mente c'era come un blackout, la consapevolezza di essere in mano al più violento gruppo terroristico del Sud-est asiatico mi impediva di pensare ad altro.

Me ne stavo schiacciato tra i bidoni, col caldo dei motori contro il corpo. Due dei carcerieri erano seduti dietro di me, il loro capo – un tipo in carne, come me – si era invece accomodato davanti, e dalla mia posizione lo potevo vedere, coi suoi capelli lunghi e fluenti che scendevano fino alle spalle. Non mi aveva degnato nemmeno di uno sguardo. Si mise le mani sulle ginocchia e poi infilò la testa fra le gambe per dormire.

I pensieri intanto mi mulinavano nella testa, lo tsunami si era fatto ancora più violento.

"Ma perché questi da Jolo, in un paese con settemila isole e più di cento milioni di abitanti, sono venuti a prendere proprio me?"

"Che avventura devo ancora affrontare nella mia vita?"

"Non è troppo, tutto questo, per me?"

Non so come, ma il blackout – come già mi era successo nei giorni precedenti – si trasformò in sonno.

Mi risvegliai con la luce del giorno, era una giornata splendida e avevo il sole addosso, non ero stato ricoperto con della tela cerata o chissà cosa, mentre l'imbarcazione proseguiva nella sua traversata. Mi potei anche alzare e riconobbi, al largo, l'isola di Basilan. Dunque ci stavamo lasciando Dipolog alle spalle, dirigendoci verso sud-ovest.

Il viaggio proseguì per tutto il pomeriggio, senza che nessuno – me compreso – bevesse un sorso d'acqua. "Non avranno sete?" mi chiedevo.

Finché all'imbrunire raggiungemmo un luogo incantevole, come non ne avevo mai visti prima. Sul mare affioravano piccole lingue di sabbia e in lontananza vedevo minuscole isole, una miriade, che sembravano i gusci di tante tartarughe.

Ci fermammo su una di quelle lingue di sabbia, lunga come un campo da calcio ma stretta come un sigaro, sulla quale sorgeva una capanna sopraelevata, una sorta di palafitta.

Complice quel viaggio in mare che mi aveva scombussolato le viscere, avevo un impellente bisogno di andare in bagno. Il bagno ovviamente non c'era e neppure potevo essere lasciato da solo... anche se lì, in fondo, dove sarei potuto andare? Ma ero un prigioniero e così dovetti sopportare pure l'umiliazione di scaricarmi sotto lo sguardo di qualcun altro, con le mutande abbassate e sopra una maglietta nera che avevo indosso ormai da tre, quattro giorni, e che – non c'era bisogno che me lo dicesse qualcuno – puzzava.

Tornai alla capanna, che aveva il tetto in paglia e una minuscola veranda, salii i pochi gradini e mi ritrovai in un unico locale. Dentro c'erano un'anziana e tre uomini.

Con mio grande sollievo scoprii che quella sosta serviva per rifocillarsi. Per prima cosa mi diedero da bere e quindi anche del cibo, non certo insieme agli altri, ma in disparte. D'altronde ero un infedele. Sul piatto c'erano del riso, qualche verdura e una salsina.

Con lo sguardo di tutti addosso, cominciai a formare con le mani le palline di riso, e quello sguardo si fece di colpo meravigliato. Io, che ero un "americano", uno straniero, riuscivo tranquillamente a mangiare come loro, senza posate.

L'anziana, con gli occhi scavati e un reticolo di rughe profonde attraverso tutto il viso, esibì un sorriso sdentato: era contenta che stessi mangiando, e anche di gusto. In quel momento, affamato com'ero, avrei divorato qualsiasi cosa.

Iniziavo a sentirmi più tranquillo, e mi dissi: "Bene, continua così, Rolando, sii naturale, non strafare, non ti ribellare, e forse tutto andrà bene".

Avevo da poco mandato giù l'ultimo boccone quando fece ritorno il capocarceriere. Sembrava rinato, si era lavato, e indossava una specie di pareo in attesa di rimettersi i vestiti. Scambiò qualche parola con i vecchietti, che probabilmente gli raccontarono di come fossi riuscito a mangiare con le mani. Avevano un accento che non riuscivo a distinguere, parlavano un dialetto che poteva essere del Borneo, oppure il malesiano o anche l'indonesiano, zone vicine fra loro, le cui lingue sono molto simili.

Finalmente arrivò anche per me il momento di lavarmi. Mi feci bastare l'acqua e sperai che la benzina non avesse creato già troppi danni alla pelle delle gambe.

Intanto il capo si rivestì. Si infilò i pantaloni con ancora indosso quella sorta di pareo e poi, una volta infilati, lo lasciò cadere. Erano i dettami del loro islam integralista: mai mostrare nudità dall'ombelico in giù.

Ancora non lo sapevo, ma avrei dovuto imparare a farlo anche io, nei lunghi mesi a seguire.

9

Il viaggio riprese. Sempre a bordo di quell'imbarcazione, sempre con l'ometto che si occupava dei motori sdraiato sul fondo.

"Come fa a campare così?" mi domandai.

Finché, di colpo, la barca si fermò. Era notte, e il mare era calmo, piatto come una tavola nonostante ci trovassimo al largo.

L'ometto scattò in piedi, qualcosa si era rotto. Si infilò un paio di occhialini che avevo visto indossare, nei documentari, ai cercatori di perle: fatti artigianalmente con legno e pezzi di vetro.

Con le gambe nude, che sembravano due ossicini arcuati, si tuffò in acqua. Sentimmo una serie di colpi, segno che stava armeggiando con qualcosa là sotto. Ogni tanto riemergeva in superficie per prendere un respiro, lo fece un bel po' di volte, poi si arrampicò di nuovo a bordo e provò a riavviare i motori. Ma i motori sembravano non volere rispondere come desiderato: uno partiva, gli altri si limitavano a fare un chiasso infernale.

Alla fine si arrese e prese a confabulare con gli altri. Noi eravamo fermi in mare aperto e si avvicinava ormai l'alba, quando i pescatori cominciarono a uscire con le loro imbarcazioni.

Una di queste si avvicinò alla nostra.

«Che succede?» chiese l'uomo che la guidava.

I miei carcerieri gli diedero una ricetrasmittente e gli chiesero di chiamare qualcuno per farsi portare un motore nuovo. In quel momento capii che c'era un'organizzazione fittissima, ben radicata tra gli abitanti del luogo, di cui i miei rapitori si potevano servire per i propri bisogni.

D'altronde se ero davvero nelle mani degli Abu Sayyaf non c'era nulla di cui stupirsi.

L'attesa fu lunga, e mentre il sole sorgeva, la luce dava i contorni a uno di quegli spettacoli naturali a cui neanche col tempo mi ero mai abituato, e che in quel momento fu un balsamo per il mio animo tormentato. L'acqua era cristallina, il fondale incantevole: anche se ero un prigioniero, non mi trovavo dietro delle sbarre, in un qualche scantinato umido e maleodorante.

"Se devo morire, almeno lo farò in un paradiso naturale."

In quella natura per la cui salvaguardia avevo combattuto tanto quand'ero un padre missionario...

La luce del sole, però, non illuminava solo quello spettacolo incontaminato, ma anche me, e così i miei rapitori mi fecero sdraiare sul fondo e mi coprirono con una tela cerata, probabilmente temendo qualche controllo aereo. Non fu piacevole, perché cominciava a far caldo, ma per fortuna la situazione non si protrasse molto a lungo.

Qualche minuto più tardi ci raggiunse un'imbarcazione molto più spaziosa. A guidarla un tizio che sedeva a gambe incrociate, con le labbra sporche di *maman*. Il *maman* è tra i costumi più popolari nelle Filippine, consiste nel masticare pezzi di noce di palma di betel, che ha un forte effetto psicoattivo, più della caffeina, insieme a una foglia del vitigno di betel. La noce è rossiccia, e il tizio aveva masticato così tanto che sembrava si fosse truccato col rossetto. I denti, poi, erano tutti marroncini. Era insieme a un ragazzino, probabilmente suo figlio, e aveva una vocetta stridula.

Ci trasferimmo tutti sulla sua imbarcazione, bianchissima, verniciata di fresco, lasciando da solo l'ometto dei motori.

Di nuovo dovetti sdraiarmi, e infilare la testa sotto una panchina, all'ombra. Il sole già bruciava e domandai ai miei carcerieri se potessi avere una tela cerata per proteggere il resto del corpo, perché avevo paura di bruciarmi le gambe. La mia richiesta venne soddisfatta.

E per fortuna, perché mi aspettavo che da un momento all'altro ripartissimo, e invece l'imbarcazione rimase ferma per un tempo che non seppi calcolare: probabilmente in giro c'erano le guardie costiere e i miei rapitori aspettavano un segnale per poter proseguire indisturbati.

Mi addormentai, stremato, e quando mi svegliai eravamo fermi ancora nello stesso punto. Anche io – che solitamente durante il sonno mi agito e riaprendo gli occhi mi ritrovo sempre in un groviglio di lenzuola – ero rimasto nello stesso identico punto.

Di fronte avevo un mitragliatore, puntato proprio contro di me e sorretto da un cavalletto: fu la primissima cosa che vidi.

In un attimo rieccomi dentro al mio ristorante, a quella canna di pistola puntata contro la faccia che era stata l'inizio dell'incubo.

Ma fu un'agitazione di qualche attimo. In quel momento, infatti, mentre la barca era ferma in mare aperto, un mare calmo, piatto, e io in lontananza vedevo alcune isole, anche la mia mente era calma, si era come spenta, concentrata com'era sul corpo martoriato dalle bruciature di benzina e dai dolori di quei pochi giorni di prigionia e spostamenti.

Non pensavo a casa, ai miei famigliari, non pensavo a Dipolog. Pensavo solo a ciò che stavo vivendo in quel determinato istante.

E in quell'istante il cielo era libero: non passavano elicotteri, né aerei militari, niente di niente. Era strano, perché ci trovavamo in zone di guerra, ma allora potevo sentire soltanto il rumore delle onde, come se gli scontri contro gli estremisti islamici che reclamavano l'indipendenza di Jolo non esistessero davvero.

Peccato che io, rapito proprio da quegli stessi terroristi, fossi la prova vivente che la guerra fosse ancora in atto.

Poi, una barca ci raggiunse. A bordo c'era un motore nuovo, bellissimo, marca Honda, che venne scaricato nella nostra imbarcazione.

Capii subito perché eravamo rimasti fermi tanto a lungo. L'ometto dei motori stava aspettando il suo pagamento.

Una volta ricevuto, il viaggio poté proseguire, e fu un tragitto breve che ci condusse fino a una spiaggia formata da tutta una serie di grosse pietre levigate, senza alcun tipo di vegetazione. Sembrava di stare su un ghiacciaio, solo senza la neve. Era un ambiente naturale unico, che non avevo mai visto prima.

Scendemmo, io, il capo e gli altri tre, e mentre l'ometto se ne andava sulla sua barca, noi ci addentrammo nell'isola camminando su quelle pietre.

A un certo punto in lontananza vidi delle persone, dei civili, che correvano. Nella mia mente si accese la speranza che quelli, notando un "americano" in mutande scortato da quattro figuri, avvertissero le forze dell'ordine. Era una speranza sciocca, e lo sapevo: se gli estremisti attraversano tranquillamente un luogo è perché sanno che per loro è sicuro.

Dopo esserci inoltrati nella vegetazione giungemmo a una radura. Io avevo fame, ma non mi arrischiai a chiedere del cibo. Erano tutti molto nervosi, in particolare il capo. Nell'erba vivevano piccoli insetti le cui punture erano tremendamente fastidiose e arrossavano la pelle. Io non sentivo molto, forse per via delle bruciature da benzina, ma i miei rapitori ogni tanto saltellavano imprecando.

Il capo estrasse dalla tasca il suo telefonino Nokia e chiamò qualcuno.

«Non siamo lontani,» disse «ma non possiamo fermarci a dormire qui. È pieno di insetti e noi non abbiamo alcol, creme, niente. Dobbiamo andare da un'altra parte.»

Marcia indietro, tornammo alla spiaggia, dove ricomparve la barca bianca, che ci caricò a bordo e ci fece scendere, dopo un viaggio di non più di venticinque minuti, su un'altra riva.

Qui crescevano le mangrovie, con le loro radici sommerse dall'acqua e le chiome che esplodevano verso il cielo come grossi batuffoli verdi.

La barca si spense, i quattro rapitori scesero e la spinsero attraverso le piante. Sapevo che lì in mezzo i pesci andavano a depositare le uova, era un habitat per molte specie, e proprio per quello la mangrovia era una pianta protetta. Loro scostavano i rami con un'abilità tale che immaginai lo avessero fatto un mucchio di volte, come se nella testa avessero memorizzato un sentiero in quello che per me era un muro intrecciato, invalicabile.

Io rimanevo seduto sul fondo della barca, accucciato per non farmi prendere in faccia dai rami.

Arrivammo a un muretto di sassi e cemento, al cui centro si apriva un varco con tre scalini che conducevano a una casa.

Immediatamente qualcuno mi urlò qualcosa in malo modo e mi tirò per la camicetta. Mi voltai e vidi che indicavano le mie infradito.

«Questa è una moschea, non si può entrare con le scarpe!» urlò.

Era una stanza con tre finestre alle quali erano state applicate delle reti nere, che lasciavano passare un po' di luce ondeggiando verso l'esterno.

Quella semioscurità mi fece venire voglia di sdraiarmi e dormire, ma non feci quasi in tempo a sedermi che il capo mi si parò davanti e mi disse: «Tu puzzi! Puzzi! Devi andarti a lavare, subito».

Il sonno ristoratore, purtroppo, doveva aspettare.

Riemersi da quella costruzione sgarrupata. Sul retro alcune pareti di canne di bambù formavano una piccola stanza a cielo aperto. Dietro c'erano dei catini pieni d'acqua, del sapone e dello shampoo.

Fu bellissimo. Sentire l'acqua fresca che mi colava dal capo fin giù verso i piedi, insieme alla schiuma del sapone... assaporai ogni goccia che cadeva dagli occhi, dal naso, dai capelli appiccicati sulla fronte.

Mi insaponai e mi bagnai, e poi mi insaponai e mi bagnai ancora.

Ora dovevo rivestirmi, però non avevo altro che i vestiti sudici con cui ero arrivato lì. La maglietta era ormai impregnata di tutto, compresa la mia saliva. Neppure le mutande potevo più indossare.

Mi diedero un paio di pantaloni di cotone, larghi e leggerissimi, del tipo che utilizzavano loro, di un colore avorio scuro – indossarli mi regalò un'altra piacevolissima sensazione. La maglietta, invece, era di un cotone dozzinale, e mi stava anche un po' stretta.

Pulito rientrai nella moschea, mi sedetti, e d'improvviso scoppiai a piangere. Non un pianto silenzioso, ma il pianto di un bambino, coi singhiozzi e le lacrime che scorrevano senza sosta sulle guance, mi bagnavano il mento, il collo, alcune arrivando persino al petto.

Era come se, con quel bagno, insieme alle gocce d'acqua fosse scivolata anche tutta la tensione che avevo accumulato e che si era incrostata sulla mia pelle in forma di sporcizia.

«Basta! Piantala!» mi urlò dopo un paio di minuti il tipo ricciolo. «Non si piange qui!»

Lo avrei capito settimane dopo il perché di quell'ammonimento, quando avrei imparato a conoscere meglio i miei carcerieri: potevano sopportare gli urli strazianti di dolore; anzi, quelli davano soddisfazione. Ma il pianto no, perché probabilmente smuoveva dentro di loro qualcosa che desideravano lasciare sopito.

In quel momento mi limitai a tirare su col naso, e le lacrime si arrestarono di colpo. Mi appoggiai con la schiena alla parete fatta di travi di legno e mi accorsi che da una delle finestre, oltre le gelosie di tela nera, si intravedeva un viso di donna: la pelle abbronzatissima, gli occhi vispi e un sorriso aperto, luminoso.

Fu come un'apparizione, un'icona.

Poco dopo nella stanza entrò un ragazzo, coi capelli molto lunghi, che mi ricordò Elton John nei primi anni della sua carriera.

Mi guardò e mi disse: «Io sono Karim e questa è mia moglie» indicando la donna che era rimasta fuori. Lei, attraverso la finestra, mi passò un piatto con delle seppioline al nero e un misto di pesce in brodo con verdure, insieme a una banana.

Avevo desiderio di lavarmi, e mi ero lavato.

Avevo fame, e ora avrei mangiato.

Era un piatto tipico di quelle zone, niente di speciale, in altre occasioni avrei detto: "Mamma mia, ancora la solita sbobba" ma per me divenne la pietanza più succulenta dell'universo: il pranzo da mille e una notte di un ricco sultano.

Avevo un altro desiderio: fumare.

E Karim – lo scoprii subito – era un grande fumatore. Finita una sigaretta se ne accendeva un'altra. Alla fine del mio pasto me ne lasciò due o tre tiri – una gentilezza che si sarebbe trasformata in un'abitudine nel poco tempo che avremmo trascorso insieme.

Finalmente qualcuno, sebbene non fossi altro che un ostaggio, una merce di scambio, un infedele – qualsiasi cosa potessero ritenermi – non mi stava trattando in malo modo.

Ecco un altro desiderio: un po' di gentilezza. Anche quella l'avevo ricevuta.

"È stata una bella giornata" mi dissi, sorprendendomi di provare, in tutta quella situazione, anche solo un briciolo di felicità.

10

Rimanemmo lì quel giorno, e anche tutto il successivo. Finché la sera ci spostammo fino a una strada sterrata, dove ci attendeva un fuoristrada.

Dovetti dire addio a Karim, e lo feci con un po' di magone. Lui mi regalò una sigaretta e mi salutò: «Ci vedremo».

Salii insieme a due dei rapitori, e la vettura si inerpicò su per un paio di chilometri fino a un pianoro lussureggiante. Il fuoristrada se ne andò e noi rimanemmo là, sotto la chioma di una grande pianta, al buio, mentre cominciava a piovere.

Tempo cinque minuti e si presentò un tizio alto come me, giovanissimo. Ebbi la sensazione di averlo già visto da qualche parte. Mi disse in bisaya, la stessa lingua filippina che parlo anche io: «Ah bene, eccoti qui. Da questo momento starai con me». Mi bastò questo per capire che ero stato affidato al comandante, e che i tanti passaggi di consegna erano terminati.

Poco dopo comparve all'orizzonte una carovana di uomini, tutti infangati e con gli occhi stanchi, che tornavano da qualche spedizione. Uno di loro, passando, mi diede un colpetto sullo zigomo con fare di scherno, e io mi sentii nudo, perché cinquanta, cento, duecento occhi mi stavano osservando.

Gli occhi degli Abu Sayyaf.

Tra di loro, in groppa a un piccolo cavallo tipico di quelle zone, notai anche un uomo dagli occhi a mandorla, probabilmente cinese, che mi lanciò uno sguardo triste.

"Un altro ostaggio" pensai.

Non sapevo chi fosse, né perché lo avessero ritenuto utile da rapire, ma quel suo sguardo triste, quel modo di trasportarlo, resero il cielo ancora più nero.

Il suo destino, adesso, era anche il mio. Decisero che non potevo unirmi alla carovana quella sera, dovetti seguire il capitano attraverso arbusti e banani che ci condussero fino a una casupola abbandonata, col pavimento di bambù ricoperto di pezzi di giornale e con qualche pantalone e maglietta stracciata agli angoli. Capii che era stata usata molte volte come nascondiglio per gli ostaggi.

«Sdraiati!» ordinò il comandante.

Io obbedii e un attimo dopo mi erano state messe le manette.

"Forse me le mettono perché siamo vicini a un centro abitato e hanno paura che possa scappare" pensai mentre il suono metallico sanciva la mia temporanea – e speravo breve – impossibilità di muovere le braccia.

Dormii così, ammanettato, e al risveglio mi andai a sedere sui tre gradini che portavano all'esterno. Con la luce del sole realizzai che quella casa era l'unica costruzione che sorgeva in un largo pianoro circondato da orti coltivati. Doveva essere stata la vecchia casa di un agricoltore, il piazzale sul davanti era infatti in terra battuta, un'aia.

Il silenzio fu rotto dall'arrivo di uno sciame di motorini, dei 125 di cilindrata tipici dell'Asia con cui affrontare anche percorsi fuori strada.

Il cibo era arrivato e insieme al cibo cominciò una litania che mi avrebbe accompagnato per tutti i mesi a seguire.

«*Are you okay?*»

«*Are you okay?*»

«*Are you okay?*»

Quando uno dei tanti Abu Sayyaf – più che altro ragazzini con al fianco pistola o mitragliatore – mi passava di fianco mi rivolgeva sempre la stessa domanda.

Io rispondevo col pollice in su, ma avrei voluto, con tutto il cuore, mandarli al diavolo.

Il pasto, comunque, era ancora caldo, segno che era stato comprato di recente e che, proprio come avevo immaginato, nei paraggi doveva esserci un centro abitato con tanto di mercato.

Dopo il pasto, mi portarono altra acqua e del sapone. Fu l'unica volta, durante l'intera mia prigionia, in cui riuscii a lavarmi a una distanza di tempo tanto ravvicinata.

All'incirca a mezzogiorno – l'orario lo stabilivo in base all'altezza del sole – si sedette di fianco a me, lì nel pianoro, un uomo piccolo e dalla pancia sporgente, col fucile in spalla. Non c'era persona, lì nel gruppo, che non andasse in giro armata.

«Ti ho visto fare pugilato, eh.»

"Quando?" avrei voluto chiedere, ma la sgradevole consapevolezza di essere stato spiato, insieme alla paura, mi fece tenere la bocca chiusa.

Il pugilato, infatti, lo avevo praticato sul serio. Cercavo un modo per perdere peso dopo che la vita al ristorante – dove era un continuo assaggiare di qua e di là – mi aveva fatto lievitare a dismisura, fino al punto in cui non mi riconoscevo più e in cui guardarmi allo specchio mi deprimeva.

Una mattina sì e una mattina no eccomi lì, felice di avere trovato uno sport che mi si confaceva, chiedendomi come abbia potuto passare metà della mia vita senza il pugilato. Me lo ha consigliato un amico: «Fai cardio e anche dei pesi, vedrai, è efficace e ti piacerà». Aveva ragione.

La mia palestra dà direttamente sulla strada, ogni tanto qualche passante si fermava, osservava me e gli altri, come i vecchietti che si piantano a monitorare i lavori in corso, e poi se ne andava.

Mi rividi in quei momenti e con un brivido mi resi conto che, fra quei passanti, c'era anche il tizio che adesso mi stava parlando.

Quindi non si erano sbagliati. Avevano rapito me perché *volevano* rapire me. Era stato tutto programmato, qualcuno era stato mandato fino a Dipolog per tenermi d'occhio. Era una cosa seria, più grande di me.

E poi c'era il comandante. Quando mi si era presentato avevo avuto il sentore di averlo già incontrato, ed era così: era venuto a mangiare al mio ristorante, ci avevo persino scambiato qualche parola. Non era venuto a mangiare, però, o almeno non solo: era venuto a studiare me e la situazione, per pianificare il rapimento.

Erano stati spesi tempo e risorse umane proprio per rapire *me*. E la cosa mi metteva in un'agitazione insopportabile.

Mi ricordai di un video che un mio amico mi aveva proposto di vedere solo quindici giorni prima del rapimento. Riprendeva un capovillaggio rapito sull'isola di Aliguay, poco distante da Dipolog, che veniva ucciso dagli Abu Sayyaf perché reo di aiutare i militari a fronteggiare il loro operato.

«Vuoi vedere cosa gli hanno fatto?» mi aveva domandato.

«No, no, per l'amor di Dio» avevo risposto.

"Cosa faranno a me?" pensai, e lo ripensai più e più volte.

Che fossi nelle mani degli Abu Sayyaf, ormai, era una certezza.

Mi richiusi nel mio guscio di silenzio, con un nodo che mi attanagliava la gola. Pensavo non ci potesse essere angoscia più profonda di quella che avevo provato appena dopo essere stato portato via da Dipolog, però mi sbagliavo.

Intanto aspettavamo. Cosa non lo so.

Si fece pomeriggio e finalmente arrivarono dei ragazzi con una moto più nuova di tutte le altre che avevo visto. Era la moto per il comandante, che mi intimò di salire insieme a lui.

Passammo attraverso un paese deserto, con un posto di polizia chiuso: sette o otto moto, su una delle quali c'eravamo il comandante e io.

A un certo punto lui si voltò verso di me e mi disse, tra il divertito e l'orgoglioso: «È la prima volta nella storia che portiamo un ostaggio sulle montagne in moto!».

Io non risposi, mi limitai a tenermi saldo. Erano all'incirca le quattro del pomeriggio e ci inerpicavamo in sentieri poco battuti, pieni di sassi, tra dislivelli, buche e le ruote che affondavano nel fango.

«Vedi come la guido bene?!» urlava il comandante tutto eccitato. «È la prima volta nella storia! La prima volta nella storia! La guido bene, vero?»

"Non come la guiderei bene io" gli risposi, ma soltanto nella mia mente.

11

Angera, 1988

Non andrò in Amazzonia come avevo sognato. Dopo i tre entusiasmanti anni a Napoli, saranno le Filippine la mia nuova casa.

Mi ci è voluto un po' per mandare giù il rospo, per capire che il mio posto è dovunque io possa aiutare le persone, e ora eccomi qua, pronto a partire. O quasi.

Prima di tutto dovrò imparare bene l'inglese, e per questo, prima di volare verso il Sud-est asiatico, trascorrerò alcuni mesi a Londra.

Per il resto provo a chiedere al mio superiore che coordina le missioni nelle Filippine, e che in questi giorni si trova a Milano: «Cosa mi servirà lì?».

«Tanto coraggio, sai come è stato ucciso Tullio?»

Lo so. Eravamo stati insieme in seminario: mantovano di origine contadina, bravissimo a calcio e sempre ottimista e sorridente.

Era da tre anni nelle Filippine e destinato alla missione di Peter, leader riconosciuto dai gruppi tribali e per questo bersaglio di formazioni paramilitari che non vedevano di buon occhio il suo impegno. Un altro da missionario era divenuto nemico di chi voleva accaparrarsi le terre dei tribali.

In un tardo pomeriggio Tullio era caduto trucidato a colpi di mitragliatrici e la sua moto incendiata.

«Sai andare in moto?» mi chiede poi, a proposito, il superiore.

«In moto, perché?»

Ho visto che in Amazzonia tutti si spostano con il fuoristrada o le canoe.

«Nelle Filippine si usa la moto. Allora, sai andarci?»

«Da ragazzo ho avuto un Sì.»

Il superiore sorride. «Non basterà, devi praticamente imparare a fare motocross.»

Torno a casa e ne parlo con il mio vicino, lui ha un figlio con la passione del motocross: diventerà il mio maestro.

Per prima cosa mi insegna a usare le marce, praticamente un gioco da ragazzi. Poi usciamo per i boschi di faggi e castagni attorno ad Angera.

Mi ci vogliono due o tre giorni per superare la paura della moto e del terreno. Ho imparato a non lasciarmi prendere dall'ansia quando passo sopra foglie e muschio, a mettere giù la gamba nel momento giusto per non perdere l'equilibrio. Anche nelle discese funziona allo stesso modo, niente paura, perché è la moto a portarti, anche se tu devi fare attenzione alla potenza che le dai, a dosarla a seconda delle situazioni.

Comincio a impratichirmi, finché penso: "È fatta, ci so andare" ma lui mi dice: «Questa prima fase è finita, ora passiamo alla seconda».

Ah.

Un sabato pomeriggio viene da Milano, e carichiamo la moto, una Honda 250, sul carrellino dietro all'automobile.

«Ora ti porto in un posto...» annuncia.

«Dove?»

«Vedrai.»

La destinazione è un circuito per appassionati di motocross, con ingresso riservato ai soci. Lui, che fa gare amatoriali in giro per l'Italia, è il mio lasciapassare.

Davanti a me si aprono discese, salite, dove altri motociclisti sfrecciano, impennano e si lanciano in salti che mettono i brividi: sembra quasi che stiano spiccando il volo.

«Tieni questi» mi fa lui allungandomi un paio di stivaletti con i ganci, dei paragomiti di plastica, il casco e tutto quello che serve per la mia sicurezza.

Appena salgo in sella alla Honda e la metto in moto, mi accorgo della sua potenza: è una belva.

«Non dovrò mica saltare anche io?» chiedo un po' timoroso.

«Provaci» mi dice lui. «Il segreto è non avere paura. E non diminuire la potenza proprio quando serve, altrimenti... cadi.»

"Proviamoci..." mi dico.

La paura c'è, ma anche la voglia di farcela, e così mi ritrovo su una salita quasi in perpendicolare alla fine della quale... spicco il salto.

Anzi, il volo.

Passo il pomeriggio a saltare, salire, scendere. Ce la faccio, ce la faccio.

Ora non vedo l'ora di andare nelle Filippine, sono pronto.

Appena arriverò, mi dico, mi prenderò una moto.

Quando arrivo alla missione a cui sono stato dedicato, una delle prime cose che il Peperino mi mostra, tutto trionfante e orgoglioso, è proprio la sua moto: una Honda 200 da motocross, pulitissima, curatissima.

«Ecco il mio cavallo» mi dice.

E quando mi piego per guardarla meglio, e ne sfioro la carrozzeria, nei suoi occhi vedo come un lampo di gelosia: "La moto è mia e non si tocca". È un uomo un po' burbero, tanti anni di isolamento in luoghi così difficili lo hanno reso un po' orso, ma non mi ci vuole molto per comprendere che è anche una persona generosa.

I mesi passano, io e lui ci dividiamo i villaggi della zona: io vado a est, lui a ovest. Lui parte con la sua moto, io vengo accompagnato da alcuni ragazzi che mi fanno da guida, non essendo ancora molto conosciuto tra i locali – soprattutto non so ancora parlare il bisaya, la lingua del posto.

E intanto penso: "Arriverà il momento in cui anch'io potrò prendere una moto…".

Un giorno il padre mi dice: «Dovresti andare a una quindicina di chilometri da qui, la strada è parecchio in salita». Poi, vedendomi un po' stanco, aggiunge: «Vuoi prendere la mia moto?».

Sgrano gli occhi. «Davvero?!»

«Sì, sì, vai pure.»

Quasi incredulo, salgo in sella. La distanza da percorrere non è molta, ma la strada è simile al letto di un fiume, con piccole pietre, tanto fango e alcuni tratti in cui mi tocca guadare dei canali. Il padre mi spiega tutto quanto. «Stai attento» si raccomanda.

Parto da solo. Dopo un paio di tornanti, anche se la moto è piccola e io sono grande e grosso, mi sembra già di governarla al meglio.

Capisco perché il padre ne sia così geloso.

Arrivo in men che non si dica a destinazione, un villaggio ai margini della foresta, felice e soddisfatto, parcheggio la Honda all'ombra di una pianta e le do una pacca sul sedile.

"Brava!"

I locali mi accolgono con espressioni di meraviglia, sono stupiti che il padre mi abbia dato la sua moto, sanno tutti quanto ci tenga. Mangio insieme a loro, ci sono tante famiglie, una con addirittura quattordici figli. Il capofamiglia mi racconta, fiero, che li ha avuti tutti da un'unica donna, al contrario di altri uomini, che invece ne fanno con donne diverse.

Il tempo passa, io mi trattengo a parlare nonostante il padre si sia raccomandato di non fermarmi lì a lungo, e nel pomeriggio la temperatura comincia a scendere prepotentemente.

Peccato che quando l'aria calda proveniente dal mare si

scontra con l'aria fredda della foresta si creano delle nuvole, anticamera per un temporale che dura in genere una mezz'oretta, massimo un'ora.

"Meglio aspettare che spiova, allora" mi dico.

Quando il temporale lascia il posto al bel tempo, alcune persone del villaggio mi si avvicinano e in bisaya mi propongono di accompagnarmi.

Scuoto la testa. «No, grazie.» Non sono mica un bambino. Ho la moto, ho fatto lezioni di motocross, sono arrivato fino a qui… perché mai qualcuno dovrebbe accompagnarmi?

Il motivo mi si para davanti poco dopo la mia ripartenza: il pianoro che avevo percorso all'andata si è trasformato in una distesa di fango, e non fango normale, ma argilla rossa. E l'argilla, al calore, si ricompatta, col risultato che ogni manciata di metri devo scendere dalla moto, togliere l'argilla dalle ruote e ripartire. E lo stesso con gli scarponcini.

"Così non potrò mai farcela" mi dico.

Allora provo a forzare la situazione, restando in sella alla moto e dando gas a più non posso. Peccato che così facendo brucio la frizione…

Aiuto.

Ora non posso fare altro che mettere in folle e spingere la Honda giù per il percorso.

Arrivo alla missione alle dieci di sera, col buio pesto, la moto tutta infangata, irriconoscibile, e nel cuore il terrore di cosa mi dirà il padre.

Il padre, però, sta già dormendo. Io mi do una sciacquata, sono stravolto, e nonostante l'ansia appena mi stendo sulla stuoia mi addormento.

A svegliarmi, alle quattro del mattino, è il vociare che arriva dall'esterno. Il cuore comincia a martellarmi nel petto, mi affaccio dal balconcino, e vedo un gruppo di ragazzi attorno alla Honda del padre, e lui poco distante che fuma con gli occhi socchiusi.

Devo scendere, affrontare la situazione, via il dente, via il dolore.

Mi aspetto chissà quale scenata, e invece lui mi domanda: «Cos'è successo?».

Io gli spiego per filo e per segno tutto quanto.

«Te l'avevo detto di tornare prima. Vabbè, ora andrà lavata per bene.»

Queste parole mi sono sufficienti per capire che non si è ancora accorto del danno maggiore: la frizione bruciata.

Forza Rolando, via un altro dente, via un altro dolore.

Alla notizia, il padre cambia espressione, è come se un'ombra gli calasse dagli occhi, come se avesse appena saputo della morte di un parente. Si siede su un muretto, ho quasi paura che il cuore non gli regga.

Cambiare una frizione non è cosa semplice, da quelle parti: bisogna chiamare la barca, poi prendere un affollatissimo pullman fino alla città più vicina. Solo facendo questo tragitto si fa sera, quindi tocca pernottare lì e poi al mattino mettersi alla ricerca dei pezzi necessari per riparare la frizione. Alla fine si perdono tre giorni, non di meno.

Io però ho sentito che al porticciolo c'è un barcone che parte per Labuan. Là potrei trovare i pezzi di ricambio, così annuncio: «Parto subito». Devo pur farmi perdonare.

Entro la sera sono di ritorno con i pezzi.

«E adesso chi ce li monta?» fa il padre. «Tu sei capace?»

Gli rivolgo uno sguardo ebete: no che non sono capace. Ma ci posso provare. In fondo la frizione, adesso, è montata, è soltanto bruciata.

Prendo un foglio, una matita, e riporto uno schema di com'è fatta. Mi ci vogliono cinque ore di lavoro per smontare la vecchia frizione e rimontare la nuova, ma alla fine eccola qui, splendida e soprattutto funzionante.

Quando il padre riaccende la sua Honda 200 so di avere conquistato il suo perdono, ma so anche che è arrivato il momento, per me, di avere una moto tutta mia.

* * *

Non avendo molto da spendere, decido di andare da un rivenditore di moto usate.

Il meccanico che mi accoglie mi mostra una Honda 250, enduro, ha la ruota davanti più grande della posteriore, e per questo resta sempre un po' inclinata. Sembra adatta al mio scopo e alle strade che mi toccherà percorrere. In più il prezzo è davvero stracciato. Faccio un giro di prova e la compro.

È passato del tempo, ormai, dall'episodio dell'argilla, e ho imparato a raggiungere la missione non più soltanto via mare, ma percorrendo i percorsi aperti dai camion degli *illegal loggers*, coloro che tagliano illegalmente la foresta, sfruttando la terra, e che rappresentano il nostro nemico più insidioso e pericoloso.

Una novantina di chilometri: questo è quanto riesco a fare, dopodiché la moto si ferma. Eh, no, penso, ora gliela riporto indietro, l'ho presa stamattina...

«Te la rimetto a nuovo» promette il tizio quando mi ripresento da lui, spazientito.

Una volta riparato il danno, riesco a raggiungere la missione, ma questa moto, lo so, non andrà lontano. Ogni due per tre, infatti, si rompe qualcosa, e trovare i pezzi di ricambio non è sempre facile, così alla fine decido di disfarmene in attesa di trovare qualcosa di meglio.

«Ti portiamo noi nel posto giusto.»

Alcuni amici italiani – sono tornato in patria per una vacanza – conoscono un grosso rivenditore, e mi dicono che lì troverò la moto dei miei sogni.

Io non sono così fiducioso, ma appena entro nel suo salone resto a bocca aperta: ci sono decine, forse centinaia di moto, e di ogni tipo. Il proprietario è un ex campione di motocross.

«Allora, di che moto hai bisogno?» mi chiede. «Che tipo di terreno devi affrontare?»

Io gli racconto della foresta, delle salite, eccetera eccetera, e lui alla fine esclama: «Ma dove cazzo sei finito?!».

Eh, vaglielo a spiegare...

Comunque sia, ha la moto perfetta per me, dice.

«È tutta a incastro, ha pochi bulloni, motore resistentissimo, non ti lascerà mai» sta illustrando.

Ma io sono già innamorato della Yamaha TT 600 che ho davanti agli occhi: bianca con la parte anteriore in oro, le gomme rosse, anche il sellino rosso, e decorazioni varie. La tocco e ne ho la conferma: "Sei tu, e ti chiamerai Christine" proprio come la macchina che si innamora del suo proprietario, diventandone spietatamente gelosa, protagonista di un film che avevo adorato.

Portarla fin nelle Filippine non è una passeggiata, e anche una volta arrivata a destinazione Christine è in pericolo, perché a Zamboanga i musulmani organizzano corse di moto serali, e la *mia* Christine diventa subito bersaglio di sguardi famelici.

«Stai attento» si raccomanda con me il meccanico di Zamboanga che se ne prende cura. «Ho già sentito in giro che tutti conoscono la tua moto, fa gola a un sacco di gente.»

Quella mia e di Christine, negli anni, è una vera e propria storia d'amore. Io la difendo dai malintenzionati e lei in molti frangenti mi salva la vita, permettendomi di superare tratti in cui altre moto mi lascerebbero a piedi.

E mentre la cavalco è come se fossi tutt'uno con lei.

Mai sono caduto, nei dieci anni in cui Christine è stata con me, sopra strade impossibili, ricoperte di ghiaia, su cui le ruote vanno di qua e di là, mentre supero gli autobus che ti riempiono di polvere.

Lei non mi tradisce mai, e mai ho bisogno di ripararla. Lo scatolone di pezzi di ricambio che mi sono portato dall'Italia è rimasto intonso, se non per le parti consumabili.

"Lo sapevo che saresti stata la moto della mia vita, Christine."

Finché, un giorno, dopo aver già dismesso la tonaca da tempo e deciso di trasferirmi altrove, mi accorgo che Christine comincia a ondeggiare in modo strano non appena prendo una buca un po' più profonda del solito. Ed è qualcosa che non ha mai fatto.

Mi precipito da un meccanico, il suo verdetto è: «Bisogna cambiare questo gruppo,» indicando una parte del corpo di Christine «ma i pezzi di ricambio io non li ho, vanno trovati».

Facile più a dirsi che a farsi, nelle Filippine. Così chiamo i miei amici in Italia, che a loro volta chiamano l'ex campione di motocross che me l'ha venduta.

«Cazzo, ma è ancora in vita quella moto?!» è la sua reazione.

E il suo, di verdetto, mi riempie di tristezza: «Non vale più la pena, ormai, di ripararla. Ha già dieci anni. Se Rolando perlomeno la guidasse in città, ma su quel diavolo di terreno... se anche scrivessi alla Yamaha per avere il pezzo di ricambio, lo pagherebbe quanto una moto nuova, parola mia. Può usarla finché regge, ma stando bene attento al bilanciamento».

Così faccio. Christine resta con me ancora qualche tempo, le evito i percorsi più accidentati, finché un pomeriggio, fuori da un bistrot frequentato principalmente da stranieri, un ragazzone dall'aria nordica mi fa: «È tua quella moto?».

«Sì, perché?»

«Lavoro in un cantiere, facciamo aliscafi, mi servirebbe proprio una moto così... non è che me la vendi?»

Io ho già messo in moto, Christine romba e lui la osserva con uno di quegli sguardi famelici da cui l'avevo sempre protetta dopo il suo arrivo nelle Filippine.

«Posso provarla?» mi chiese il tizio, che nel frattempo ho scoperto essere olandese.

Mi batte un po' il cuore all'idea di farla guidare a qualcun altro, ma alla fine acconsento. Lui se ne sta in giro una decina abbondante di minuti e quando torna mi dice: «Bella moto davvero... quanto vuoi?».

Il cuore mi batte ancora di più. Non ci credo che lo sto per fare davvero. Ma ripenso anche alle parole di chi me l'ha venduta, ormai è questione di tempo, e poi a me rimarranno i tanti ricordi insieme a lei.

Gli faccio il prezzo, e l'olandese chiama un amico tedesco, che comincia a tempestarmi di domande. Io gli mostro il libretto, gli dico anche che ho uno scatolone pieno di pezzi di ricambio. Non ometto neppure il recente difetto, ma gli dico che per l'uso che ne dovrà fare l'olandese andrà più che bene.

Fatto sta che l'affare va in porto.

Sono giorni in cui sento che sta per iniziare una nuova fase della mia esistenza. I giorni da padre missionario, quelli della lotta contro la deforestazione, sono definitivamente il passato, ormai.

Mentre guardo Christine andarsene via, so che anche quella parte di vita non c'è più. Quell'uomo non sono più io, e con un groppo in gola che è persino doloroso, la saluto per sempre.

"Ciao Christine, grazie."

12

La moto andava, anche se una sospensione era già saltata, il comandante esultava, e io venivo portato chissà dove.

Ci fermammo in una piccola radura, dove ci attendeva un gruppo di uomini armati di tutto punto, con zainetto, bolo, fucile, mitragliatore.

«Lui viene con voi» disse il comandante, e io per l'ennesima volta venni scaricato come un pacco. «Vedrai che bello, è un hotel a cinque stelle» aggiunse prima di andarsene. «Noi ci vediamo tra poco.»

Con quattro o cinque di questi uomini davanti e altrettanti dietro, mi incamminai per un saliscendi che si concluse in cima a una collina, dove sorgeva un accampamento.

Gli uomini erano davvero moltissimi, forse cento, duecento, disposti a gruppi di venticinque, a una cinquantina di metri l'uno dall'altro. Vidi tante piccole trincee scavate nel terreno, quelle che in inglese si chiamano *foxhole*, e che i terroristi usavano evidentemente per ripararsi da eventuali attacchi.

Sfilai in mezzo a tutti questi uomini che mi osservavano, finché uno di quelli con cui ero arrivato mi ordinò: «Siediti là» indicando un tronco un po' obliquo appoggiato contro la radice di una grossa pianta, una specie di panchina naturale.

Obbedii, sentendomi gli occhi di tutti puntati addosso. Era imbarazzante, inquietante, così non alzai gli occhi da terra, non ne avevo il coraggio.

Poi un uomo mi si parò di fronte, e fui costretto a sollevare la testa. Aveva una kefia bianca e verde arrotolata intorno al collo, mentre il volto era incappucciato di nero, con due fessure soltanto all'altezza degli occhi.

Mi si rivolse con un tono sprezzante, duro, ma la voce era quella di un ragazzo giovane: «Ora sei arrivato qua e devi stare molto attento a quello che ti diciamo. Noi faremo delle richieste al tuo governo, e se non verranno soddisfatte verrai giustiziato, *giustiziato*, capito?».

Cominciai a tremare, mentre il tono del ragazzo si faceva sempre più sprezzante e la sua bocca si muoveva sotto il tessuto nero senza che io potessi vederla.

«Guardati... sei patetico!» mi urlò addosso. «Un patetico cristiano... hai paura adesso, eh?»

Rimasi in silenzio, terrorizzato, gli occhi a terra. Sì, avevo paura.

«Guardami, guardami» mi ordinò lui.

Obbedii, non potevo fare altro.

«Riconosci che non sei nessuno?»

Silenzio.

«Riconosci che sei il nostro schiavo?»

Silenzio.

«Ringrazia Allah che ti diamo da mangiare.»

Silenzio.

Mentre tutt'intorno non percepivo che sguardi in cagnesco, risatine, crudeltà.

Poi il sonno dentro a una *foxhole*, e la confusione.

La mia prigionia, lo sentivo, stava entrando nella sua fase più nera.

Il risveglio fu all'aroma di caffè.

Ero dentro alla mia buca, accucciato, col magone che era rimasto come un timbro sul mio stomaco, con gli occhi ancora socchiusi. E alle narici mi arrivava l'inconfondibile profumo del caffè.

Senza, probabilmente non sarei nemmeno riuscito a sollevarmi su un braccio e mettermi a sedere. Da quella posizione non riuscivo a vedere molto, anche se immaginavo tutti gli uomini accampati a poca distanza da me.

Vidi però una mano che furtivamente si infilò nella buca e mi porse un bicchiere di plastica spessa, da campeggio. Dentro c'era il caffè.

Lo portai subito alle labbra, feci un sorso. Era dolcissimo, troppo per i miei gusti, ma lì a Jolo lo zucchero è sacro, se ne abusa al punto che tutti, a un certo punto, perdono persino gli incisivi e sono costretti a ricorrere alle protesi dentarie. Non mi importava, adesso tutto quello zucchero era ciò che faceva al caso mio.

Nonostante avessi dormito bene, su un terreno comodo, evidentemente ripulito da ogni fastidiosa radice, mi ero svegliato stanchissimo. Avrei avuto anche voglia di darmi una sciacquata, ma non osai chiederlo.

Di lì a poco si ripresentò da me l'uomo mascherato.

«Esci da lì!» mi ordinò, e poi, con lo stesso tono secco e sprezzante con cui mi si era rivolto la sera prima, continuò: «Spero tu abbia capito cosa ti ho detto ieri: se le nostre richieste non saranno esaudite tu verrai giustiziato. Quindi dovrai collaborare, capito?».

In quel momento, guardandomi intorno, ebbi per la prima volta la consapevolezza di quanto fosse sterminato quell'accampamento.

Ecco, per davvero, gli Abu Sayyaf.

I terroristi erano qualche centinaio, disposti a gruppetti come già avevo notato, e stavano bevendo il caffè.

In mezzo a uno di questi gruppetti, in lontananza, vidi un uomo bianco, molto molto magro, coi capelli biondi e uno sguardo triste, simile a quello dell'ostaggio cinese che avevo visto il giorno prima.

"Un altro povero Cristo..." pensai. "Proprio come me."

Mai, comunque, mi sarei aspettato tutta quella gente.

Quando al telegiornale si parlava di Abu Sayyaf, erano descritti come un gruppo di banditi che rapivano e giustiziavano delle persone. Quello che avevo di fronte a me, però, non era un "gruppo di banditi", era un vero e proprio esercito, all'apparenza organizzatissimo, disciplinato.

Era inquietante.

Ancora più inquietante fu vedere come l'ordine di alzarsi e andarsene: «*Ready*», partito dal comandante, nel giro di qualche secondo si propagò per tutto l'accampamento.

Ognuno raccolse piatti e bicchieri, li infilò nei propri zaini, e a una velocità sorprendente, senza che si creasse alcun tipo di confusione. Il fuoco che era stato usato per cucinare era stato spento con gli scarponi, qualche avanzo di cibo era rimasto per terra, ma tutti erano già pronti per spostarsi.

Perché questa – lo avrei scoperto di lì a poco – era la loro vita. Troppo rischioso fermarsi in un accampamento stabile, sarebbero diventati facili prede dei militari. In poche parole: vivevano in una fuga continua.

Li vidi avanzare in una sorta di serpentone che discendeva la collina. Il mio gruppetto si unì verso la fine. Tutti indossavano scarponi, non c'era nessuno con le infradito come me, e mi chiesi dove stessimo andando. Di sicuro, comunque, in un posto dove degli scarponi sarebbero stati la calzatura ideale.

Il serpentone, infatti, si addentrava nella fitta vegetazione. Io, che ero ancora in altura, notai per la prima volta che, in mezzo agli uomini, c'erano anche alcune donne, coperte di nero dalla testa ai piedi.

Faticavo a camminare e a star dietro al passo della carovana. Primo, per via delle mie ridicole ciabattine. Uno di loro, non appena rimanevo indietro, mi assestava dei colpi sul polpaccio con un legnetto, come fossi una mucca da far pascolare. Era importante, per loro, che non scombinassi l'ordine e le distanze di quel serpentone ordinato e sorprendentemente silenzioso.

Secondo, perché avevo fame, una fame tremenda. Mi consolava il fatto che la pancia era bella strizzata nella maglietta, segno che avevo delle riserve da poter utilizzare in caso di bisogno.

Mi ricordai di aver visto, su un giornale, la foto di un coreano prigioniero di Abu Sayyaf, una delle sue ultime fotografie mandate alla stampa e ai famigliari dai carcerieri: dopo mesi di prigionia, era ridotto pelle e ossa. Non ce l'avrebbe fatta.

Stavamo attraversando una zona di saliscendi ricca di piccoli torrenti, dai quali a volte vedevo spuntare grossi tubi di plastica che probabilmente fornivano l'acqua ai villaggi e alle fattorie sparsi lì attorno. Acqua pulitissima, che la natura dava gratuitamente – fu un pensiero che, per un attimo, mi scaldò il cuore.

Quando ci rifermammo, fui di nuovo sorpreso dalla grande organizzazione e disciplina di quegli uomini. Il primo gruppetto si fermò e si sistemò a sedere sul terreno, quindi anche il secondo, a una distanza di qualche decina di metri, e a seguire tutti gli altri, come a formare un disegno ordinato e geometrico.

Il nostro passò per ultimo, sfilando in mezzo agli altri, e ancora una volta mi sentii centinaia di occhi addosso, come tanti scanner che mi stavano facendo la radiografia.

Per la prima volta vidi anche quelli che sarebbero stati i miei principali compagni di prigionia: i due canadesi, il norvegese e la sua compagna che erano stati rapiti qualche tempo prima. Se avevo bisogno di un'ulteriore conferma di essere finito nelle mani degli Abu Sayyaf, eccomela servita.

Uno di loro, alto e col codino, provò a farmi un cenno, ma fu subito redarguito da un ragazzo seduto accanto a lui: «Proibito!».

L'uomo abbassò di colpo gli occhi, lo sguardo gli si fece ancora più triste, mentre il mio gruppo proseguì e andò a sedersi davanti, alla testa di quello che prima era il serpentone.

Uno del mio gruppo mi porse una grossa bottiglia di plastica, di quelle che avrebbero anche potuto contenere della candeggina, e che invece era piena d'acqua.

Feci per portarla alle labbra e lui gridò: «Non bere!».

Spaventato, mi fermai.

"Come? E allora perché me l'hai data?" pensai.

La verità è che avrebbe voluto dirmi: "Non berla tutta", ma io, a quel punto, non sapevo più che fare. Ero talmente spaventato che non potevo fare altro che seguire alla lettera qualsiasi ordine mi venisse impartito, senza riflettere. Riflettere non era una facoltà concessa a un prigioniero.

Poi un altro mi fece segno di bere, ma piano, e allora mi portai di nuovo il bottiglione alla bocca, mentre un altro ancora passava la mano sul suo bolo e lo muoveva in modo da riflettere la luce sui miei occhi, come ad accecarmi, e a dire: "Stai sempre attento a quello che fai".

Una volta che tutti ebbero bevuto, fu il momento di proseguire il cammino. Grazie a un nuovo passaparola il primo gruppo che si era seduto fu anche il primo a rialzarsi e, passando in mezzo agli altri, riprese la testa del serpentone. Vidi passare l'ostaggio olandese. Aveva le braccia conserte, ma quando mi vide sollevò le mani e mi mostrò quattro dita.

Era lì da quattro anni. D'improvviso ricordai la sua storia, ne avevano parlato stampa e televisione. Era un ornitologo ed era stato rapito insieme a un suo collega svizzero, che però era riuscito a fuggire, dopo due anni, in modo rocambolesco.

Lui no. Era ancora lì. Da *quattro* anni. Io da poco più di quattro giorni, e pensavo che non mi sarei mai potuto abituare a un'esistenza del genere. Come aveva fatto?

Ripensai all'alberello che cresceva sulla roccia, continuamente sferzato dal vento.

"La vita è davvero così forte?"

Attorno a noi, adesso, vedevo capanne abbandonate e mastodontiche mucche allo stato brado che pascolavano liberamente, qualche tronco tranciato di netto e scortecciato.

Nel cielo passavano uccelli, anche di grandi dimensioni

– non li vedevo, dal momento che tenevo lo sguardo basso, ma li potevo sentire, insieme allo scrosciare dell'acqua nei ruscelli e al quasi impercettibile scalpiccio degli scarponi della carovana in cui ero inserito.

E in cui forse, mi dicevo, sarei rimasto anche io quattro anni come l'olandese, o anche di più.

Non mi restava che lasciarmi trasportare, non avevo la forza di fare altro. La vita andava avanti, ma la mia mente si rifiutava di viverla.

Non ero io, no. Non ero io quel prigioniero coi piedi sporchi che ora si stava di nuovo sedendo a terra, seguendo gli altri, obbedendo agli ordini.

Non poteva davvero essere la mia vita.

Perché a me? Dio dove sei? Perché mi hai abbandonato?

"No, forse la vita non è davvero così forte."

13

«Lando! Lando!»

Bastò che uno del mio gruppo mi chiamasse così, porgendomi un cucchiaio di metallo e un piatto di plastica con dentro un po' di riso al vapore condito con salsa di soia e qualche erbetta, perché per tutti quanti diventassi ufficialmente "Lando".

Ero stato ribattezzato, pensai mentre mi nutrivo con qualcosa che, nella mia vita di tutti i giorni, avrei accettato di mangiare solo durante una dieta ferrea, o probabilmente in punto di morte.

In quel momento, invece, era ambrosia.

E non fu l'unico regalo della giornata. Quando, dietro l'ordine di uno degli uomini, ebbi lavato il piatto e il cucchiaio, ricevetti uno zaino.

«Lo usava il tizio che abbiamo ucciso una settimana fa.»

Chissà se era vero o lo diceva soltanto per spaventarmi. Lo guardai, era di un blu navy ormai sbiadito, ci dovevo mettere dentro proprio il piatto e il cucchiaio perché, capii, li avrei dovuti riutilizzare e me ne sarei dovuto prendere cura io.

Le sorprese non erano finite. Si era rifatto vivo, come aveva promesso, il comandante ricciolino che mi aveva portato in moto su per le colline. Aveva in mano un sacchetto di plastica per me.

Lo aprii. Dentro c'erano un paio di scarpe di tela, due magliette, dei mutandoni improbabili, due paia di pantaloni leggerissimi in stile malesiano, uno spazzolino e un tubetto di dentifricio, e infine una confezione di cracker.

«Vieni, ora devo lavarti» mi disse poi in bisaya con tono ancora più duro.

Pensai che non avevo con me un lenzuolo per coprirmi dalla vita in giù, e anche che mi avrebbe portato da qualche parte, in un luogo un po' più isolato.

Invece no. Appena rimasi in mutande, tre di loro arrivarono con dei grossi secchi d'acqua e senza preavviso me la scagliarono tutta addosso.

Insieme all'acqua fredda arrivarono anche gli insulti.

Ero grosso.

Una mucca.

E "uuuuuh"... e "oooooh"... tutto un coro di risolini che mi fecero sprofondare in un'umiliazione che mai avevo provato prima.

Non ero sempre stato grasso a quel modo, ero stato un bel ragazzo, uno di quelli che le donne guardano anche se è un padre missionario, era stato proprio per perdere peso che avevo cominciato a praticare pugilato, perché il mio corpo mi causava qualche imbarazzo. Mostrarmi in spiaggia, per esempio, non era mai piacevole, per me.

E ora eccomi là, Lando il grassone, costretto a esibirsi per il divertimento dei suoi carcerieri.

Non so quanto durò, ma fu terribile.

Alla fine mi misi maglietta e pantaloni, e gettai fra gli arbusti quelle maledette infradito che a tratti avevo odiato con tutto me stesso. E per questo fui anche sgridato: le infradito dovevano essere lasciate bene in vista lungo il sentiero per permettere alla gente dei villaggi di raccoglierle e usarle ancora. Gli Abu Sayyaf, mi resi conto, erano attentissimi alla gente del posto, la loro rete vitale, le loro silenti sentinelle.

Con me tutto il contrario. Potevano farmi sprofondare ancora più in basso?

Senza dubbio ci provarono. Il comandante tornò da me e mi disse, secco: «Ora tu ci dai i numeri di telefono di qualcuno da chiamare per il tuo mantenimento».

«Mantenimento?»

«Sì, mica possiamo pagare noi per te.»

Ero incredulo, ma ancora una volta non mi restava altra cosa da fare se non obbedire.

Pensai ad alcune persone che conoscevo a Dipolog, non ricordavo a memoria i numeri, ma loro tanto non ci avrebbero messo nulla, partendo dai nomi, a recuperarli.

Però questo fece partire dentro la mia testa un pensiero dopo l'altro. Pensieri brutti, pieni d'ansia, in cui la parola "giustiziato", che avevo sentito ripetere tanto spesso in quegli ultimi due giorni, si mischiava alla litania di "*are you ok?*", "*are you ok?*", e ai versi di scherno scagliati contro di me insieme alle secchiate d'acqua.

Poi, con l'imbrunire, la preghiera.

Non la mia, ma quella degli Abu Sayyaf. Era la prima volta che avevo l'occasione di assistere a quel rito, che cominciò con l'abluzione. Li vidi lavarsi le mani, le braccia, il volto, e poi, ciascun gruppo guidato dal proprio comandante, piegarsi verso la Mecca e pregare.

Sembravano in pace, proprio quella pace di cui avrei avuto così tanto bisogno io. E invece la mia mente non si spegneva un istante, era una continua interferenza: pensieri e immagini si accavallavano l'uno sull'altro.

Solo la notte, con la sua oscurità, riusciva a portarmi un po' di serenità. In quel buio, acuito dal fatto che ci accampavamo sempre sotto chiome di alberi per evitare che dall'alto i droni ci individuassero, potevo immaginarmi che attorno a me ci fosse tutt'altro mondo: ero sul Boulevard di Dipolog, passeggiavo, mangiavo un gelato, guardavo i sorrisi dei passanti...

Anche quella notte pensai a tutte queste cose, e mi addormentai.

* * *

Risvegliandomi dopo un sonno di sogni che in parte riuscirono a adombrare le angosce, non avrei mai immaginato che in quel secondo giorno insieme agli Abu Sayyaf già avrei fatto esperienza di così tanti aspetti della loro quotidianità.

Per lavare i panni sporchi, per esempio, ci si fermava a un ruscello dove questi ragazzi, con una meticolosità che mi lasciò stupefatto, strofinavano i loro abiti per poi appenderli a delle corde tese da un arbusto all'altro. Alcuni si costruivano persino delle grucce con dei rametti, in modo che asciugandosi le magliette non avessero troppe pieghe.

C'erano poi le recite del Corano. Molti di loro estraevano dallo zaino, lo stesso da cui magari poco prima avevano preso il pannello solare portatile per caricare il loro telefonino Nokia, una copia del loro libro sacro. Poi, a gambe incrociate, iniziavano a ondeggiare seguendo l'intonazione della litania.

Ognuno seguiva la propria voce, e alle mie orecchie arrivava tutta una serie di cantilene che si sovrapponevano in un vociare sommesso.

In quei momenti a me non restava che sedermi all'ombra di una pianta, a tratti ascoltavo quella recita dalle mille voci, a tratti ascoltavo invece i miei mille e ancor più pensieri.

Fu proprio durante la prima recita del Corano di cui fui spettatore, in quel secondo giorno insieme a loro, che feci la conoscenza di quelle che sarebbero diventate mie preziose compagne di viaggio per l'intero periodo della prigionia: le formiche. Le cominciai a osservare mentre avanzavano in fila indiana, muovevano le loro antenne, trasportavano qualcosa...

Erano affascinanti. Quante volte le avevo viste, ma mai mi ero soffermato a studiarle così attentamente.

Fu però una conoscenza breve, quella prima volta, perché di colpo l'ammassarsi di voci cantilenanti fu sostituito dal *taratata* assordante della mitragliatrice. Non lo avevo mai sentito, dal vivo, fino a quel preciso istante.

In fretta e furia, tutti infilarono nello zaino il Corano e gli altri pochi averi, si alzarono in piedi e bacchettandomi mi ordinarono di muovermi. In un attimo mi ritrovai al centro del mio gruppetto di otto persone, al centro esatto, come se avessi attorno un guscio umano.

«Andiamo! Andiamo! Andiamo!» urlarono mentre i colpi di mitragliatrice continuavano ad arrivarmi ai timpani, mentre alcuni di loro prendevano il loro, di mitragliatore, e andavano nella direzione degli spari.

Era in atto uno scontro.

Discendemmo il pendio, ci inoltrammo nella vegetazione. I più giovani del gruppo erano anche i più eccitati da quella situazione di pericolo. Tanto che i più grandi, e anche più esperti, erano costretti a tenerli a bada.

Io non ero eccitato per niente, ero terrorizzato, se non fossi stato un prigioniero che doveva sempre fare solo e soltanto ciò che gli veniva detto, avrei ceduto alla tentazione di fuggire, pur non sapendo bene dove andare. E mi accorsi che le mie mani avevano cominciato a tremare.

D'istinto mi aggrappai al tronco di un alberello, come a volerle fermare. Ma alcuni dei più giovani ed eccitati se n'erano già accorti e scoppiarono a ridere, indicandomi.

«Ha paura, guarda...»

«Gli tremano le mani!»

«Ora se la fa sotto!»

Nei loro sguardi il fiammeggiante desiderio di umiliare, di ridurre a un nulla l'altra persona, soprattutto se si trattava di un "americano" grande e grosso conscio di poter essere giustiziato da un momento all'altro.

Nel frattempo tutti erano in attesa di sapere come fosse andato lo scontro, le orecchie tese verso i luoghi dello scontro. C'era un silenzio che metteva i brividi.

Poi ecco l'inno *Allahu Akbar*, "Dio è il più grande", mentre alcuni uomini trasportavano un ferito, tutto ricoperto di sangue, sopra una portantina fabbricata con una tela cerata e due pali di bambù.

Nessuno, tra gli uomini vicini a me, si agitò, né fece domande. Era chiaro che anche quello – proprio come il lavare i panni al ruscello, ricaricare i Nokia coi pannelli solari o recitare passi del Corano – era parte della loro quotidianità.

Una quotidianità che adesso era anche la mia.

14

I giorni a seguire cominciarono a essere ripetitivi.

Ci si accampava, si mangiava (sempre riso bollito con poco altro), si lavavano le posate, ci si rialzava, si camminava, ci si accampava di nuovo.

La vita degli Abu Sayyaf, e quindi dei loro ostaggi, era prevalentemente questa.

La mia, a parte seguirli dovunque andassero, era tutta interiore. La mente, infatti, non aveva mai smesso di macinare pensieri e preoccupazioni. E soprattutto non avevo ancora mai ricevuto alcuna notizia dal mondo esterno, tanto che, soverchiato da un tremendo senso dell'abbandono, iniziavo a domandarmi: "Si interesseranno a me?".

"Mi cercheranno ancora?"

"Saranno disposti a rispondere alle loro richieste?"

Mi sentivo come un fuscello cresciuto in riva al mare, sbatacchiato di qua e di là dal vento, non certo come quell'albero resistente a tutto. Non ero pronto a morire, e ogni volta che i miei carcerieri mi mostravano il bolo le mie dita andavano inconsciamente al collo, come a volerlo proteggere.

"Perché questo destino è toccato proprio a me?"

E poi c'era un'altra domanda che si faceva strada nella mia mente, una domanda che non era un sussurro, ma un grido, e sovrastava qualsiasi altra: "Ma dove sei, Dio?".

Con Dio avevo sempre parlato, a lui avevo completamente

dedicato parte della mia vita. Ora non mi dava altro che silenzio. E questo non potevo capirlo, accettarlo.

"Davanti a me ho solo odio" gli dicevo. "Ho solo gente incattivita, sguardi loschi, di sfida... Dio, *dove sei*?"

Dio però restava in silenzio, e a parlare sempre più forte erano le voci, le abitudini, la vita dei miei carcerieri. Avevo scelto la sottomissione completa, d'altronde non avevo altra scelta se non volevo rischiare di essere giustiziato seduta stante, e quell'abbassare la guardia aveva concentrato su di loro tutti i miei pensieri.

Ero tranquillo solo quando loro erano tranquilli, e ciò avveniva quasi soltanto nei momenti di preghiera. Per il resto non facevo che osservarli, era come se il mio mondo si fosse fermato. Mentre erano impegnati a ripulire le armi – ed era sorprendente come questi ragazzini riuscissero a smontare e rimontare attrezzi tanto complicati – pensavo per esempio che dovevo stare attento a dove posassi gli occhi. Se avessi troppo indugiato sulle canne lucidate dei loro fucili, sui loro kit di pulizia, su quel loro fare quasi liturgico, forse avrebbero pensato che volessi imparare anch'io come erano fatte le armi o, peggio, intendessi rubarle.

Tutto di me, compresi gli occhi, andava educato alla nuova vita che stavo vivendo.

Anche ingannare il tempo facendo mucchietti con la terra poteva essere interpretato come una mia volontà di lasciare tracce sul cammino. Lo stesso grattare via un po' di corteccia da un tronco.

Ogni gesto andava controllato, ero un prigioniero anche in questo. Non ero neppure libero di essere sovrappensiero. No, dovevo essere sempre in allerta.

Così la maggior parte della giornata la trascorrevo sdraiato, con lo zaino sotto la testa, ad aspettare.

Aspettavo semplicemente che il tempo passasse, che arrivasse il momento dell'acqua, quello del cibo, di riprendere il cammino.

Mi era stato affidato, nel frattempo, un guardiano personale, che divenne parte integrante di questa nuova quotidianità.

Avrà avuto venti, venticinque anni, e non ci misi molto a soprannominarlo, nella mia mente, il Narciso, dal momento che passava un sacco di tempo davanti allo specchietto a sistemarsi le sopracciglia, le basette, a strapparsi qualche pelo dalle guance, e anche la sciarpa doveva essere sempre arrotolata attorno alla testa alla perfezione.

Se c'era da camminare lui era sempre dietro di me, a controllarmi. Si sentiva evidentemente investito della fiducia del gruppo e ne era fiero: aveva la responsabilità che al nuovo ostaggio non succedesse nulla, e soprattutto che non scappasse.

Tra noi si instaurò fin da subito un rapporto strano, ambivalente.

Gli inizi delle giornate, con lui, non erano certo dei migliori. Quando riaprivo gli occhi lui era lì, dormiva di fianco a me, e mi guardava con un'espressione imbronciata, come se si fosse svegliato col piede storto. Poi a volte mi diceva: «*You're crazy… you're crazy…*».

Non sapeva parlare il bisaya e a me si rivolgeva in un inglese stentato o in tagalog. Io non capivo perché mi dicesse che ero pazzo, a mio parere era di certo più pazzo lui di me. Forse neppure sapeva cosa significasse perché poi capitava che di notte mi svegliasse per chiedermi di nascosto cose come: «Come si dice "Mi manchi" in inglese?».

Se da una parte io ero l'ostaggio da trattare con severità, dall'altra mi trasformavo a tratti in suo complice. In quell'ambiente integralista non era visto di buon occhio che un membro del gruppo avesse una relazione con un'amante esterna al gruppo. E, come avrei scoperto col tempo, il Narciso, per quanto giovane, era già stato sposato due volte ed entrambe le volte abbandonato. Alle donne islamiche, infatti, è permesso divorziare entro le prime settimane dal matrimonio, se qualcosa nella coppia non funziona.

Comunque sia, vivevo fianco a fianco con una persona imprevedibile, instabile, e questo non faceva che accrescere la mia ansia.

Spesso, infatti, mi trasformavo nella sua valvola di sfogo.

A volte, per esempio, diminuiva le mie razioni di cibo, mentre un giorno gli capitò di essere rimproverato dal comandante per non aver voluto lavare le mie cose, e anche dopo quel rimprovero si limitò a una sciacquata superficiale.

Era come se, col suo comportamento, volesse dirmi: "Io posso fare ciò che voglio di te, ho il pieno controllo. Se voglio darti più cibo, ti do più cibo. Se invece voglio bastonarti ti bastono".

Si divertiva, poi, a stuzzicarmi.

Un pomeriggio mi chiese: «Perché non provi mai a scappare?».

Io sapevo che quella era, in qualche modo, una domanda trabocchetto, ma sapevo anche che non potevo esimermi dal rispondergli.

«Ma dove vado? Non so neanche dove siamo.»

«No, no… prova a scappare invece. Perché ho proprio voglia di vedere quando verrai ripreso e ti verranno tagliati il naso, le orecchie. E magari ti tagliamo anche i piedi» aggiunse con un lampo inquietante negli occhi.

Un altro giorno mi mostrò la foto di un prigioniero che, mutilazione dopo mutilazione, era stato ridotto al solo torso e che ora si trovava in una pozza di sangue, come un pesce che boccheggia e aspetta soltanto la morte per dissanguamento.

Quell'immagine agghiacciante mi restò impiantata nella testa, insieme a quella della canna di pistola che mi era stata puntata contro nel mio ristorante.

Non era tanto il sangue a impressionarmi, avevo assistito purtroppo a scene persino più raccapriccianti durante gli anni della missione.

A impressionarmi, a non voler più scollarsi dalla mia testa, era una terribile consapevolezza: forse giorno dopo giorno, mi sarei anch'io ridotto così?

Mi stavano a mano a mano portando via tutto? E quando sarebbero arrivati al nocciolo?

E ancora mi chiedevo: "Chi sono?… *Cosa* sono?".

Terza parte
SOPRAVVIVERE

15

Sono in un bar, il gomito appoggiato sul tavolino, la tazzina di caffè tra le dita, la sigaretta già fra i miei pensieri: il tempo di bere l'ultimo sorso e uscirò a fumarmela.

Ma poi mi volto, qualche centimetro appena, e ai margini del mio campo visivo li noto. Hanno i mitragliatori appesi a tracolla, alcuni il volto coperto, sono qui per me, mi stanno seguendo.

Già mi era sembrato di averli visti tra le corsie del supermercato prima, mentre facevo la spesa. Ma mi ero detto che no, era impossibile, gli Abu Sayyaf non avrebbero potuto seguirmi fin lì.

E invece.

Mi alzo ed esco, prima camminando piano, poi sempre più veloce, e infine mettendomi a correre a perdifiato per le strade della città. Non mi importa chi abbia davanti, se nella mia fuga colpirò qualcuno. Devo andare, seminarli.

Entro in una casa, mi chiudo la porta alle spalle, sono sicuro che non mi abbiano visto. Mi siedo per terra, sotto una finestra, cerco di rallentare il respiro, butto la testa fra le ginocchia, sto ansimando, sono sudato.

Ho paura.

Poi, piano piano, mi sollevo quanto basta per riuscire a guardare fuori. E loro sono ancora lì, oltre il cancello.

Non me ne libererò mai.

Mai.

* * *

Quella mattina mi svegliai col fiatone, la fronte madida di sudore. Era raro che la notte, quella coperta di oscurità che mi faceva sentire al sicuro e mi lasciava immaginare tutt'altri scenari rispetto a quello in cui mi trovavo, mi portasse anche degli incubi.

Ma quella mattina successe, e capii come la sensazione di essere accerchiato, costantemente sotto l'occhio dei miei carcerieri, mi fosse ormai entrata dentro.

Più tardi, quello stesso giorno fui portato al cospetto di un personaggio che non avevo mai notato prima.

Era seduto a gambe incrociate insieme ad alcuni suoi compagni, e aveva un cappuccio sulla testa, tra le mani una tazza di caffè.

Quando mi vide arrivare si tolse il cappuccio e mi parlò in un inglese fluente, articolato, di chi lo aveva studiato a fondo: «Con te non userò mai il tagalog, perché quella è la lingua dei nostri nemici» ci tenne subito a precisare.

I tagalog sono la seconda etnia più numerosa delle Filippine, stanziata prevalentemente nel Nord.

Poi aggiunse: «Sei in una brutta situazione, da quando sei con noi nessuno ti ha cercato, lo sai?».

Io rimasi fermo, senza parole. Mi sembra di riconoscere la sua voce... ma dove l'avevo già sentita?

«Gli unici a preoccuparsi di te sono stati i musulmani di Sibuco, che hanno indetto una petizione. E questo loro affetto nei tuoi confronti dimostra una cosa soltanto: che tu li hai circuiti per convertirli al cristianesimo. Tu sei un marine del papa mandato qui a distruggerci.»

Il mio spirito di accoglienza mi si stava ritorcendo contro. Non sapevo cosa aspettarmi da quel monologo. Le frasi di quell'uomo erano come colpi d'arma da fuoco sparati uno dietro l'altro.

«Noi ora mostreremo ai nostri fratelli che operano all'estero che il gruppo filippino è pronto a compiere azioni dimostrative di alto livello. Per la prima volta nella storia faremo vedere che siamo capaci di uccidere gente come te… un marine del papa! Quindi mettiti il cuore in pace, il tuo destino sarà già deciso nelle prossime ore.»

Il monologo si era trasformato in una mitragliata di sentenze senza virgole, senza punti di sospensione, senza nessun appiglio a cui potessi aggrapparmi. Senza speranza.

Mi riportarono al mio giaciglio. Avevo lo sguardo fisso in avanti. Era tutto finito, tutto finito, mi ripetevo. Era questione di ore.

Mi sedetti, e in quel momento uno di loro, piccolo e senza denti, magro e coi capelli lunghi, mi allungò quattro mangostani dicendo qualcosa in lingua tausug.

Capii soltanto: «Non ti piacciono?». Forse pensava che, in quanto "americano", non apprezzassi quei frutti tipici della zona.

Eccome se li apprezzavo, invece. Quelli, poi, erano così succosi che li mangiai piano, quasi a tentare di farli durare un'eternità, e assaporare il più a lungo possibile quel nettare delizioso.

"Chissà quando ne rimangerò uno… e *se* mai ne rimangerò uno."

Facevo così persino con i cracker: un pezzettino alla volta, masticando piano. Si era formato in me un istinto alla conservazione, ero come un animale che accumula le provviste per l'inverno e che poi consuma il suo tesoro piano, perché deve durargli fino all'arrivo della primavera successiva.

Intanto la mente cominciava a farsi mille domande sul tizio incappucciato che mi aveva parlato in modo così duro e perentorio.

"E lui chi è?"

"È il capo di tutti? Sembra molto giovane però…"

"Sono cose che si sta inventando per sottopormi a un qualche crudele giochetto psicologico?"

Su una cosa non avevo dubbi: non era certo un membro

qualsiasi della truppa. Parlava un inglese troppo forbito, e poi, ora che ci pensavo, era lui a far partire le preghiere collettive… ecco quando avevo già sentito la sua voce.

Anche di un'altra cosa ero certo: se il suo scopo era buttarmi giù di morale ce l'aveva fatta perfettamente. Per i giorni seguenti non feci altro che pensare al fatto che nessuno si stesse interessando.

Ma ecco, all'improvviso, giungere all'accampamento – non ci eravamo ancora spostati dal mio incontro col tizio incappucciato – un gruppetto con lo zaino in spalla. Vennero salutati dai compagni, e uno di loro mi si avvicinò per poi gettarmi ai piedi un sacchetto di plastica.

«Questo è per te!» gridò.

Lo aprii, e con mia grande sorpresa vidi che conteneva le medicine che stavo assumendo per la pressione alta, due magliette leggere, in tessuto sintetico e con due striscioline azzurre sul davanti, e un pacco di biscotti.

Istintivamente mi strinsi la busta al petto: "È mio, è mio, è mio" mi ripetevo.

Poi ci infilai dentro il naso, alla famelica ricerca di qualche odore famigliare. Sapevo precisamente da dove arrivava quella scatola di medicine: da un cassetto di casa mia. Dopo, chissà da quali mani era passata, e quale strada aveva compiuto per arrivare fino a quelle montagne.

E c'era un altro pensiero, che mi scaldava dentro: casa mia esisteva davvero, l'avrei potuta raggiungere di nuovo, e soprattutto qualcuno si stava preoccupando per me: non era vero ciò che mi era stato detto.

Anche quando i biscotti e le medicine furono terminati non mi separai mai da quel sacchetto, che rimase al sicuro dentro il mio zaino.

Era come una finestra aperta verso la mia famiglia, verso il mondo esterno che avevo lasciato.

Un barlume di speranza sotto forma di plastica.

16

Camminare nel buio è difficilissimo.

Lo imparai una notte quando, all'improvviso, il gruppo ricevette l'ordine di mettersi in marcia. Con ogni probabilità la popolazione locale, con cui gli Abu Sayyaf avevano stretto una fitta rete di rapporti, li aveva avvertiti che nei paraggi c'erano dei militari.

Per l'occasione mi fu consegnato uno di quegli accendini, popolarissimi nelle Filippine, che grazie a un pulsantino sul fondo si trasformano in piccole torce.

«Puntala verso il basso» mi venne detto.

Non appena però riemergevamo dalla foresta, e le chiome degli alberi non ci proteggevano più da un eventuale sguardo dall'alto, la dovevamo immediatamente spegnere.

L'oscurità, notai subito, non rallentava il passo degli Abu Sayyaf, che era deciso e rapido esattamente come durante le ore di luce. Io, invece, a volte ero costretto a calare il ritmo, magari per schivare una radice o una buca che mi avrebbero fatto ruzzolare a terra. Ma appena succedeva, ecco che da dietro il Narciso mi colpiva sulla schiena sibilando: «Vai avanti... in fretta, in fretta!». C'era ansia nella sua voce, quella del carceriere che teme di perdere il proprio ostaggio col favore delle tenebre.

Allora io mi concentravo sui galloni d'acqua trasportati dall'uomo che avevo di fronte a me. Erano bianchi, e anche al buio si riuscivano a distinguere facilmente. Allo stesso tempo però, dovevo tenere sott'occhio pure i miei piedi: oltre alle radici c'erano i sassi, che potevano farmi inciampare.

A notte fonda, finalmente, giungemmo in una distesa pianeggiante, su cui si ergevano pochi ma imponenti alberi che al buio non riuscii a distinguere.

In lontananza vidi una costruzione, ma prima che potessimo avvicinarci, arrivò l'ordine di fermarsi. Così io presi la mia tela cerata, mi sdraiai e cercai rifugio nel sonno.

La luce del mattino diede alla distesa dei contorni incantevoli. Eccoli i tre alberi: l'imponente almasiga, il molave e il kalumpit, specie autoctone pregiate divenute rare a causa della deforestazione che ormai aveva quasi denudato il paese. Ed ecco anche la costruzione che avevo intravisto: era una grande casa costruita in legno e in bambù.

«Forza, andiamo!» annunciò il Narciso indicandomi proprio quell'edificio.

"Lì?!" avrei voluto esclamare.

Quello era un obiettivo facile, *troppo* facile per i militari... e questo – mi resi conto con ulteriore sconforto – voleva dire che al momento non temevano affatto un eventuale arrivo dell'esercito.

Gli Abu Sayyaf erano, *eravamo*, nelle loro zone.

Mi trascinarono sul balcone, dove finalmente mi potei sdraiare non più sulla terra, ma su un pavimento pulito. Intanto i ragazzi sgranocchiavano cioccolato, biscotti farciti, snack al caramello e dolciumi vari, e mandavano giù bevande zuccherate istantanee realizzate con bustine solubili.

Io li fissavo con la bava alla bocca. "Non c'è proprio niente per me?"

La risposta arrivò qualche minuto dopo quando il comandante, il ricciolino che mi aveva portato su in moto e che tutti chiamavano Capitano, mi allungò un sacchetto con dentro un biscotto di una marca molto nota: «Su, mangia, devi essere in forma».

Fu come se avesse dato il "la" alle danze.

Qualcuno mi lanciò un pacchetto di caramelle, qualcun altro dei cracker. Era come se si fossero detti: "Se l'ha fatto il Capitano allora possiamo farlo anche noi".

Finita la merenda, in molti si misero al lavoro. C'era chi portava in spalla dei pali di bambù, chi questi pali li tagliava, e infine chi ci costruiva qualcosa. Tempo un'ora e mezza, davanti alla casa c'erano tre grossi cubi di bambù.

"E quelli a cosa servono?" mi chiesi.

Lo scoprii di lì a poco, quando arrivarono alcune donne, coperte di nero dalla testa ai piedi e con appesi alle braccia sacchetti contenenti pane e dolci. Alcune avevano con sé anche dei bambini piccoli.

Ma, più che altro, portavano se stesse. Le vidi sparire insieme ai loro mariti all'interno di quei cubi e rimanerci per un paio d'ore.

I bambini, ovviamente, restavano fuori, e io li osservavo correre fuori e dentro la casa, imbracciando fucili di legno e facendo finta di spararsi a vicenda.

Uno degli uomini che mi stavano sorvegliando mi disse: «Li vedi? Abbiamo già dei nuovi guerrieri, loro sono il futuro degli Abu Sayyaf».

In quel momento uno di loro ci guardò, puntò la sua arma giocattolo contro di me, come a dire: "Adesso lo uccido io" e fece il gesto di premere il grilletto.

Pum!

Era questo il futuro che si meritavano quei bambini?

* * *

Al quartiere Fontanelle non c'è nulla, non c'è la scuola, non c'è l'asilo, non c'è neppure il prete, però c'è un cimitero sotterraneo popolato di *capuzzelle*, come le chiamano qui.

Si tratta di teschi anonimi, di certo appartenuti a qualche poveraccio finito nelle fosse comuni. La leggenda vuole che, non avendo ricevuto una degna sepoltura, l'anima di quel poveraccio sia costretta a restare per l'eternità nel Purgatorio. A meno che qualcuno non decida di prendersi cura del suo teschio, appunto.

L'operazione con cui questa persona ripulisce il teschio e, armato di alcol e cotone, lo lucida, si chiama *refrische*. Tutto splendente, il teschio viene poi sistemato su un cuscino ricamato e davanti si accende un cero, o anche più d'uno.

Qua a Napoli, città di mille pregiudizi e contraddizioni, le credenze popolari, la superstizione e questo, diciamo, sincretismo religioso, sono pane quotidiano. Così come è pane quotidiano la criminalità organizzata.

Io ci lavoro, coi ragazzi di questa città bellissima e terribile, nei suoi quartieri più difficili, come Scampia o la Sanità... Io, "u svizzero", soprannominato così per la mia cadenza nordica. Secondo i miei superiori, il mio compito è raccogliere vocazioni, organizzando incontri, appunto, "vocazionali", che suscitino cioè il desiderio di diventare missionari.

Figuriamoci. Io ho scelto di vivere il mio essere missionario immergendomi nelle situazioni di precarietà e abbandono. Testimonianza e non parole... sporcarsi le mani in cammino sulla strada difficile della vita. Poi chissà, magari un giorno qualcuno di questi ragazzi prenderà il mio posto e continuerà il cammino.

Ma non è certo il mio obiettivo.

Ciro è uno di loro, è figlio di un pescivendolo, ed è cresciuto a mazzate, parole sue. Non parla italiano, solo il dialetto napoletano, e io l'ho conosciuto ai nostri incontri. Incontri in cui non facciamo certo catechismo, ma coi quali vogliamo riunire i ragazzi, farli parlare tra di loro, confrontarsi, e soprattutto ascoltarli. Sono ragazzi che lavorano in nero, in botteghe scavate nel tufo, per grandi case di moda.

Ciro, quando arriva, è nervoso, aggressivo: se qualcuno gli dice qualcosa che non gradisce o si permette di prenderlo in giro, anche solo scherzando, lui ha reazione dure, persino violente.

Ma io non demordo, sento che ha qualcosa da dire, tutta quella rabbia è dolore represso, desiderio di evadere, o chissà cos'altro.

Sono contento quando ci dice che verrà con noi in Calabria, in una delle brevi vacanze che organizziamo per questi ragazzi – in realtà anche per le ragazze, ma le famiglie non permettono loro di unirsi a noi.

Così come non permettono tante altre cose. Abbiamo proposto loro di lasciare il lavoro sottopagato nella moda per diventare maestre d'asilo, promettendo anche di cercare aiuto affinché ne aprano uno tutto loro.

Ma ecco arrivare, solo qualche giorno dopo, la delegazione dei fidanzati, coi loro sguardi che gridano: "Non sia mai che una femmina studi e sia indipendente!".

Il solito machismo di stampo spagnoleggiante, penso. Per ora è una battaglia contro i mulini a vento... e infatti in vacanza ci vengono soltanto i ragazzi.

Una sera siamo su una spiaggia libera calabrese, abbiamo acceso un falò. Qualcuno suona, qualcuno canta, qualcuno semplicemente se ne sta sdraiato ad ammirare le stelle.

Le sto ammirando anch'io quando Ciro mi si avvicina e dice: «Voglio confessarmi».

«Cosa?!» esclamo io. «Adesso?»

«Sei proprio una capatosta, svizzero. Ti ho detto che voglio confessarmi!»

«E va bene, *guagliò*. Dimmi tutto.»

Siamo seduti, lui ha la testa fra le ginocchia, fissa la sabbia rischiarata appena dalla luce della luna.

«Io l'ho capito che nella vita bisogna essere buoni» esordisce dopo un po', come se avesse cercato quelle parole in un pozzo di tormento. «Però io non ne sono capace... perché non ne sono capace? *Perché?*»

Il cuore mi si stringe. In quella domanda, così semplice, c'è il dramma della gioventù della Napoli più popolare. La violenza e la malavita sono ciò che Ciro ha imparato fin da quand'era un bambino, e a volte si arrende al fatto che siano l'unico futuro possibile per lui.

Ma ora, vedendo che la vita può essere anche diversa, la sua mente, il suo cuore si stanno ribellando.

Alza la testa, il suo sguardo abbraccia i compagni, che si divertono. «Io voglio che tutto questo diventi la mia vita... non mi importa se non tengo soldi, io voglio questo...»

Lo fisso per un paio di istanti, poi lo abbraccio, lo abbraccio stretto, voglio fargli sentire la mia presenza.

«Io ci sono» gli dico poi. «Camminiamo insieme e vediamo, stai tranquillo... vedrai che questo sarà il tuo futuro. Anzi, è già cominciato.»

Era stato così. Ciro si era liberato, e ogni volta che ripensavo a lui, o che ricevevo un suo messaggio o una sua telefonata, sentivo che il nostro incontro era stato importante, prezioso, per tutti e due.

Lui era andato incontro a un futuro nuovo... ce l'avrebbero fatta anche quei ragazzini?

E chi li avrebbe aiutati a farlo?

* * *

Quella notte, per la prima volta da quando ero stato rapito, mi furono messe le catene. Per cominciare avvolsero il piede destro e bloccarono la catena con un lucchetto, *clic*, quindi assicurarono il destro al sinistro, altro lucchetto e altro *clic*, e infine un giro per unire i due piedi. Ultimo *clic*, ultimo lucchetto.

Impossibile scappare.

Il barlume di felicità scaturito dalla prospettiva di dormire su un pavimento asciutto lasciò il posto a un magone profondo. Non ero mai stato incatenato prima di allora, nella mia vita, e fu una sensazione terribile. Non mi sentivo neanche più un essere umano.

"Cosa sono, una bestia?"

Quante volte avevo visto, nei film, personaggi in catene:

si dimenavano, urlavano, cercavano di liberarsi. Ma quando si è incatenati è la fine della vita, è la fine di tutto, non si ha la forza per ribellarsi a quel modo, anche perché le catene fanno male se sono ben strette, premono contro la carne. Diventi uno schiavo, vieni umiliato, sei obbligato a fare pipì in ginocchio – e che fatica anche solo riuscire a sollevarsi in ginocchio – dentro una bottiglia di plastica tagliata sulla parte superiore, per poi fare attenzione a non rovesciarti la tua stessa urina addosso.

E infine, al mattino, essere costretti a fare un po' di rumore, ma non troppo, per ricordare al tuo guardiano che esisti e che può farti il favore di liberarti le gambe. Gambe doloranti, che devi massaggiarti a lungo per far riprendere la circolazione del sangue.

Questo è essere incatenati.

Allora non desideri altro che camminare. Pure nel fango, tra i sassi appuntiti, con i rami che graffiano la faccia. Non desideravo altro che camminare, perché così almeno sarei stato immerso nella natura, avrei visto nuove specie di uccelli, di piante. La mia mente sarebbe stata più in grado di attingere ai ricordi della mia vita per trovare ossigeno. Il mio spirito avrebbe assaporato un po' di cielo.

Mi sarei sentito parte di qualcosa, non più solo e soltanto un prigioniero.

Fu in quei giorni che il ragazzo incappucciato tornò con lo sguardo di chi aveva una sorpresa per me.

Avevo sentito che qualcuno dei combattenti lo chiamava Guru, e da quel momento anche nella mia testa lui aveva cominciato a essere il Guru. Ne aveva l'atteggiamento, in effetti, e poi tutti lo temevano e ascoltavano.

Prese il suo cellulare e lo posizionò di fronte a me.

«Guarda» mi ordinò col suo consueto tono sprezzante.

Sullo schermo del telefonino partì un filmato. Era realizzato in maniera professionale e ritraeva una donna la quale, in tre-quattro minuti di clip, raccontò di essere stata una suora ma di aver poi trovato nell'islam la religione perfetta, che rispetta le donne e le difende.

Un altro clip era invece dedicato a un tizio canadese che si era convertito all'islam, diventandone persino un predicatore.

«Ascolta bene!» urlò il Guru avvicinandomi il cellulare all'orecchio.

In uno stile retorico, e con parecchia enfasi, l'uomo parlava del giudizio finale, uno dei punti fondamentali della religione islamica, quello in cui alla fine di tutto Allah dividerà gli uomini: da una parte, ovviamente quella giusta, i suoi fedeli, e dall'altra il resto dell'umanità.

Le parole mi entravano nella testa e quel tono mi martellava a tal punto che di colpo scoppiai a piangere. Non avevo mai creduto in un Dio castigatore che ti dice: «Se fai così sarai premiato e se fai cosà sarai punito». Per me Dio è lì, che guarda sempre il nostro orizzonte, anche quando sbagliamo, forse soprattutto quando sbagliamo, e poi quando torniamo ci accoglie dentro al suo immenso amore con animo di festa, senza pretendere nulla da noi. Sbaglia chi pensa che, alla fine dei tempi, l'Inferno sarà pieno: non ha capito nulla dell'amore di Dio. L'Inferno sarà una landa desolata, perché Dio non avrà permesso che qualcuno ci bruciasse per l'eternità.

"Dio, ci hai promesso una vita di gioie, non di castighi e di pesi da portare sulla schiena..." gli dissi in silenzio, tra i pensieri. "Io ho sempre creduto in Te, ma adesso non riesco a vederTi, a sentirTi. Ti prego, non abbandonarmi."

Furono lacrime che non riuscii a trattenere e che fecero esultare il Guru. Si girò verso gli altri e disse: «Avete visto com'è sensibile? Avete visto?».

Ne fu talmente entusiasta che ogni due o tre giorni si ripresentava con qualche altro nuovo video, nuove parole che avrebbero dovuto "riportarmi all'islam". Era questo lo scopo più alto, diceva, del loro gruppo: riportare gli uomini nel seno di Allah, e in particolare le Filippine, massacrate, soprattutto spiritualmente, dalla colonizzazione spagnola.

La mia mente, invece, ancora in preda a una confusione suprema, impregnata a tratti di terrore e a tratti di disperazione, andava inconsapevolmente ad alcuni brani della Bibbia e del Vangelo che mi si erano radicati dentro:

A Te grido, Signore, non restare in silenzio, mio Dio, perché se Tu non mi parli, io sono come chi scende nella fossa...

Il Salmo 27. E ancora:

Disperdili, Signore, confondi le loro lingue...

Il Salmo 54. E ancora:

Un branco di cani mi circonda, mi assedia una banda di malvagi, posso contare tutte le mie ossa. Essi mi guardano, mi osservano: si dividono le mie vesti, sul mio vestito gettano la sorte.

Mi sentivo esattamente così, e pensai a quante persone – da quando le parole del Salmo 22 erano state scritte – avevano provato i miei stessi sentimenti. Non ero l'unico al mondo, non ero l'unico nella storia.

Era una comunione di disperati, e questo mi dava un soffio di calore, di conforto. Per la prima volta mi rendevo conto di non aver mai compreso fino in fondo il dolore che, specialmente nei miei anni come padre missionario, mi era stato raccontato dalle altre persone. Persone che erano venute da me, avevano pianto di fronte a me, e in me avevano cercato un appiglio.

Il dolore non è soltanto un'ombra, è qualcosa che ti strizza le viscere, tutto il tuo essere.

Un dolore che probabilmente gli Abu Sayyaf che mi tenevano incatenato, e che avevano ucciso e torturato altri ostaggi, non avrebbero mai compreso.

"Io non sono come loro... io non sono come loro..." me lo ripetevo continuamente.

Il dolore, il martirio mi mantenevano umano.

E forse per questo, al dolore, al martirio, dovevo dire grazie.

Ma – mi chiedevo anche quando lo sconforto lasciava spazio a un po' di razionalità – non c'era davvero neanche un briciolo di umanità nei ragazzi che mi stavano trascinando su e giù fra le montagne? E me lo chiedevo soprattutto durante i loro momenti di quotidianità.

Non solo mi capitava di vederli lucidare con cura le proprie armi o di ascoltarli recitare brani del Corano. Di notte, cominciarono a riunirsi per seguire vere e proprie lezioni di strategia militare. Uno di loro faceva sedere attorno a sé un gruppetto e mostrava file video, che commentava passo passo. Io ero tenuto a debita distanza, perché non potessi carpire nessuno dei loro segreti.

Potevo invece ascoltare liberamente le lezioni collettive di arabo tenute dal Guru. Per l'occasione arrivò, ancora nel suo cartone, una lavagnetta bianca. Il Guru fece piantare un chiodo dentro un tronco e ce la appese.

Davanti a me si materializzò una classe di scolaretti seduti a semicerchio e senza alcun quaderno fra le mani, che dovevano ripetere dei suoni e ridevano a crepapelle quando qualcuno sbagliava una pronuncia.

Il Guru teneva anche seminari a cui partecipavano dei ragazzi venuti da fuori. Aveva carisma, era indubbio, perché tutti lo ascoltavano attentamente. Non so di cosa parlasse, perché anche in questo caso ero tenuto a debita distanza, ma immagino dei tanti soprusi perpetrati dai cristiani ai danni delle popolazioni islamiche.

Mi ero aggrappato all'umanità del mio dolore, e ora vedevo che, in fondo, in molti di questi ragazzi c'era un briciolo di umanità. Non erano solo macchine da guerra e torturatori. In fondo erano semplicemente dei ragazzi cresciuti con la guerra nel sangue, proprio come quei bambini che avevo visto divertirsi a sparare con dei fucili di legno.

Anche quando si rilassavano dondolandosi sulle amache, o appoggiandosi con la schiena a un albero, i loro racconti andavano sempre a finire lì. La guerra. C'era chi raccontava di un'imboscata, chi di aver ucciso qualcuno... e la parola più comune era *sondalo*, cioè i soldati dell'esercito filippino che erano i loro più diretti avversari, quelli da sconfiggere, da uccidere.

Sarebbero mai riusciti a estirpare dal proprio cuore quella violenza, che come una nube tossica ora impediva loro di affacciarsi a qualsiasi altra prospettiva di vita?

17

«Ho bisogno del numero del papa.»

Questo mi disse il Capitano un giorno.

La notte prima lo avevo visto arrivare insieme ad altre sette o otto persone, tra le quali mi aveva colpito un individuo anziano, più alto di me – che già sono un metro e ottantacinque – e robusto, che lo seguiva come un'ombra.

«Ma io non ce l'ho il numero del papa» risposi. «Ve l'ho già detto, io non sono più un padre missionario da quasi vent'anni.»

«Noi abbiamo bisogno del numero del papa, dobbiamo fare il proclama» andò avanti lui come se non mi avesse sentito. «Quindi non fare il furbo, devi darci il suo numero.»

«Non ce l'ho, *davvero*» insistetti.

«Chiama a casa, fattelo dare» continuò.

E all'ennesima mia spiegazione sul fatto che nessuno, in Italia e nel mondo, avesse il numero del papa, sibilò in tono molto seccato: «Bene, vorrà dire che allora i tuoi amici ti vedranno morire. Non ti dispiace sapere che la tua famiglia soffrirà per te? Perché non mi dai il numero del papa?».

Quindi se ne andò irritato, lasciandomi là in uno stato di agitazione. Agitazione sulle cui braci soffiò di lì a poco uno dei ragazzi.

«*Are you ok?*» mi chiese, la solita litania. Poi proseguì: «Sai che il Capitano due giorni fa ha ucciso l'ostaggio di un altro gruppo? Quindi non fare il furbo. Ne ha ammazzato uno e ne potrebbe subito ammazzare un altro».

Istintivamente mi portai le mani al collo, come ogni volta che veniva accennata la mia eventuale esecuzione. Le dita cominciavano a sfregarlo, e quell'ansia non mi abbandonò per un paio di giorni.

Fu proprio allora che nel mio gruppo comparve l'omone coi capelli bianchi che qualche notte prima avevo visto arrivare insieme al Capitano. Intuii subito che aveva ricevuto l'ordine di badare a me.

Tra gli altri nuovi arrivi, c'era anche un uomo di mezza età, che per prima cosa mi disse: «Lo sai che il vescovo di Manila ha lanciato un appello per te? Se tu, come dici, non sei più un padre missionario... perché allora lo ha fatto?».

Ecco che un altro appello, così come quello della comunità musulmana di Dipolog, si trasformava in un boomerang pronto a colpirmi dritto in faccia.

C'era da sperare che nessun altro lo facesse, altrimenti mi avrebbero giustiziato senza pensarci un secondo.

Ripartimmo. Mi ero ormai reso conto che, alla fin fine, giravamo sempre negli stessi posti, che già conoscevo bene. Sapevo quali tratti di cammino erano più rilassanti, e in quali avrei dovuto prestare maggiore attenzione.

Ma ci fu una novità.

Per la prima volta fui messo alle spalle di colui che tutti chiamavano il Generale, un uomo di mezza statura, vestito con calzoni larghi, neri, una camicia nera e in testa una bandana, anche questa nera, da cui emergevano dei capelli fluenti, lunghi fino alle spalle.

Non mi sarei stupito di vederlo nel fotogramma di un film, con la sua silhouette nera davanti al sole che tramonta, la chioma mossa da un filo di brezza.

Ecco il Generale.

Vicino a me c'erano anche l'omone dai capelli bianchi e, immancabile, il Narciso.

Camminammo come al solito su e giù, su e giù, finché

giungemmo in una pianura piena di alberi di mangostani. Per quanto i frutti fossero deliziosi – e magari avrei avuto l'occasione di mangiarne un paio – sapevo anche che quella notte non avremmo dormito, perché mangostani significava pipistrelli, che col baccano dei loro versi ci avrebbero svegliato di continuo.

Il Generale era l'unico che riposava all'interno di una tenda. E in quella tenda trascorreva anche molte ore della giornata, meditando in silenzio, a volte raggiunto da qualcuno, che a propria volta si esprimeva in tono basso, tranquillo, quasi il Generale fosse una sorta di padre confessore.

Spesso aveva un libro in mano, oppure un tablet, su cui leggeva chissà cosa. A occuparsi di lui c'erano quattro ragazzini: chi gli preparava da mangiare, chi prendeva la legna, chi spariva diretto a qualche centro abitato per una commissione o per recupeargli dei *pandesal*, piccoli panini che nelle Filippine si mangiano prevalentemente la mattina, inzuppati nel caffè. Anche il suo caffè era diverso, non quello solubile che bevevano tutti gli altri, ma uno d'importazione e sicuramente di più alta qualità.

Insomma, nel gruppo, godeva di certi privilegi. E non gli sfuggiva nulla.

Me ne resi conto un pomeriggio.

La mattina mi ero svegliato con la schiena dolorante, per non dire a pezzi. Così avevo steso la tela cerata a terra e mi ci ero messo in ginocchio per tentare di fare un po' di stretching, protendendomi in avanti per poi tornare indietro, e così per diverse volte.

Nel pomeriggio, mentre afferrava una tazza di caffè allungatagli da uno dei suoi servitori, si voltò verso di me, piantò gli occhi nei miei, e col suo consueto tono pacato mi domandò: «Che facevi stamattina? Stavi pregando Allah?».

Lì per lì non mi resi neanche conto a cosa stesse alludendo. Poi, facendo mente locale, capii. «No, facevo dello stretching perché avevo un grande mal di schiena.»

La pura e semplice verità. Non mi passò neppure per la mente di mentirgli per ingraziarmelo, dicendo che stavo cercando di pregare come pregavano loro.

Probabilmente questo al Generale piacque, perché venti minuti più tardi uno dei suoi giovani servitori mi portò quattro pacchetti di biscotti.

«Questi te li manda il Generale» disse.

Lo fissai per un istante, destabilizzato da quel gesto di umanità, il primo che avevo ricevuto da quando avevo salutato Karim. Quindi il ragazzino se ne andò, e io addentai subito uno di quei biscotti.

Non era un sapore famigliare della mia infanzia, ma non so come in un attimo mi si scatenò dentro una pioggia di ricordi bellissimi.

Eccomi bambino, che vado a pescare sul lago insieme a un amico.

E poi le giornate allo stadio, i viaggi con papà da Varese a Bologna, per sostenere la nostra squadra del cuore.

Ma anche per conoscere quella città piena di portici, le vetrine delle gastronomie, il gusto delle lasagne.

Le gite nel Cuneese per mangiare le specialità piemontesi.

I miei amici, la mia famiglia...

C'era la nostalgia, certo, e un nodo stringeva la gola. Ma non era un magone disperato, mi diceva: "Hai visto che bella vita hai vissuto? E quanto affetto ti aspetta ancora là fuori?".

Di colpo non pensavo più al numero del papa, al mio collo tranciato di netto da un bolo. L'ansia non occupava più tutta la mia mente, si era fatta un po' da parte per lasciare spazio a quei ricordi bellissimi.

Lo tsunami di pensieri che albergava nella mia testa da che ero stato rapito cominciava finalmente ad acquietarsi.

Impossibile, però, restare tranquillo.

Ero pur sempre un prigioniero, e soprattutto non sapevo quali sviluppi stesse prendendo la mia situazione.

Finché proprio il Guru venne da me e mi annunciò: «Abbiamo stabilito un contatto con qualcuno».

E quel qualcuno voleva parlarmi.

Mi guidò fino a una grande pianta, da un ramo pendevano due vecchi cellulari Nokia 3310 ancora privi di gps.

Al telefono, a parlare era una Voce che si occupa delle trattative, mi venne chiesto se stavo bene, se avevo bisogno di medicine, se riuscivo a resistere. Il tutto mentre, alle mie spalle, il Guru e gli altri mi ordinavano di chiedere alla persona con cui stavo parlando di rivolgersi al governo filippino per chiedere che cessassero i bombardamenti sull'area di Jolo, e che l'esercito smettesse una volta per tutte di dare la caccia agli Abu Sayyaf.

Io obbedii, e quando ebbi portato a termine il mio compito, il Guru mi strappò il telefono dalle mani e si rivolse alla persona all'altro capo della comunicazione: «Se le nostre richieste non verranno esaudite, questo ostaggio verrà ucciso, chiaro? Quindi fate in fretta».

Intanto si erano radunati attorno a noi un po' di uomini, con le braccia conserte e curiosi di assistere allo spettacolo. C'era anche il Generale in persona.

«I famigliari sono molto preoccupati,» sentii dire «sono disposti a pagare quel che possono, a vendere le proprietà.» E aggiunse che erano riusciti a racimolare una quantità di soldi.

Quando la cifra venne specificata, tutti scoppiarono a ridere. Secondo i loro parametri era irrisoria, per l'appunto. Per la mia famiglia, però, era già oltre ciò che si sarebbe potuta permettere.

Il Guru tagliò la comunicazione e si voltò verso di me, la rabbia negli occhi. «Se è così, preparati a morire.» E se ne andò. Era talmente infuriato che si dimenticò persino di riportarmi al giaciglio.

Io, di colpo, ero ripiombato nel terrore. Mi immaginavo i miei famigliari che pignoravano le case in cui vivevano pur di aiutarmi. Non avevamo terreni, infatti, né fabbriche. La nostra era una famiglia normale, come tante.

Mi girai verso il Generale. «Posso almeno parlare un'ultima volta con mia madre, con mia sorella...?»

Lui scosse la testa. «No, no, no. Non è questo il momento, e poi non preoccuparti, questo fa parte del gioco.»

Anche lui mi lasciò lì, con quella frase enigmatica che ancora mi risuonava nella testa, finché l'omone dai capelli bianchi mi spinse – con una delicatezza inaspettata – verso il mio giaciglio: «Su, andiamo».

Quando mi sedetti, di nuovo in preda al mio tsunami emotivo, lui estrasse dal suo zaino un pacchetto di biscotti – parte della sua razione personale – e me lo porse.

«Calma, su calma...» mi disse.

Ma come potevo calmarmi con una prospettiva come quella che mi era stata appena data?

L'unica cosa che riuscii a fare fu accucciarmi sulla mia tela cerata, chiudere gli occhi, sperare che qualche ricordo mi venisse in soccorso e che la mia mente trovasse di nuovo un briciolo di serenità.

La domanda che mi ponevo era: perché adesso chiedevano il riscatto? Non dovevano farmi fuori per dare un segno al mondo che potevano giustiziare un marine del papa?

18

La sparatoria era cominciata all'improvviso.

La mattina dopo quella telefonata eravamo ripartiti, io camminavo senza troppe energie insieme al mio gruppetto, alla fine del serpentone, quando si sentirono gli spari alle nostre spalle.

Di colpo la carovana accelerò il passo, il Narciso, sempre dietro di me, mi spinse in avanti, verso il Generale circondato dalle sue guardie.

Non ero l'unico a essere spinto. Lo stesso accadde agli altri ostaggi – i due canadesi e il norvegese insieme alla compagna –, e fu la prima volta in cui vidi distintamente il loro volto, anche se solo per una manciata di istanti. Solitamente eravamo in due gruppi diversi e distanti. Le loro, proprio come la mia, erano espressioni di paura, agitazione, per tutto ciò che stava succedendo.

Alcuni Abu Sayyaf rimasero indietro per dare man forte al gruppo impegnato nello scontro, mentre noi corremmo fino a che alla destra del sentiero scorgemmo una piccola capanna molto probabilmente utilizzata dai contadini della zona, e lì davanti una serie di fosse quadrate, due metri per due e profonde una settantina di centimetri. Era una di quelle fosse usate per cuocere e far essiccare la polpa biancastra, estratta dalla noce dura, che si trova sulle bancarelle nei giorni di festa anche in Italia, e che poi era venduta a peso dentro a grossi sacchi di juta.

«Entra!» mi fu ordinato in tono concitato.

Non feci in tempo a pensarci da me, che venni spinto malamente dentro. E con me anche gli altri ostaggi, che furono subito costretti a sdraiarsi.

«Per cortesia, può spostare solo leggermente le gambe? Mi sta schiacciando la caviglia» domandò uno dei canadesi al norvegese.

Quel tono gentile, nel bel mezzo di uno scontro armato, mi strinse per un attimo il cuore.

Rimasi per un po' seduto, con la testa fuori, ma quando gli spari cominciarono a farsi sempre più vicini mi dovetti sdraiare anche io.

Nessuno di noi parlava.

Prima di sdraiarmi nella fossa avevo visto il Generale e il Guru in piedi di fronte alla capannetta, lo sguardo fisso verso la direzione dei combattimenti. Il Guru, sempre così gradasso e sprezzante, aveva paura.

Non era l'unico ad averne. Sopra alla nostra fossa c'era un ragazzo, anzi un ragazzino, di non più di sedici anni, a guardia degli zaini di alcuni compagni che erano andati a rispondere al fuoco. Quando uno di loro tornò, perché a corto di munizioni, e gli disse: «Vai tu, è il tuo turno» quello cominciò a balbettare: «N-no, no… io non ci vado».

«Ma devi andare, forza.»

Fino a che la guerra e il sangue erano raccontati nelle lezioni propagandistiche, tutti quanti erano animati da un coraggio senza precedenti, ma poi, di fronte al reale pericolo di morire, ecco che la fragilità umana riemergeva. Com'era naturale che fosse.

Il tutto durò tre quarti d'ora circa, poi gli spari cessarono, e noi ostaggi potemmo uscire dalla fossa in cui ci eravamo ammassati.

Ci guardammo. Era lo scambio di sguardi tra un manipolo di disperati.

Uno di loro mi disse, in inglese: «*Don't give up… don't give up…*».

Lo ripeté più volte, e io non riuscii a dirgli nulla.
Cosa potevo dirgli, in fondo, se non la stessa cosa?
In quel momento non potevo sapere che non sarebbe sopravvissuto alla prigionia.

Nel frattempo il gruppo si stava ricomponendo, in molti si erano nascosti lungo un declivio che partiva a pochi metri dalla capannetta, oltre il sentiero dal quale eravamo arrivati. Alcuni trasportarono un ferito; era stato colpito ai polmoni, lo misero a sedere, con le braccia allungate verso le ginocchia, e uno di loro si occupò di disinfettare la ferita. Respirava affannosamente, e mi chiesi se ce l'avrebbe fatta.

Ma, stranamente, non provai nessuna emozione. Né rivincita, né empatia, niente di niente. Ero come anestetizzato dal terrore. Osservavo la scena, soltanto curioso di sapere come avrebbero cercato di salvarlo. Il tizio che gli aveva disinfettato la ferita estrasse da uno zaino, prontamente portatogli da un suo compagno, un paio di pinzette. E forse con quelle avrebbe provato a estrarre il proiettile, ma non riuscii a vederlo, perché in quell'istante mi fu ordinato di alzarmi e dovetti riprendere il cammino.

La sera provai timidamente a chiedere al Narciso: «Che fine ha fatto quel ragazzo? Si è salvato?».

Non si era salvato, mi rispose. E io, ancora una volta, non provai nulla.

Mi stavo forse spegnendo?

Erano trascorsi soltanto due giorni quando fummo risvegliati, nel cuore della notte, da una serie di terribili boati. Non semplici colpi di arma da fuoco, ma qualcosa di più.

Nella parte nordorientale di Jolo c'erano degli accampamenti militari che di notte sparavano colpi di cannone in direzione della foresta.

Fu la prima volta di una lunga serie.

Come avrei scoperto di lì a poco, si trattava di azioni di *clearing*: i militari, facendo esplodere delle bombe dotate di elica, si spianavano la strada, per essere sicuri di poter percorrere, nei giorni successivi, una particolare zona dell'isola. Ecco perché ci era capitato di passare in aree piene di tronchi sventrati, casupole abbattute e strani crateri nel terreno.

Ebbi la tentazione di fuggire, immaginando una bomba cadere, da un momento all'altro, sulle nostre teste. Ma ovviamente non mi mossi neanche di un millimetro: sarei finito crivellato di colpi all'istante.

Gli Abu Sayyaf, invece, non sembrarono particolarmente preoccupati. Quella sera rimasero per un quarto d'ora circa in ascolto del suono che producevano quelle bombe – un suono quasi pneumatico – e probabilmente valutarono che fossero dirette in una zona molto lontana dal punto in cui ci trovavamo. Così ci rimettemmo tutti a dormire.

Ci si rimetteva a dormire anche le volte in cui le cannonate cessavano nel giro di pochi minuti, mentre bisognava muoversi in fretta e furia quando le persone in ascolto valutavano che la situazione fosse rischiosa.

Mentre cercavo di riprendere sonno, mi dissi che il destino era davvero bizzarro. Non solo essere rapiti era statisticamente molto difficile e però mi era capitato. Era capitato a un uomo che da bambino non aveva mai giocato neanche con un fucile di plastica. Quella violenza che ora mi circondava non mi aveva mai interessato, affascinato, neppure al cinema.

Giorno dopo giorno, ne ero sempre più saturo. Forse per questo la mia mente si rifiutava ormai di impressionarsi di fronte a un ferito con un proiettile nel petto che è in bilico tra la vita e la morte.

E anche io ero su quel crinale terribile. Non soltanto perché su di me pendeva la spada di Damocle dell'esecuzione, ma perché alcuni giorni stentavo ormai a riconoscermi.

Era come se ancora non riuscissi a portare la mia testa fuori dal mare di violenza in cui stavo annegando.

* * *

«Lando! Lando! Vieni qui.»

Me ne stavo sdraiato, era una di quelle giornate in cui niente succedeva. Solo l'attesa di un nuovo tragitto a piedi o, nel peggiore dei casi, della mia morte.

A chiamarmi era stato uno degli Abu Sayyaf, insieme a lui ce n'erano altri sei o sette. Mi alzai e li raggiunsi.

«Cosa c'è?»

Il tipo mi fece una domanda a bruciapelo: «Hai paura che noi ti uccidiamo?».

«Certo che ho paura.» La pura verità.

«Vedrai che bello, invece, sarà una sorpresa... vuoi fare una prova? Mettiti in ginocchio.»

Non capivo cosa stesse succedendo. Da una parte mi sembrava tutto uno scherzo, dall'altra non sapevo cosa aspettarmi. Sapevo solo di dover obbedire. Mi misi in ginocchio, mentre loro mi circondavano disponendosi a semicerchio alle mie spalle.

«Ecco,» riprese quello «di solito urliamo.» E fece il verso a se stesso: «Oh-oooh-oooooh! Quindi ti chiediamo se vuoi essere bendato».

Rimasi in silenzio.

«Allora, vuoi essere bendato?».

Scossi la testa. «No, no, chiudo gli occhi.»

«Va bene, allora stai attento. Al cinque ti tagliamo la testa.»

Uno...

"E se non fosse un gioco?" pensai.

Due...

Avevo gli occhi chiusi, ma mi dissi che forse mi stavano riprendendo con una videocamera. Erano davvero gli ultimi secondi della mia vita?

Tre...

Mancava un secondo. Cosa dovevo fare in quel secondo? Mi risposi che dovevo mandare un messaggio a chi avrebbe visto la registrazione.

Quattro…

Lo dissi solo con il labiale, muovendo le labbra, in inglese: «*I love you all, I love you all*», “Vi amo tutti, vi amo tutti”.

«Cinque!» esclamò il tizio.

E quando riaprii gli occhi lui era davanti a me, che mimava una fellatio a pochi centimetri dalla mia bocca, mentre gli altri ridevano sguaiatamente.

«Te lo avevo detto che sarebbe stata una cosa divertente.»

Io, però, pensavo solo alla frase che mi era affiorata alle labbra.

No, forse non ero annegato, non ancora. Dentro di me c’era ancora amore, dovevo solo scendere nel profondo e aggrapparmici con tutta la mia forza.

19

Londra, ottobre 1987

Ottobre, a Londra è già quasi inverno. Quando tira, il vento è freddo, e la pioggia batte contro i finestrini degli autobus rossi a due piani.

I prossimi sei mesi della mia vita li trascorrerò qui, devo imparare bene l'inglese se voglio rendermi utile nelle Filippine, dove mi trasferirò il prossimo anno.

È la prima volta che vivo da solo, lontano dalla mia famiglia, lontano dai miei fratelli di fede.

Studiare inglese mi piace, e mi piace la mia insegnante: è una punk, nel vero senso della parola. Lei mi lascia i compiti da fare e io tutti i venerdì vado a casa sua.

La sua regola è: prima il piacere e poi il dovere.

Il venerdì sera, infatti, è dedicato al divertimento. A lei piace un sacco la musica, in particolare i Dire Straits, e in particolare *Brothers in Arms*.

La stiamo ascoltando anche stasera, il vinile ruota sul piatto del giradischi, mentre sua sorella, che questa sera ci farà compagnia, sta versando nei calici il vino che ha portato per cena.

Il caminetto è acceso e io, con la confezione del disco in mano, leggo i testi e ogni tanto chiedo alle mie ospiti il significato o la giusta pronuncia di qualche parola che non conosco.

Chissà cosa penserebbero al mio istituto missionario di

una situazione del genere: un novello padre missionario in una casa privata insieme a due ragazze inglesi già sulla strada per diventare alticce. Anche perché, come è già successo, trascorrerò la notte qui: domattina faremo colazione in compagnia, mangiando in un solo pasto la stessa quantità di burro che solitamente in Italia mandavo giù in una settimana, poi rivedremo insieme i miei compiti e me ne tornerò a casa.

Così vanno le cose anche questa volta: durante la serata facciamo *conversation*, che si protrae fino a tardissimo, quindi tutti a dormire.

Solo che la mattina, svegliandomi, mi sono scordato una cosa: deve passare di qui un compagno dell'istituto missionario che ospiterò da me, ha bisogno delle chiavi. Gli ho dato questo indirizzo dicendogli che è quello della mia insegnante di inglese.

La verità, dopotutto. Solo che, per vedere la verità, bisogna anche guardare con gli occhi della verità.

«*Roland, someone's looking for you!*» mi chiama lei mentre io sono sotto la doccia.

Di colpo la memoria mi torna.

Spengo il getto dell'acqua, mi infilo l'accappatoio e mi precipito alla porta.

La scena che si presenta ai miei occhi potrebbe essere benissimo presa da una commedia degli equivoci. Ecco il mio compagno alla porta, impietrito, con gli occhi sgranati – non certo quelli della verità, ma come biasimarlo? – e le guance paonazze. Davanti a lui la sorella della mia insegnante, mezza nuda, che è andata ad aprirgli.

Gli consegno le chiavi senza dare troppe spiegazioni. So che, in ogni caso, lui si farebbe decine di film nella testa.

Che se li faccia pure. Io ci vedo solo quello che c'è: uno scambio culturale divertente e anche efficace, visto che il mio inglese migliora giorno dopo giorno.

E poi so che un giorno sorriderò ripensando a questi momenti.

* * *

«Ma tu dove hai studiato inglese?»

Me lo chiese il Guru una mattina, senza troppi preamboli, presentandosi di fronte a me.

«A Londra, poco prima di venire nelle Filippine, ci sono stato sei mesi.»

E una parte di me sorrise, ripensando a quei giorni ormai lontanissimi.

«Ma già lo avevi studiato a scuola, giusto?»

«No, no, non sapevo neanche una parola.»

Gli spiegai che, quand'ero ragazzino io, l'inglese non era obbligatorio. Si studiava perlopiù il francese, come nel mio caso, a volte il tedesco.

«Impossibile!» disse lui secco.

«Tua sorella parla inglese?»

«No» gli risposi, e neanche mio fratello aggiunsi.

«Impossibile!» ripeté lui.

Nelle Filippine la scuola era tutta svolta in inglese, libri di testo, lezioni, cosicché i bambini imparassero a padroneggiarlo fin da piccoli.

«Ma è così. Sono stato a Londra sei mesi, e l'ho imparato lì. Non a scuola in Italia.»

Lui socchiuse gli occhi a fessura. «Va bene... allora credi di sapere l'inglese meglio di me?»

Quel dialogo si stava facendo carico di tensione.

«No, no» mi affrettai a rispondere. «Lo parli molto bene, sembri un madrelingua... un americano!»

Il Guru cambiò di colpo espressione e tono. «Okay, allora spiegami una cosa. Che vuol dire *compromise*?»

Mi immaginai che quel termine fosse emerso parlando con i negoziatori canadesi. Gli dissi che poteva essere un verbo o un sostantivo, e che aveva vari significati. Quando arrivai a *compromise* nell'accezione di "punto di incontro tra due posizioni diverse", capii che il compromesso non può essere contemplato da un fondamentalista, perché il fondamentalista ragiona sempre e solo a suo modo. Rimanemmo in silenzio per qualche istante. Lui mi fissava, in attesa che proseguissi la spiegazione.

Non so come ebbi il coraggio di pronunciare quella frase. «Se vuoi un compromesso con me, allora uccidimi...» Lo stavo dicendo sul serio. «Perché io non ce la faccio più, non ho più forza, non ha senso quello che sto vivendo.»

La sua espressione cambiò di nuovo, come se un'infusione di rabbia gli avesse appena invaso gli occhi.

«Ah, è questo che desideri? Morire? Lo sai che è un desiderio non musulmano?» esplose. «Solo Allah può prendere decisioni sulla vita degli esseri umani. Ora stai zitto, non dire altro, altrimenti ti bastono!»

"Ma se la decisione è di Allah, perché sei tu invece a volermi giustiziare?" avrei voluto controbattere, ma questo non ebbi il coraggio di farlo.

«Non ho il numero del papa, la mia famiglia non ha i soldi per pagare il riscatto, e mai riuscirà a procurarseli» dissi invece. «Sto solo aspettando il momento in cui verrò ucciso... perché non farlo subito?»

D'altronde lui aveva minacciato di uccidermi così tante volte.

Non mi rispose, però, e un secondo dopo si era girato, andandosene. Non riuscivo a immaginare cosa potesse girargli adesso nella testa. Era andato a organizzare i dettagli della mia esecuzione?

Mi sbagliavo.

Il giorno dopo venne da me il Capitano e mi disse: «Ho saputo che vuoi morire... be', penso invece che starai ancora un sacco di tempo insieme a noi».

Io, un infedele, desideravo qualcosa, e mi veniva dato l'esatto opposto.

Ma era davvero così?

Qualche ora dopo, infatti, vidi due di loro affilare il bolo.

Le mani, istintivamente, mi andarono di nuovo al collo… e se invece alla fine avessero deciso di accogliere la mia richiesta di morire?

Sarebbe stato proprio il bolo a segnare la mia morte?

I due andavano avanti ad affilarlo, e quel suono metallico mi dava i brividi. Sapevo fin troppo bene cosa riuscisse a fare quell'arma. Portato in una custodia di legno che ne nascondeva la lama, era usato dai contadini e dai più poveri per affrontare i pericoli della natura, e a volte anche come strumento di autodifesa. Ma spesso si trasformava in uno strumento di orrore.

Un orrore di cui io, purtroppo, ero stato spettatore.

* * *

La pace della notte nella nostra fattoria tra le montagne, quella che con tanto impegno la missione ha tirato su per cercare di rendere economicamente autonoma la popolazione locale, è rotta dall'arrivo di un ragazzo.

È affannato, ha corso a lungo, dice di arrivare da un villaggio vicino, a quaranta minuti di cammino. Viene difilato verso di me.

«Che succede?» gli chiedo prima che possa riprendere fiato.

«Padre, c'è un pazzo al villaggio… sta inseguendo tutti con un bolo… La prego, padre, venga con me. Dobbiamo fermarlo.»

Il suo sguardo terrorizzato mi basta. Lo carico in moto e in un quarto d'ora arriviamo a destinazione: appena fuori dal villaggio, in realtà, verso la foresta.

«Era qui» mi dice il ragazzo.

Evidentemente, il tizio dev'essersi spostato, ma ci sono una donna incinta, con in braccio, stretto a sé, un altro bambino, e un vecchietto. Entrambi mi indicano un piccolo sentiero in salita, come a dire: "È lì".

Il sentierino conduce a un'abitazione. Lo imbocco scacciando la paura, ma ho un attimo di esitazione quando per terra vedo dei capelli imbrattati di sangue. Anzi no, sono pezzi di carne, di scalpo… E ne vedo altri, a mano a mano che percorro il sentierino, come se qualcuno avesse provato a indietreggiare, non riuscendo però a evitare di prendersi qualche pugnalata, passo dopo passo.

Mi si sta aprendo di fronte agli occhi la scena di un crimine. Non si sente niente, se non il pianto di un bambino.

“Cosa diavolo è successo qua sopra?” penso. “E cosa sta succedendo ancora?”

Non posso tirarmi indietro, ormai, anche se mi sento come paralizzato. Il ragazzo che è venuto a chiamarmi alla fattoria, invece, si ferma, mi guarda proseguire, un piede dopo l’altro, verso la casa.

È una piccola capanna, come tutte quelle dei contadini di queste parti. Ed eccolo il corpo, proprio davanti all’entrata, piegato in maniera innaturale, quasi accartocciato su se stesso, e dilaniato dalla lama del bolo.

È di una donna, probabilmente la madre del bambino che, seduto sui gradini della capannetta, sta ancora piangendo.

“Spero solo che non abbia assistito alla scena” è la prima cosa che penso.

Non so per quanto tempo rimango fermo, lo sguardo perso nel vuoto, le gambe che mi tremano, finché sono costretto a indietreggiare per appoggiarmi a una pianta. Ho i conati di vomito, la pelle d’oca, i capelli dritti sulla testa, e le gambe non mi reggono più.

Il ragazzo che mi è venuto a chiamare, intanto, ha preso coraggio e mi si è avvicinato, gli occhi fissi sul cadavere martoriato. Sono arrivati anche i vicini di casa: la donna incinta prende in braccio il bambino in lacrime, mentre il vecchietto, insieme ad altri uomini, mi chiede se possa andare ad avvertire la polizia.

La stazione più vicina è a una decina di chilometri. Ho la moto, certo, posso raggiungerla in poco tempo… ma non riesco a levarmi dalla testa una domanda: "Dov'è l'assassino?". Seguita da un'altra, che mi mette i brividi, ma che potrebbe essere più che legittima: "E se in realtà fosse proprio uno degli uomini che ora mi stanno parlando?".

Salgo in groppa a Christine, che è ormai la testimone di tutta la mia vita di padre missionario, e lei – egregiamente come sempre – mi fa superare buche, curve, sassi, fino alla stazione di polizia.

Proprio come sospettavo, è chiusa. È notte, siamo in un paese minuscolo, apre solo negli orari d'ufficio, a volte neppure in quelli. Conosco i poliziotti, però, così mi dirigo verso la casa di uno di loro.

«Andiamo a dare un'occhiata domattina» mi dice lui.

«Ma...?»

Sono di sasso, se si precipitassero su adesso avrebbero più possibilità di trovare il colpevole. Far trascorrere delle ore significa permettere all'assassino di mettere mano alla scena del delitto, inquinare o distruggere prove, persino il cadavere. Qui, però, non siamo nella patria di Derrick o Colombo, la mentalità, evidentemente, è un'altra.

Visto l'orario, mi trattengo a dormire nella casa del padre missionario laggiù in paese, ma ogni volta che provo a chiudere gli occhi quella scena raccapricciante fa puntualmente capolino nella mia testa.

Non ho mai visto nulla di così sconvolgente.

Dormo poco e dormo male, quindi alle cinque del mattino sono già in piedi, mi infilo nella doccia e sono pronto per ripartire alla volta delle montagne, quando mi raggiungono due poliziotti, anche loro in moto, e insieme partiamo per il villaggio in cui si è compiuto quel delitto spaventoso.

Nel frattempo, la vittima è stata portata dentro la capanna, ricomposta sopra una stuoia e ricoperta con un lenzuolo bianco.

I poliziotti cominciano a parlare in tono concitato con i vicini di casa, uno dopo l'altro, finché un uomo arriva di corsa con un annuncio: «Io so chi è stato: il marito, anche se lui fa finta di nulla. È un mio parente e ora si trova a casa di altri parenti, a un'ora di cammino da qua».

I poliziotti si scambiano un'occhiata. «Okay, veniamo» dice uno dei due.

Io non so che fare: dovrei andarmene? Ma poi mi dico che la mia missione, qui, è entrare davvero nella vita delle persone che voglio aiutare. Se me ne andassi, sarei visto come il solito spettatore giunto da fuori che non vuole sporcarsi le mani fino in fondo.

È deciso, vado, seguo i poliziotti, tenendomi però un po' a distanza. Sono loro ad avvicinare il sospettato, che è seduto a parlare e a bere con tre persone, probabilmente parenti.

Il mio sguardo va verso il bolo, mi aspetterei che i poliziotti controllassero se ci sono impronte di sangue. E invece no, non siamo nella patria di Sherlock Holmes o Miss Marple, mi ripeto, i due puntano di colpo le armi contro l'uomo e gli mettono le manette ai polsi.

Poi un poliziotto mi fa cenno di avvicinarmi e io, ancora stupito da quel modo di procedere, obbedisco.

Quindi dice all'uomo: «Sei stato tu a uccidere tua moglie? Perché lo hai fatto?».

L'uomo rimane in silenzio, mentre io vengo invitato a sedere e qualcuno mi offre da bere.

«Cos'è successo?» mi domanda il tizio seduto accanto a me, la fronte corrucciata.

Non appena glielo racconto, questo si avventa contro l'uomo riempiendolo di pugni e calci, sotto lo sguardo attonito dei poliziotti, che quasi non sanno più se lasciarlo fare oppure no. Come scopro qualche istante dopo, la persona con cui ho parlato è il cognato dell'uomo, fratello della vittima.

L'assassino non reagisce, si lascia picchiare, e i colpi arrivano uno dopo l'altro. Mi chiedo se il cognato possa spingersi al punto di ucciderlo.

Dopo aver lasciato sfogare quella vendetta privata, invece,

i poliziotti separano i due e portano via l'assassino, ancora ammanettato.

A vedere quel tizio che, mogio mogio e con lo sguardo di un pulcino bagnato, si lascia condurre in prigione non riesco a credere che abbia potuto trucidare a quel modo la moglie.

E questo mi mette i brividi. La gente di montagna qua è così: tutti sembrano tranquilli, persino dolci, e poi, d'improvviso, la rabbia che, come in genere gli asiatici, non riescono a manifestare, si sfoga con una forza devastante.

Assassina.

* * *

I due Abu Sayyaf, mentre la mia mente era partita per la tangente dell'ennesimo ricordo, continuavano ad affilare la lama del proprio bolo.

Mi avrebbero trucidato come era successo a quella donna?

O mi avrebbero decapitato di netto?

Le mani, ancora una volta, salirono a proteggere il collo. Ma niente, lo sapevo, poteva davvero proteggermi.

20

Erano già passati due mesi da quando ero stato consegnato agli Abu Sayyaf. E, per quanto la vita fosse a tratti insopportabile, sopravvivevo.

Quando i pensieri di morte prendevano il sopravvento, a venirmi in soccorso – oltre ai tanti ricordi della mia vita da uomo libero – era la natura di Jolo, un'isola straordinaria al cui centro si ergeva un vulcano spento ricoperto da una fitta vegetazione, che potevo ammirare quasi sempre dai sentieri a mezzacosta che eravamo soliti percorrere.

Nonostante ormai conoscessi bene i luoghi in cui passavamo, la natura sapeva sempre sorprendermi con la sua bellezza: si trattasse di un albero centenario o delle radici di una pianta simili a pinne ondulate, più alte di me.

E poi c'era la campagna. Qua e là si vedevano le piccole case dei contadini musulmani, oppure donne e ragazze impegnate nella raccolta del caffè. L'avevo già visto fare, negli anni Ottanta, quand'ero stato in Brasile, ma lì c'erano grandi piantagioni, di proprietà di multinazionali.

A Jolo, invece, tutto era ancora svolto in maniera naturale. Le raccoglitrici, in genere gruppetti di madri e figlie, usavano un rampino per tirare a sé i rami della pianta, quindi staccavano i piccoli frutti rossi contenenti i chicchi che poi sarebbero stati essiccati, e li infilavano in una borsa a tracolla.

Quante volte avevo sperato che uno di questi contadini o di queste donne facesse qualcosa per salvare me e gli altri ostaggi... e invece era chiaro che vivevano in completa armonia con i terroristi, i quali avevano cura di non distruggere, al loro passaggio, i raccolti o i boschi. Allo stesso modo non cacciavano mai gli animali: quando ritenevano che il gruppo avesse bisogno di carne acquistavano un cavallo e lo uccidevano – non ho mai visto un'esecuzione, per fortuna, ma sicuramente era effettuata con il bolo, visto che i colpi di fucile avrebbero attirato troppo l'attenzione. Ed era quindi un'esecuzione atroce.

Del cavallo, ovviamente, a me veniva data la parte più grassa, con pochissima fibra, ma ero comunque contento di poter aggiungere del brodo caldo sopra al riso: se chiudevo gli occhi quasi mi sembrava di mangiare un piatto diverso dalla solita, pur preziosa, sbobba.

Quando poi ci fermavamo, mi sdraiavo sull'erba e mi perdevo con lo sguardo nel cielo, alla ricerca delle aquile, che volavano alte e imprendibili.

Libere.

Erano poco più che puntini neri nel cielo, il loro verso mi apriva il cuore.

Mi accorsi che, nonostante mi capitasse ancora di piombare nell'angoscia più nera, la natura mi stava piano piano curando. E tante cose che all'inizio mi facevano soffrire smisero di farlo, cominciarono a scivolarmi addosso come gocce di pioggia sulla tela cerata.

Ricordo un violento acquazzone.

Stavo risalendo un pendio parecchio ripido ma, a ogni passo che riuscivo a compiere in avanti, scivolavo di due indietro. Le mie scarpe di tela erano totalmente inadatte a quel terreno fangoso, sdrucciolevole, era come se stessi camminando sopra due saponette.

All'ennesimo scivolone non fui in grado di riacquistare l'equilibrio e rotolai giù. A quel punto qualcuno mi afferrò per il colletto della maglietta come avrebbe afferrato la coda di un gatto; la maglietta per fortuna, dopo un po' di resistenza, a cui corrisposero alcuni attimi di agonia, si strappò, altrimenti sarei finito strangolato.

E, come al solito, oltre al danno la beffa. Quando il Generale mi vide in quelle condizioni, col fiato corto e ricoperto dalla testa ai piedi di fango, disse: «Adesso dovremmo proprio scattarti una foto e farla girare, per mostrare come sei conciato, e come a volte la vita è troppo difficile e tu non ce la fai davvero più».

Solo qualche settimana prima, mi sarei messo a dare mille interpretazioni a quel "la vita è troppo difficile", che poi si sarebbero ridotte a una soltanto: "Preparati, tra poco sarai giustiziato". Ora invece mi dicevo che tanto ero già stato giudicato, perché dannarmi oltremodo? Le cose sarebbero andate come dovevano andare.

Persino quando il Narciso, davanti a ogni mia minima risposta da lui ritenuta inopportuna, e cioè quasi tutte, partiva con la sua personale litania "*You're crazy, you're crazy*", spostavo l'attenzione alla natura, ripensavo a tutte le lotte che avevo condotto per salvare la foresta.

Erano state lotte giuste, perché l'uomo aveva ricevuto questo immenso dono del Creato, ed era giusto che lo preservasse.

Se solo fossi riuscito, in quel frangente, a ritornare l'uomo combattivo che ero stato... quello che non si era fermato neppure davanti agli uomini più potenti e pericolosi delle intere Filippine.

Ma non ci riuscivo, non ero più neppure l'ombra di quella persona. No, ero un uomo che viveva sotto la costante ombra della morte, che mi veniva prospettata di continuo, e che io stesso avevo invocato pur di liberarmi da quella prigionia.

Patay...

"Morto."

Era la parola che a volte mi rivolgevano alcuni degli Abu Sayyaf passandosi una mano sul collo e mostrandomi una croce rudimentale fabbricata legando insieme due rametti.

Patay... Patay... Patay...

L'ennesima macabra litania che ero costretto ad ascoltare.

Erano passati due mesi, appunto, da quando ero stato catturato dagli Abu Sayyaf, quando durante le trattative per la mia liberazione sentii pronunciare al telefono una frase: «L'Italia non tratta coi terroristi».

Per me fu come una condanna a morte definitiva: "Se non c'è margine di trattativa allora io a cosa servo più?". Tutto questo mentre i miei rapitori non facevano altro che chiedermi di collaborare, collaborare, collaborare... e cioè procurare loro i contatti di persone influenti nella politica filippina, persone che magari avevano mangiato nel mio ristorante. Anche se la massima collaborazione – non si stancavano di ripeterlo – sarebbe stato fornire loro il numero del papa.

Avrei riso se non fossi stato disperato.

È vero, mi dicevo che desideravo morire, ma una parte di me voleva invece sopravvivere. È questo che significa disperazione?

Nella notte feci un sogno, l'unico di questo tipo durante l'intero periodo della prigionia.

Nel sogno dormivo, e all'improvviso mi svegliavo, circondato da fumogeni. Era gas soporifero, ma io non facevo in tempo a respirarlo perché da dietro qualcuno mi metteva una mano guantata contro il naso. Vedevo che si trattava di un militare, il volto ricoperto da strisce nere mimetiche. Mi sussurrava: «Tranquillo, siamo venuti a salvarti, ti portiamo via da qua».

Allora mi alzavo, ma il militare era scomparso, restavo soltanto io, con lo stimolo di urinare. E allora mi resi conto che era stato soltanto un sogno.

Dagli occhi cominciarono a scendere le lacrime, mentre pensavo ai miei parenti, agli amici, al loro dolore. Conoscendoli, stavano pregando per me tutti i giorni, o nel chiuso della loro stanza o inginocchiati sui gradini di una chiesa.

Il mio rapimento era come un mare di dolore che contaminava tante anime, non solo la mia.

"Dio mio, perché mi hai abbandonato?"

Il senso della mia fede era tutto in quella frase che Gesù aveva urlato sulla croce, e che ora urlava anche dentro di me.

Quanti teologi si erano interrogati su questa domanda?

Era il grido più umano che si potesse immaginare. Gesù, in quel momento, era in piena comunione con l'intera umanità che soffriva – e anche io mi sentivo così, come parte di un'umanità che, nei secoli, aveva sofferto: le mamme separate dai bambini all'ingresso dei campi di concentramento, gli uomini rasati a zero, torturati... chissà in quanti avevano urlato: «Dio mio, perché mi hai abbandonato?».

Ma tutti avevano il coraggio di chiamarlo ancora quel Dio, quel Padre, perché di quel Dio, di quel Padre, avevano disperato bisogno.

E ne avevo disperato bisogno anche io.

Io che, come Gesù, ero stato preso, accusato, messo in catene, giudicato e aspettavo solo di essere giustiziato, per completare tutti i gradi della sua Passione.

Proprio io che, dopo aver dismesso la tonaca di padre missionario, entravo in una chiesa solo nei momenti morti, quando non c'era nessuno – e soprattutto quando non c'era un prete sull'altare.

Ero un po' come il protagonista del *Testamento di Tito*, nella *Buona novella* di De André, che nel vedere un uomo morire prova dolore, e lì – nel sentimento della pietà più profonda – impara l'amore.

Il dolore mi aveva spinto a gridare a Dio la paura di essere stato abbandonato, ma quel grido dimostrava una speranza: che Dio ci fosse e potesse tirarmi fuori dal mare di dolore in cui ero affondato e stavano affondando anche le persone a me care.

Sì, in quel grido stava tutta la mia fede, che compresi davvero soltanto in quel momento.

Avevo celebrato la Passione di Cristo chissà quante volte, avevo catechizzato le persone. Ero stato sulle montagne insieme a persone che soffrivano, le avevo accompagnate negli ospedali a far visita a parenti dissanguati e in fin di vita, e avevo cercato, con tutto me stesso, di entrare in comunione profonda con loro.

Avevo *cercato*, con tutte le mie forze, ma non avevo potuto riuscirci fino in fondo, perché quella sofferenza non la stavo provando sulla mia pelle.

Gesù, invece, l'aveva voluta provare, perché solo così si era potuto mettere davvero al fianco dei sofferenti. Aveva scelto di soffrire.

Io non l'avevo scelto, per quanto da giovane avessi espresso a Dio il desiderio di vivere il martirio.

E non lo accettavo, era *troppo* perché lo accettassi. Ma quante persone, tutti i giorni, si ritrovavano loro malgrado in una condizione simile?

Ora era capitato anche a me. E finalmente capivo, *capivo*.

Non era questo un motivo sufficiente per desiderare di nuovo di vivere?

21

Per me, fino a quel momento, gli Abu Sayyaf erano stati quasi un gruppo informe di uomini e ragazzi armati fino ai denti, e che a stento avrei distinto gli uni dagli altri.

Avevo solo alcuni punti di riferimento: il Generale, il Capitano, il Guru e il Narciso.

Ora, però, con la mente più lucida, cominciavo a osservarli tutti. Mi accorsi che alcuni se ne andavano, ma poi il più delle volte tornavano, venivano spostati da un gruppo all'altro, per motivi che ovviamente mi erano oscuri.

E c'era poi tutta una società che si esplicava in modi anche sorprendenti, e altrettanto oscuri. Non li vedevo mai riunirsi tutti insieme, eppure, chissà come mai, capitava che da un certo momento in avanti cominciassero a rivolgermi lo stesso preciso rimprovero o a farmi la stessa precisa domanda.

Era come se un regista avesse mormorato un ordine e tutti lo avessero recepito attraverso auricolari invisibili.

Mi chiesi se magari si riunissero durante la notte, invece di dormire. Me ne sarei reso conto, però, ragionavo, e poi anche loro, dopo giornate trascorse a camminare in quella natura incantevole ma impervia, avevano necessità di riposarsi. Non avrebbero retto quel ritmo senza qualche ora di sonno ininterrotto.

Comunque sia, cominciavo a comprendere un po' meglio le loro dinamiche interne, e anche i ruoli che rivestivano le persone che mi giravano attorno.

A un certo punto, venne aggiunto al mio gruppo un personaggio che soprannominai subito il Pettegolo. Se ne stava sempre in silenzio, ascoltando i discorsi altrui; poi magari si univa per un paio d'ore a un altro gruppo, e anche in questo caso se ne stava seduto, osservando e ascoltando.

Dopodiché raggiungeva il Generale nella sua tenda e con lui, invece, parlava fitto fitto, riferendogli evidentemente tutto ciò che accadeva nel campo e che le sue antenne avevano intercettato.

Sempre in quei giorni arrivò un ragazzo molto giovane, dai capelli ricci, amico del Narciso, continuava a esplicare il compito di "maggiordomo" senza perdermi di vista neanche un istante.

Per i primi due giorni il giovane si dimostrò servizievole nei miei confronti, al limite del ruffiano: ogni due per tre mi allungava qualche biscotto oppure una bustina di aranciata solubile da sciogliere nell'acqua – una porcheria, va detto, ma ogni zucchero in più era ben accetto, visto che nel frattempo stavo dimagrendo a vista d'occhio e avevo sempre bene in mente la foto del prigioniero ridotto a pelle e ossa che mi era stata mostrata qualche tempo prima.

Io accettavo quei doni, ma rimanevo guardingo, non sapevo a che gioco stesse giocando – forse a quello di ostaggio e padrone? – e neppure mi interessava.

Un giorno, vedendomi particolarmente abbattuto, mi disse in inglese: «Goditi la vita, sei in vacanza… goditi il paesaggio e tutto quello che ti circonda. Qui tu non devi preoccuparti di niente, il tuo destino è nelle mani di qualcun altro».

Rimasi basito. Io… in vacanza?

Poi, come se nulla fosse, disse: «Ho visto dei documentari sull'Italia… siete molto ricchi lì, avete belle case…».

Era la classica mentalità dei filippini, che guardavano all'estero come al paese di Bengodi, e per cui tutti gli stranieri sono automaticamente ricchi.

«Ma no, non proprio tutti» provai a controbattere.

«Come no? L'ho visto!»

Mi fermai, era meglio non proseguire oltre in quel discorso, anche perché il suo inglese era parecchio incerto e c'era il rischio che interpretasse male le mie parole. C'era qualcosa, in quell'individuo a tratti appiccicoso e melenso, che non mi piaceva per nulla.

E il mio istinto non si sbagliava.

Tra i passatempi dei miei carcerieri c'era quello di insegnarmi e farmi ripetere delle parole proprio in tausug.

Grazie alla mia esperienza passata a Sibuco, avevo già un po' di famigliarità con quella lingua, ma il loro intento era principalmente farmi ripetere ad alta voce insulti e parolacce. Il che, quando avveniva, provocava sempre grande ilarità.

Un pomeriggio, uno di loro mi ordinò di ripetere una parola proprio al giovane ricciolino che nei giorni precedenti mi aveva riempito di piccoli doni e attenzioni.

La sua reazione mi colse di sorpresa.

Mentre tutti ridevano lui venne verso di me, raccolse il bastone che mi ero confezionato per aiutarmi durante il cammino, e senza preavviso cominciò ad assestarmi dei colpi sulla testa, sulle mani, sulle spalle, sulle cosce.

Le risate si impietrirono lasciando spazio a un silenzio di tomba. Tutti, chi sull'amaca, chi seduto per terra, chi in piedi, guardavano nella nostra direzione, immobili, attoniti. Neanche loro si sarebbero mai aspettati una reazione del genere.

Solo qualcuno ridacchiò, e non mi servì alzare lo sguardo per capire chi fosse stato. Era un ragazzo che mi aveva preso di mira da quando, un giorno, mi aveva chiesto, fuori dal nulla: «Ma tu sei sposato?».

Io avevo risposto: «No» e allora lui, esasperando un tono di voce effeminato, aveva detto: «Ahhh... *hai na ko*», un'espressione tratta da una telenovela molto in voga in quel periodo e che veniva affibbiata a un personaggio transgender.

Tutti, lì attorno, erano scoppiati a ridere.

Da quel giorno non aveva perso occasione per mettermi

in ridicolo. Se ci fermavano a un ruscello per lavare i panni, lui saliva su una roccia e si metteva a mimare una danzatrice del ventre ripetendo: «*Hai na ko… Hai na ko…*».

Io non reagivo. Se per lui ero *hai na ko* poco mi interessava, l'importante era che non mi facesse male.

Un'altra sua passione, oltre a pormi in ridicolo davanti agli altri, era terrorizzarmi.

Non mi era sfuggito: si trattava di una persona assetata di sangue. Quando c'era da andare in perlustrazione, per esempio, lui era il primo a lanciarsi, senza alcuna paura, la bandana sulla testa e il mitragliatore imbracciato. Era come se andasse incontro al pericolo, persino alla morte.

E ogni tanto estraeva dalla tasca un coltellino affilato, che portava sempre con sé, e masticando la *maman*, che gli aveva macchiato tutti i denti davanti, diceva: «Vedi di sbrigarti a risolvere la tua situazione, perché questa lama è pronta per te. In due minuti ti faccio fuori».

Ecco, mentre io venivo bastonato lui ridacchiava.

Intanto i colpi proseguivano imperterriti. Forte, sempre più forte, fino a quando il bastone, schiantandosi contro lo stinco, si spezzò.

Il ragazzo, col moncone di bastone ancora saldo nella mano, ansimava e mi fissava.

Io non provavo dolore, ma sentivo una specie di fischio dentro la testa, che sembrava come piena d'acqua, e avvertivo anche che la spalla mi si stava gonfiando. Le braccia poi, sollevate nel tentativo di difendermi, erano ricoperte di escoriazioni.

A quel punto il ragazzo si sedette accanto a me, mi toccò la spalla. Non so se per controllare che non saltassi in aria dal dolore o in un goffo tentativo di scusarsi.

Proprio in quel momento, però, mi vennero a chiamare: il Generale voleva vedermi.

«Cosa ti è successo?» mi chiese accigliandosi non appena vide il sangue dappertutto.

«No, niente... sono caduto» mentii.

Lui non replicò, ma mi lanciò uno sguardo poco convinto.

Il motivo per cui il Generale mi aveva fatto chiamare è che avrei di nuovo dovuto parlare al telefono con la Voce, la persona che dall'esterno stava tenendo i rapporti con Abu Sayyaf per condurre le trattative per il mio riscatto, e che ora desiderava una prova del fatto che fossi ancora in vita.

Con la Voce non sapevo mai bene cosa rispondere. I terroristi, che ascoltavano ogni conversazione, mi davano tutte le volte un copione, con richieste da avanzare e cose da dire. Ma poi c'erano domande, anche semplici, per cui non avevo una risposta pronta.

«Stai bene?» mi chiese la Voce.

«S-sì...» risposi osservandomi le braccia escoriate.

Il Guru mi strappò il telefono dalle mani, e mi ordinò di dire che no, non stavo bene, perché venivo trattato malissimo.

Obbedii, e non fu uno sforzo, perché era la semplice e pura verità: «È molto dura, non so se riuscirò a resistere, sono scoraggiato...».

«Stiamo tentando di fare tutto il possibile, tu stai tranquillo, okay?» replicò la Voce.

«Come faccio a stare tranquillo quando veniamo bombardati ogni giorno?»

Quella era la richiesta principale degli Abu Sayyaf: che i bombardamenti sull'isola di Jolo cessassero. Ma era anche una mia preoccupazione: la mia vita, già appesa a un filo, lo era ancora di più.

La conversazione proseguì ancora per qualche secondo, finché il telefono mi venne di nuovo strappato dalle mani. Avevo dato prova di essere ancora vivo, e questo bastava.

Il Generale, intanto, continuava a osservarmi pensieroso, indugiando con lo sguardo sulle ferite che mi ricoprivano dalla testa ai piedi, lo stesso sguardo di un padre che non crede alle bugie del figlio.

In più notai che il ragazzo che mi aveva picchiato cominciò a essere isolato dal resto del gruppo, a essere trattato con freddezza.

Le domande sul perché di quell'atteggiamento iniziarono a ronzarmi nella testa.

"Provano della simpatia nei miei confronti?"

"Hanno apprezzato che io non abbia fatto la spia col Generale?"

"Sono semplicemente preoccupati per un ostaggio che, da morto, non avrebbe più alcun valore?"

Ciò che so è che il tizio rimase con noi ancora per un paio di giorni, poi scomparve, e non lo vidi mai più.

E so anche che da quel momento i ragazzi, tutti gran fumatori, cominciarono a lanciarmi delle sigarette intere. Fino ad allora ero riuscito a elemosinare ogni tanto qualche tiro, più che altro mozziconi a cui mancava solo di essere spenti sotto il tacco di una scarpa.

Quando me la vidi recapitare lì davanti, sopra la tela cerata, davanti alle mie gambe piegate, rimasi a fissarla per due o tre secondi, forse anche di più.

"È davvero per me?" pensai.

Dovevo fidarmi di chi me l'aveva lanciata? Oppure si trattava di una trappola e presto sarei stato di nuovo ricoperto di legnate?

Decisi di fidarmi.

La raccolsi con cautela, me la rigirai fra le dita come se fosse il tesoro più prezioso al mondo, e la feci per nascondere dentro alla scarpa. L'avrei fumata dopo, mi dissi, di nascosto, come facevano tutti d'altronde, perché fumare era qualcosa di *haram*, vietato.

Ma un altro di loro mi lanciò un accendino e mi fece il gesto di fumare pure, ma sdraiato e con la bocca rivolta in basso, in modo che il fumo non salisse troppo verso il cielo.

Mi guardai attorno, c'era silenzio, tutto era tranquillo e il Generale se ne stava chiuso nella sua tenda.

Era un buon momento per fumare quella sigaretta.

E la fumai. E me la godetti. Fino in fondo.

Furono due minuti di paradiso.

E non fu l'unica cosa a cambiare, da quel giorno.

Le porzioni aumentarono: il mezzo bicchiere di caffè diventò un bicchiere intero, il pugnetto di riso un pugnetto e mezzo, ci fu qualche biscotto in più e ogni volta che si passava per un fiume veniva portata dell'acqua fresca anche per me.

Era come se si fosse aperta una porta, e non ero stato io ad aprirla.

Almeno non volontariamente.

22

Per ogni bella novità – ormai l'avevo imparato nei mesi trascorsi insieme agli Abu Sayyaf – ce n'era puntualmente anche una cattiva.

Una sera il Capitano venne da me e mi annunciò: «Rimarrai molto a lungo con noi».

Fu come una pugnalata.

«Perché?» osai domandare.

«Be', finché non riusciamo ad arrivare al papa…»

Ancora con quella storia, pensai.

«Comunque sia, nei prossimi giorni ci riuniremo in consiglio e si deciderà la tua sorte. Qualcuno suggerisce di fissare la tua esecuzione nel periodo di Natale.»

Ero terrorizzato e confuso. Prima il Capitano mi diceva che sarei rimasto a lungo con loro, e poi che molto presto, invece, sarei stato giustiziato.

Uccidere un ex padre missionario cattolico a Natale sarebbe stato significativo, e poi in quei giorni le azioni militari si fermavano. Era il momento perfetto.

Il Capitano si alzò, fece per andarsene, ma poi tornò indietro.

«Sai, fra poco saranno liberati i canadesi. Uno di loro è molto ricco, è il proprietario di una miniera d'oro ed è in grado di pagare il riscatto per tutti quanti. Rimarrai da solo, completamente da solo.»

Non che i canadesi mi facessero compagnia, li vedevo sempre da lontano, nel loro gruppo, e spesso mi ritrovavo a pensare a come, nella sfortuna, fossero stati fortunati: per quanto imprigionati, e per quanto dormissero ammanettati due a due, loro potevano scambiarsi qualche parola, persino qualche gesto d'affetto. Erano una spalla l'uno per l'altro. Comunque sia, i pochi sguardi che riuscivamo a scambiarci erano come ossigeno, per me.

In quei giorni li vidi effettivamente con il volto più rilassato. Negli occhi gli si leggeva sempre la fatica, ma al contempo mi sembravano meno demoralizzati del solito, come se già cominciassero a vedere una luce in fondo al tunnel.

Così non pensai nemmeno un momento che il Capitano mi avesse raccontato una frottola con l'unico scopo di demoralizzare me.

Trascorse una settimana e uno dei ragazzi, vedendo passare un aeroplano sopra le nostre teste, mi disse: «Ecco, i canadesi se ne sono andati... li abbiamo liberati ieri, lo sapevi?».

Un'altra conferma era servita. Oltretutto era da un po' che non li vedevo più, perché il gruppo era rimasto accampato per qualche giorno, e quando avevamo ripreso il tragitto avevo visto solamente l'olandese, da solo come me.

Non avevo quindi nessun motivo di dubitare di quanto mi era stato detto. Fino a quando – era giunto il Natale in cui si sarebbe dovuta tenere la mia esecuzione – il comandante del gruppo che aveva avuto in carico gli ostaggi canadesi venne da me e mi disse: «Seguimi, i canadesi vogliono vederti per farti gli auguri».

Rimasi con la bocca aperta, però lo seguii, con dentro un intrico di emozioni: stupore, felicità, ma anche paura che quella fosse una trappola e che, invece dei miei compagni di sventura, di lì a poco avrei trovato il bolo che mi avrebbe tagliato la testa.

Natale...

Bolo...

Mentre seguivo quel comandante, i miei pensieri correvano di nuovo verso il passato.

* * *

Non è un periodo facile.

Stiamo intralciando le attività illegali di deforestazione e abbiamo molti nemici. Da un momento all'altro mi aspetto che qualcuno dia fuoco agli edifici in legno della fattoria dimostrativa che abbiamo qui tra le montagne e che spero possa dare slancio alla vita economica dei contadini, i più colpiti proprio dalla deforestazione che combattiamo: terre distrutte, natura violentata, fauna decimata...

Viviamo sempre sul chi va là, ma sappiamo che è un rischio che dobbiamo correre, se vogliamo che qui le cose inizino a cambiare.

In questi giorni sono venuti a trovarmi nelle Filippine mio fratello e un'amica. Si tratterranno ancora fino a domani, e oggi verso le quattro del pomeriggio scenderemo a Sibuco, dove loro trascorreranno la notte prima di partire.

Prima, però, com'è tradizione qui, c'è un *despedida party* tutto dedicato a loro, insomma una festa d'addio con canti, festeggiamenti e il solito porcello delle grandi occasioni.

Mangiamo fino a scoppiare, e in tanti cantano fino a diventare afoni, quindi tutti a bordo del camion diretto a Sibuco, dove probabilmente stasera ci si continuerà a divertire. Ogni pretesto è buono, qui, per fare festa.

Tutti sono sul camion della nostra cooperativa tranne me, che li sto seguendo a distanza ravvicinata in sella alla mia Christine, mentre mio fratello mi scatta delle fotografie con la sua piccola Olympus.

Percorriamo la strada sterrata che dalla fattoria porta giù verso la città, finché il camion si ferma in concomitanza di una curva molto stretta.

"Perché si è fermato?" penso.

Poi, d'improvviso sento delle urla, urla d'uomo. Faccio appena in tempo a rendermi conto di cosa sta succedendo che l'uomo, sceso gridando dal pendio, mi ha sferrato un colpo con il suo bolo. Il colpo va a vuoto, perché la lama mi passa a qualche millimetro dal braccio sinistro, avverto persino lo spostamento d'aria.

Rimango immobile, le mani salde sul manubrio.

"Cos'è successo? Perché non è riuscito a colpirmi?"

Lo scopro un attimo dopo. Un giovane del mio gruppo, che stava di fianco a mio fratello, è saltato giù dal cassone e lo ha spinto via.

Appena in tempo.

Non ci vuole molto per capire chi è il colpevole di questo attentato alla mia persona. Perché di attentato premeditato si tratta: sulla strada erano stati collocati dei tronchi appositamente per bloccare il camion.

È un mio vicino di casa, sempre ubriaco. Lo conosco bene, e conosco la sua famiglia. I suoi parenti accorrono sulla scena, la moglie anziana si assicura che io stia bene, è forse più scossa di me.

«Ripartiamo...» dico all'autista del camion.

Voglio andarmene da qua, ci penserò dopo a quello che è successo, alle sue ragioni, alle sue conseguenze.

Il viaggio prosegue fino a Sibuco in un silenzio di tomba, e quando arriviamo a destinazione, parcheggio Christine e finalmente crollo: letteralmente, le gambe non mi reggono più, solo adesso lo shock affiora in tutta la sua forza.

Noi temevamo delle ritorsioni alle nostre strutture, mai avremmo immaginato che avrebbero mirato a una persona, e invece è successo.

Io ero il bersaglio, io dovevo morire.

«Ma cosa ci stai a fare ancora qua? Torna subito in Italia, domani stesso, vieni con noi.» Mio fratello me lo ripete in continuazione per tutta la serata, mentre viene chiamata la polizia e un agente si reca subito al villaggio per prelevare quest'uomo che, ironia del destino, è suo compagno di bevute.

«Vuoi sporgere denuncia?» mi chiede.

Senza denuncia, infatti, non si sarebbe potuto procedere all'arresto.

Tutti mi spingono a farlo, ma io sono indeciso.

«Posso avere del tempo per pensarci?» chiedo.

Alla fine, senza troppa convinzione, firmo, e vado ad accompagnare mio fratello e la mia amica a Zamboanga City per un ultimo saluto.

Quando torno, l'uomo non è più in una delle celle della piccola stazione municipale, è stato già portato nella prigione provinciale, a Dipolog. Dove il *prosecutor* ha bisogno di parlare con me per procedere con la formalizzazione dell'accusa di tentato omicidio.

Il destino sembra però remarmi contro. Una volta il maltempo, un'altra degli imprevisti alla fattoria, un'altra ancora dei malori.

Riesco ad andarci alcune settimane dopo, il giorno della vigilia di Natale. Nel frattempo non ho ricevuto altre minacce, e ho avuto modo di riflettere.

Mi sono detto che in fondo non mi sono fatto nulla, e che sicuramente qualcuno gli avrà montato la testa contro di me, per via delle mie battaglie contro la deforestazione, dicendogli chissà quali cose. Andrebbe arrestato quest'ultimo, non serve lasciare marcire un povero Cristo in prigione per trent'anni.

Così, quando il *prosecutor* mi chiede se ho intenzione di procedere con le accuse, scuoto la testa.

«No.»

Tuttavia l'uomo rimarrà per un anno sotto la tutela della polizia locale, che ogni mese dovrà stilare un rapporto sulla sua condotta. Sarà, insomma, una sorta di sorvegliato speciale. E io mi guarderò attorno ancora di più.

Torno a casa con la mente rivolta al Natale.

Ogni anno penso a come rendere la celebrazione di questa festa davvero importante, significativa, non la solita sequenza di riti sempre uguali a se stessi.

Natale vuol dire venire al mondo, vuol dire vivere un'esistenza degna di essere vissuta, vuol dire cercare la pace, vuol dire tante cose...

Penso e ripenso, e alla fine ho un'idea. Prendo Christine e vado al villaggio, busso alla porta dell'uomo che ha cercato di uccidermi.

Quando mi vede lui abbassa gli occhi, ha lo sguardo mortificato di un cane bastonato.

«Scusa» mormora, e fa per inginocchiarsi.

Lo fermo. «Non inginocchiarti, ti prego. C'è un altro modo in cui puoi chiedermi scusa» gli dico, e gli spiego tutto quello che ho in mente. Alla fine della spiegazione gli domando: «Va bene? Tutto chiaro?».

Lui fa di sì con la testa.

«A dopo allora.»

Quella sera, alla messa di mezzanotte, l'intera comunità è riunita nella nostra chiesetta. Tutti quanti si aspettano una predica sui valori del Natale eccetera eccetera, ma non è ciò che avranno.

Al momento dell'offertorio, a portarmi il pane e il vino è proprio l'uomo che, solo un paio di mesi prima, ha tentato di uccidermi con un bolo.

La chiesa comincia a mormorare.

Lui appoggia pane e vino sull'altare e in quel momento lo abbraccio, poi avvicinandomi al microfono dico: «Io ti perdono». E, come me, dovranno farlo tutti i membri di questa comunità.

Ecco il Natale che volevo celebrare, penso, ecco il messaggio che desideravo dare alle persone che mi stanno seguendo e che si fidano di me, mentre il chitarrista attacca con un brano e coloro che stavano trattenendo il fiato possono riprendere a respirare.

* * *

Ripensai a quel Natale mentre seguivo il comandante verso chissà quale destino. Ripensai anche a quell'uomo, che purtroppo era poi stato ucciso dal suo stesso figlio, che dal padre aveva ereditato il vizio dell'alcol. E, dietro alcuni massi, ecco i prigionieri canadesi. Uno aveva un pacco di biscotti fra le mani e appena mi vide arrivare disse: «*Merry Christmas!*».

Quindi non erano stati liberati, mi dissi scuotendo la testa. Eppure la storia che mi era stata raccontata sembrava così credibile...

Mi sedetti con loro, ci presentammo per la prima volta, stringendoci la mano. Riuscimmo a dare qualche morso ai biscotti, e a scambiare poche frasi.

Mi chiesero come stessi e io risposi sinceramente: stavo male ed ero scoraggiato, perché le trattative sembravano arenate e perché con ogni probabilità presto sarei stato giustiziato.

«No, non credere a queste cose» mi disse uno dei due canadesi. «Te le dicono apposta per buttarti giù di morale. Ricorda che tu, per loro, sei prezioso.»

Le sue parole furono interrotte dalla voce del Guru: «Zitti, basta così». Col suo tono sprezzante aveva spezzato l'unico momento di vera umanità e condivisione che avessi avuto dal giorno del rapimento.

Riprendemmo il cammino e mentre i miei denti masticavano i biscotti offerti dagli ostaggi canadesi, la testa macinava pensieri. Quale vantaggio traevano i miei rapitori dal dirmi tutto e il contrario di tutto? In che modo poteva aiutarli nelle trattative?

Come al solito, non c'erano risposte, e mi ritrovai a galleggiare in uno sconforto senza confini o prospettive. Ora, probabilmente, tutto sarebbe ripreso come al solito: lunghi spostamenti, accampamenti per la notte e così via. Per chissà quanto tempo.

Ma mi sbagliavo.

Il giorno dopo il Generale si presentò da me insieme a due dei suoi servitori con in mano grosse catene e altrettanto voluminosi lucchetti.

«Ora gireremo un video» annunciò. «Dovrai lanciare un appello al tuo governo.»

«Che tipo di appello?»

Mi spiegò per filo e per segno ciò che avrei dovuto dire, quindi mi furono legati i polsi con queste catene molto vistose, mi arruffarono i capelli e mi accompagnarono in una radura, dove il set era già pronto.

C'era una bandiera nera con delle frasi, in bianco, inneggianti all'Isis e alla guerra santa, e poi c'erano alcuni di loro incappucciati, che imbracciavano armi pesantissime guardando verso la telecamera.

Mi fecero inginocchiare. Dietro di me c'era il Guru, con il volto completamente coperto. Sarebbe stato lui il primo a entrare nell'inquadratura.

Cominciò a parlare, anzi a gridare, con un tono molto violento, in cui il suo inglese solitamente perfetto si perdeva in una lingua rude, a tratti incomprensibile. Inveì innanzitutto contro il presidente filippino e poi contro tutti i governi del mondo che si opponevano all'Isis.

Quindi, annunciato da una ginocchiata nella schiena da parte del Guru, fu il mio turno. Mi rivolsi agli ufficiali filippini, ricordando loro quanto avevo fatto per il paese durante la mia vita e pregandoli di aiutarmi. Mi rivolsi poi al governo italiano, chiedendo di non dimenticare un loro concittadino in difficoltà. E le ultime parole furono infine per la mia famiglia. La mia voce era rotta dall'emozione.

Mi riascoltai più e più volte nei giorni successivi, quando il video venne caricato online e ogni tanto gli Abu Sayyaf lo facevano partire sui propri telefonini.

Non avrei mai voluto farlo. Riascoltarmi mi faceva stare ancora più male. Era come se non mi riconoscessi, eppure l'uomo ripreso in quel video – che doveva aver già raggiunto il mondo intero e anche le persone che mi volevano bene – ero proprio io.

23

La litania di "*Are you okay? Are you ok?*" fu spezzata un giorno dalla stessa domanda, per la prima volta però nella lingua locale: «Come stai?».

A rivolgermela era stato un uomo che già mi era capitato di vedere nelle settimane precedenti. Quando si era trovato nel nostro gruppo, avevo subito notato una sua certa familiarità sia con il Guru che con il Generale, segno che non doveva essere un guerrigliero qualsiasi. E poi c'era un altro fattore: l'età. Non era infatti uno dei tanti ragazzi arruolati fra le file degli Abu Sayyaf, ma un uomo anziano, che la mia mente presto ribattezzò il Nonnino.

«Non troppo bene» risposi. «Le notizie che ricevo dall'esterno non sono buone e...»

Eravamo accampati in una radura e a pochi passi da noi alcuni ragazzi si raccontavano aneddoti di guerra dondolandosi sulle loro amache.

«Ma no, non devi preoccuparti» mi interruppe lui. «Sai, è come quando si va al mercato. Tu vuoi comprare qualcosa, lo prendi in mano e il venditore ti dice il suo prezzo, ma tu cominci a contrattare, e così fino a che non si arriva a un accordo e l'acquisto viene ultimato.»

A quel punto si appoggiò a una pianta e sollevò un ginocchio, finché la pianta del piede destro non fu contro il tronco. In quella posizione, che gli avrei visto assumere spesso nelle settimane seguenti, tutte le volte che doveva dirmi qualcosa di importante, chiese: «Com'è il tuo rapporto con Dio?».

Chiusi un secondo gli occhi. Come avrei dovuto rispondergli?

Come già altre volte scelsi la verità.

«Dio è assente... Non ti sto dicendo che non ci credo più, ma in questo momento sento che non mi sta aiutando.»

Ed era così, stavo attraversando un martirio, aspettando un qualche segno, che però non arrivava.

«Vedi, io sono anziano» mi disse lui «e nella mia vita ho fatto tante cose belle, ma anche tante brutte... ero nei militari. Poi ho deciso di affidare la mia vita ad Allah.»

Nel dirlo il suo sguardo era perso nell'orizzonte, ma lo osservavo attentamente. Era di profilo e vidi delle lacrime solcargli le guance.

Rimasi in silenzio qualche istante, poi dissi: «Vorrei avere la tua fede, perché affidarsi a Dio per me, in questo momento, è difficile. Se mi affido a Dio, infatti, mi sto affidando alla morte, perché è questo che mi è stato promesso».

Lui mi ascoltò, senza dire nulla.

Diedi alle mie parole il tempo di sedimentarsi, non so quanto passò prima di proseguire: «Per te è più facile... tra venti giorni, un mese, non so, tu potrai tornare a casa, dove sicuramente ti aspetta una famiglia; io invece resto qua».

«Devi avere fiducia» rispose lui, parlando piano. Gli occhi erano lucidi, era ancora commosso.

Questo dialogo lento, pieno di silenzi e di sospiri, aveva intanto attirato l'attenzione delle persone che ci circondavano, e che ora ci ascoltavano.

L'uomo mi si avvicinò, mi pose una mano sulla spalla. «Vedrai, vedrai... qualcosa succederà.» Strinse il pugno. «Tu tieni duro.» E con un sorriso se ne andò, lasciandomi pieno di confusione.

Cosa doveva succedere? La redenzione per la mia fede?

O sarei stato liberato?

Un paio di giorni dopo vidi il Nonnino a colloquio con il Generale, fuori dalla sua tenda.

Ai miei occhi il Generale era sia il condottiero indomito sia il padre spirituale di un gregge. A volte infatti riuniva attorno a sé un gruppo di ragazzi e gli parlava col suo tono pacato; sul loro volto allora, quello su cui nei momenti di guerra avevo visto una ferocia animalesca, coglievo l'interesse e l'emozione di scolari appassionati.

Quella sera dal Generale c'era il Nonnino, appunto, e con loro c'era anche il Guru.

Le loro voci mi arrivavano deboli, ma capii perfettamente cosa stavano facendo. Il Guru era al centro e, con un quaderno aperto davanti a sé, stava parlando dei loro ostaggi. Di noi. Uno per uno, era come se stesse compilando un profilo. Probabilmente per decidere la sorte di ciascuno.

Finché giunsero a me.

«Non abbiamo buone notizie» disse il Generale. «Prima di tutto abbiamo scoperto che non è un padre missionario. Lo è stato, ma in passato.»

Non so quante volte lo avevo ripetuto, ma nessuno mi aveva mai creduto.

«La famiglia, poi, non è ricca, non può offrire molto» continuò. «E lo stato italiano non vuole contrattare...»

Li sentii mormorare, nulla di più. Avevo la pelle d'oca: stavano decidendo la mia sorte.

Che era tragicamente chiara.

Ero inutile, ormai. E presto si sarebbero sbarazzati di me.

Quella fu una delle poche notti in cui il buio non mi portò ristoro.

Quando riaprii gli occhi, in preda all'agitazione e con un magone più pesante del solito, la prima cosa che sentii fu il rumore dell'acqua che un ragazzo stava facendo bollire sul fuoco per preparare il caffè.

Scrutai i volti degli Abu Sayyaf del mio gruppo, in cerca di qualche sguardo diverso dal consueto. Le notizie, lì fra loro, correvano veloci e in un modo che a me restava misterioso. Se quel giorno avessero deciso di giustiziarmi, già tutti sicuramente lo avrebbero saputo.

I ragazzi, però, sembravano tranquilli, alcuni stavano infilando dentro un sacchetto le loro cose da lavare.

Ma non riuscii a tirare un sospiro di sollievo, perché la mia mente saltò subito a un altro pensiero: le esecuzioni non si svolgevano al mattino, bensì nel pomeriggio. Alle tre, secondo la tradizione cristiana l'ora in cui Gesù è morto sulla croce.

Proprio in quel momento mi sfilò davanti il Nonnino. Mi rivolse uno sguardo gentile, strinse il pugno e mi disse la stessa frase del giorno precedente: «Forza, tieni duro!».

"Tenere duro per cosa?" avrei voluto chiedergli, mentre lo osservavo raggiungere altri Abu Sayyaf, chiacchierare insieme a loro, il tutto in un'atmosfera così tranquilla da sembrare surreale.

Poco dopo tornò da me con un piatto, dentro c'erano del riso e un pezzo di pesce.

«È anguilla» mi spiegò. «Mangia.»

L'ultimo pasto per il condannato a morte?

Lo sguardo buono del Nonnino mi spinse a porgli una domanda, che non avrei mai osato rivolgere a nessun altro dei miei carcerieri: «Posso sapere se ieri sera è stata presa una decisione su di me?».

Lui sorrise. «Ho sentito buone cose su di te. Non devi preoccuparti e, mi raccomando, tieni duro» mi ripeté.

Se ne andò, lasciandomi con una tranquillità profonda. Di colpo tutta l'adrenalina che mi aveva impedito di prendere sonno quella notte era scomparsa.

Ripartimmo di lì a poco e camminammo fino all'ora di pranzo, quando tutti ci risedemmo per mangiare.

Il gruppo con i due ostaggi canadesi, il norvegese e la sua compagna era a una ventina di metri da me. Ci salutammo con uno sguardo e un gesto appena accennato.

Li avevo sempre considerati fortunati, perché il destino li aveva fatti finire insieme in quella situazione, ma per la prima volta mi resi conto della crudeltà con cui venivano trattati. Dovevano stare seduti vicinissimi l'uno all'altro, in uno spazio vitale limitato, e l'unica a potersi alzare per andare a prendere il cibo era la donna. Le loro porzioni, se confrontate alle mie, erano davvero misere: nessuna traccia di pesce, né di verdura, solo un pugno di riso bianco del giorno precedente innaffiato di salsa di soia.

«Lando, prendi questo!»

Mi girai, a parlare era stato il comandante del loro gruppo, quello che avrebbe ucciso gli altri ostaggi tagliando loro personalmente la testa.

In mano teneva un involucro di plastica contenente un pezzo di pesce arrostito, e non la parte finale della coda, ma quella centrale, ricca di carne.

Avrei voluto dire: "No, grazie" ma sapevo di non poterlo fare, mi avrebbero senza dubbio bastonato, così mio malgrado lo presi e lo misi nel piatto.

Fu il boccone più amaro che dovetti mandare giù in quei mesi. Mi sentivo come il complice di un bullo che tormenta un ragazzino più debole, anzi, mi sentivo come il suo nuovo strumento di tortura.

Quando ebbi mangiato tutto risollevai lo sguardo – non avevo il coraggio di guardare in faccia i miei compagni di sventura mentre mi nutrivo di quel pesce che sarebbe spettato a loro – e mi accorsi che c'era un altro ostaggio nei paraggi.

Era una ragazza dagli occhi a mandorla, dall'aspetto molto pulito e delicato. Avrà avuto diciassette anni, indossava un paio di jeans, ed era guardata a vista da alcuni uomini armati. Come avrei scoperto di lì a poco, era stata rapita insieme alla madre su un'isola vicina. Gestivano un piccolo emporio con generi di prima necessità: noodles, sardine in scatola, fiammiferi, sigarette, zucchero, uova… Per loro era stato richiesto un riscatto minimo, che però la famiglia non poteva pagare, così la madre era stata liberata, con la promessa che avrebbe presto recuperato la somma necessaria.

Rividi anche il gruppetto con cui ero stato appena dopo il rapimento e che mi aveva condotto fino alla spiaggia.

«Lando, che bello qui, vero?» mi disse uno di loro. «La natura… guarda che bello.»

Feci un sorrisetto e sollevai le spalle. È un gesto, questo, che nella cultura filippina non esiste, e molti degli Abu Sayyaf mi osservavano farlo divertiti, senza comprendere quale significato avesse.

«Prendi» aggiunse allungandomi due panini con lo zucchero.

Qualcosa doveva essere cambiato davvero. Quel giorno mi stavano trattando tutti come un principe.

Ma il clima di surreale giovialità fu rovinato quando si unì a noi il Pettegolo, l'uomo che avevo visto fare la spia per conto del Generale.

Tutti, sapendo chi era, si zittirono.

Lui, con uno stecchino in bocca che faceva passare da una parte all'altra, e tormentando con le dita alcuni grossi fili d'erba mi guardò e disse: «So che ieri si è parlato del tuo destino, è ancora *fifty-fifty*».

Rimasi con i panini allo zucchero in mano. D'improvviso non erano più tanto dolci.

Ero riuscito a non pensare più alla riunione di cui, purtroppo, avevo ascoltato il contenuto. Invece ora quel pensiero tornava in cima a tutti gli altri, con un particolare in più, che mi dava i brividi.

Fifty-fifty…

Avevo il cinquanta per cento di possibilità di sopravvivere.

Nel mezzo non c'erano sfumature.

Vita o morte. Punto.

Spettava a me far pendere l'ago della bilancia dalla parte della vita?

Quarta parte
LA LOTTA

24

Sibuco, inizio anni Novanta

Mi lascio cullare dal movimento della sedia a dondolo. È fatta col legno della foresta, che scricchiola dolcemente nelle mie orecchie.

Me ne starò qui, circondato dalla bellezza della natura. Attorno alla nostra dimora è tutto un'esplosione di palme e cespugli con fiori multicolori – sullo sfondo, colline ricoperte dalla foresta tropicale. Ma giusto il tempo di fumare l'ennesima sigaretta. Un padre missionario non ha molto tempo per rilassarsi, dev'essere sempre pronto a scattare.

Perché un padre missionario ha scelto di diventare il punto di riferimento di una comunità. È questa la nostra veste; ce l'abbiamo cucita fin dentro le viscere. L'altra, la tonaca del prete, qui nelle missioni non si indossa mica.

Qui si sta dietro ai bisogni della gente, anche a quelli più spiccioli: andare alla stazione di polizia a esporre una denuncia, per esempio, contattare un medico, raggiungere la clinica per l'iniezione di antitetanica.

È ormai un anno che mi sono stabilito in questa missione fuori dal mondo, nell'isola di Mindanao, nel Sud delle Filippine. La nostra casa sorge su una baia incantevole che guarda ai microscopici villaggi sparsi sulle montagne.

I primi mesi mi sono serviti per ambientarmi e per immergermi con tutto me stesso in un *melting pot* straordinario quanto difficile. Ci sono i musulmani, per esempio, che rappresentano il cinquanta per cento della popolazione. E poi ci sono i *subanos*, cioè i nativi del luogo, ancora organizzati in tribù. In gran parte non si sono lasciati influenzare dal colonialismo spagnolo, ma alcuni sono diventati protestanti battisti dopo l'arrivo dei missionari americani che, insieme alle compagnie di legname del loro paese, si stavano preparando all'assalto finale alle foreste.

Ci sono poi i zaombanguegni: orgogliosi di essere stati conquistati dagli spagnoli, figli di mescolanza genetica, sono più alti degli altri abitanti dell'isola, e parlano appunto lo spagnolo – che poi in realtà è un *broken spanish*, una lingua ridotta all'osso con al massimo quattromila parole. La lista prosegue con i cristiani, e poi con i bisaya, con i tausug…

Tutte culture diverse ma con un denominatore comune: la povertà.

Il primo ostacolo, per me, è stata la lingua.

L'inglese, che io ho studiato a Londra, è appannaggio di pochi, qui si parla perlopiù il bisaya, un dialetto che in realtà non è esatto chiamare tale: in realtà è una lingua ben strutturata. Per prima cosa l'ho dovuta studiare a scuola, perlomeno per imparare la grammatica, ma poi ho escogitato un metodo personale per allargare il mio lessico: ho sempre con me un taccuino, che tengo nel taschino della camicia. Ogni giorno ci appunto dieci nuove parole e alla sera, prima di addormentarmi, me le rileggo cercando di imprimermele nella testa. Ho calcolato che, così facendo, posso imparare tremila nuovi termini ogni anno.

Mica male, no?

Accanto a me, in questo cammino pieno di scoperte, c'è il Peperino che, con la sua moto – quella che a pochi mesi dal mio arrivo ho ricoperto di fango argilloso e messo fuori gioco, ma anche prontamente riparato –, sfreccia su e giù dalle montagne.

Non si può che fare così, da queste parti. Bisogna essere

scattanti, pieni di energia, pronti alla fatica e agli imprevisti. Ma anche ai pericoli, visto che in questo territorio spadroneggia colui che potremmo definire il Don Rodrigo dell'isola di Mindanao, un personaggio legato all'esercito che oggi impedisce alle persone che ci vivono – quelle che il Peperino chiama con immenso affetto «la mia gente» – di trovare una propria indipendenza.

Cioè, quello che noi desideriamo per loro.

La fine della dittatura di Marcos non ha aiutato molto. Se prima la gente aveva un nemico preciso, ora non c'è neppure quello: l'adrenalina e la voglia di combattere sono evaporate, e a prevalere, tra la popolazione, è l'indolenza.

Con l'indolenza, però, non si va da nessuna parte, penso alzandomi di scatto dalla mia sedia a dondolo e gettando il mozzicone di sigaretta a terra.

La pausa è finita.

Don Lorenzo Milani diceva una cosa, ed è una lezione che mi guida sempre nel mio operato: «Da bestia si può diventare uomini, e da uomini si può diventare santi: ma da bestia a santi con un solo passo non si può diventare».

Non che le persone qui siano bestie, e non mi interessa neppure che diventino dei santi: mi interessa che stiano bene e che possano, per l'appunto, costruirsi una propria autosufficienza. Al momento, però, non possiedono ancora gli strumenti per poterci riuscire.

Il Peperino ha già cominciato un buon lavoro con i ragazzi dei villaggi.

Una parte della casa della missione – un vecchio edificio che porta le cicatrici della guerra civile, come i segni delle pallottole nelle pareti di legno al piano di sopra – è adibita a luogo di formazione, e accoglie dal lunedì al venerdì i ragazzi dei villaggi. Qui possono studiare, ma anche restare a dormire, divertirsi. Sono completamente indipendenti: escono, entrano, si cucinano da soli. Poi, nel fine settimana, tornano dalle proprie famiglie.

Educare i ragazzi, però, non basta. Loro sono il futuro, ma si può, e si *deve*, fare qualcosa anche per il presente.

Il problema principale dei contadini, qui, è che non riescono a vendere i propri prodotti a un prezzo equo. Mancando i collegamenti con Zamboanga, e non possedendo loro dei mezzi di trasporto appropriati, hanno bisogno di affidarsi a dei *traders* che acquistano i frutti delle loro fatiche per pochi spiccioli – frutti che poi rivenderanno a cinque volte il prezzo d'acquisto.

Forse è il momento di mettere in atto un'idea che ci frulla nella testa da un po' e di cui abbiamo già parlato: una fattoria dimostrativa per insegnare alla gente del luogo a coltivare, allevare e soprattutto a trarre profitto, un profitto vero, dal sudore delle loro fronti.

Una "scuola per contadini", insomma.

La teoria, già ce ne siamo resi conti, non serve a molto. Dobbiamo far vedere alle persone quanto questa terra sia ricca. E non di oro, quello che guida i signori della deforestazione, interessati soltanto a spogliarla, bruciarla, per poi poter scavare e creare miniere.

No, questa terra è ricca di vita.

Dobbiamo solo mostrarlo a chi, questa terra, la abita.

25

Non perdo tempo.

Trovati i fondi, chiesti i permessi, la *demo farm* da progetto si trasforma in realtà, molti abitanti dei villaggi – quelli che già conoscono l'operato della missione – aderiscono, e ben presto diventa un punto di riferimento per chiunque passi da queste parti.

Non mi sbagliavo sulla rigogliosità della terra. In questa foresta, con tutte le foglie che si sono depositate negli anni, ci sono strati e strati di fertilità: non servono concimi, tantomeno chimici.

Il granoturco cresce, sembra un miracolo, ma non lo è.

È il momento di compiere un passo ulteriore: «Dobbiamo guadagnare da ciò che stiamo producendo» annuncio un giorno, parlando con le persone che lavorano la terra qui alla fattoria.

Qualcuno dice: «Tu potresti comprare i prodotti e rivenderli in città».

Praticamente mi stanno proponendo di diventare io stesso un *trader*. Ma è proprio il contrario di ciò che ho in mente io: noi saremo sia produttori che commercianti.

«Dobbiamo costituirci in una cooperativa» dico.

A quella parola, "cooperativa", in molti sgranano gli occhi. È una parola che rimanda al periodo della guerriglia comunista, finanziata proprio dalle cooperative.

E non sono gli unici a mettersi in allerta. La nostra fattoria dimostrativa, ora cooperativa, attira su di sé le luci della ribalta, oltre all'attenzione delle forze dell'ordine.

Qualche giorno dopo, infatti, ecco presentarsi due jeep cariche di militari.

«Buongiorno.»

«Come va?»

«Nessun problema?»

E poi ecco anche la visita dei funzionari del dipartimento dell'Ambiente.

«Che bello qui...»

«Cosa state coltivando?»

«Ah, davvero... bene...»

Domande di circostanza, nessun tono intimidatorio, ma la loro presenza, lì, indica che ci siamo trasformati in sorvegliati speciali.

Non ci lasciamo scoraggiare da così poco. Nel frattempo l'obiettivo principale è piantare, piantare, piantare.

È così che la parte ondulata e in pendenza del nostro terreno viene usata come si userebbero dei terrazzamenti dove interrare i semi e lasciar crescere le piante fino a che non siano abbastanza grandi affinché i contadini le possano prelevare e ripiantare altrove.

«Dovete raccogliere anche i semi che trovate in giro nella foresta» li sprono io. «E piantarli qui.»

Non ho dubbi su questo: le piante autoctone, quelle che naturalmente già crescono in queste zone, sarebbero state il loro futuro.

«Ma ci impiegano anni per crescere...» protesta qualcuno.

«Non importa, il nostro scopo è ricostruire la foresta, non distruggerla.»

Il meccanismo degli *illegal loggers*, che abbattono alberi per spianare la strada a chi vorrebbe trasformare Mindanao in un'immensa miniera d'oro e altri minerali preziosi, è purtroppo entrato dentro di loro. Anche perché vedono quanti soldi facili, e immediati, queste persone riescono a fare.

Tutto ciò va estirpato.

A questo serve la formazione, ed è così che riprendiamo a insegnare la matematica – quella che serve per comprendere la compravendita –, ma anche a leggere e scrivere, perché fra la gente dei villaggi c'è anche chi è completamente analfabeta.

Metto in piedi un finto negozio in cui si illustrano concetti che a me sembrano banali, ma che invece qui non lo sono affatto. Per esempio, bisogna spiegare che se si incassano mille dollari, non se ne possono il giorno stesso spendere altrettanti, ma solamente il guadagno, calcolando l'ammontare delle spese.

C'è una lavagna, sulla quale ogni giorno la lezione si costruisce grazie agli interventi dei partecipanti. Se il tema, appunto, è il profitto, per prima cosa chiedo a chi vuole di spiegarmelo a modo suo.

È un metodo di insegnamento che viene dal viaggio in Brasile che ho fatto al terzo anno di seminario. Lì nelle *favelas* ho visto molti educatori insegnare *insieme* ai propri studenti, seguendo il pensiero del pedagogista Paulo Freire. Secondo Freire lo studente non è un conto vuoto in cui depositare il sapere, e non c'è neppure una dicotomia fra docente e studente: il rapporto è reciproco. Non c'è insegnamento, insomma, senza apprendimento.

E infatti io, da loro, sto imparando tantissimo.

Sto scendendo sempre più a fondo nella cultura delle Filippine, e nello specifico di Mindanao, e so che è essenziale spronare l'iniziativa personale. Qua troppe persone, anche tra i giovani, si affidano al clan, che magari si mantiene con i soldi inviati da un membro emigrato all'estero per lavorare come domestico.

«In Italia non funziona così!» dico. «Mica mi posso installare a casa dei miei parenti senza fare nulla. Mi manterranno per qualche giorno, ma poi devo per forza rimboccarmi le maniche e contribuire al mio sostentamento in attesa di rendermi completamente indipendente.»

Ci sono poi costumi che il filippino giustifica in quanto, secondo lui, parte della propria cultura, come l'alcol e il gioco d'azzardo.

«No, quelli sono vizi! Non ditemi che il filippino è nato ubriacone. E sapete chi ha portato qui il gioco d'azzardo? Sono stati gli spagnoli.»

Non è facile sradicare convinzioni granitiche. Ma più passano i giorni, più cresce l'entusiasmo delle persone, specialmente quando cominciano ad arrivare i primi risultati.

Uno fra tutti un mulino per il granoturco, ma anche una eccezionale varietà di riso delle montagne, che cresce come il frumento, senza bisogno di irrigare il terreno trasformandolo in risaia.

Il primo passo del mio piano è compiuto: abbiamo dei buoni prodotti da poter vendere in città.

Il secondo passo, la commercializzazione, è reso però complicato dall'assenza di una strada diretta per Zamboanga City. Per raggiungere i mercati della città dobbiamo risalire all'interno della foresta e costeggiare una parte di montagna, ma è una via che ci è interdetta quando le condizioni climatiche non sono favorevoli, e anche nei due-tre giorni successivi alle piogge, perché il terreno resta umido.

La via del mare dobbiamo escluderla, perché ci porterebbe dritti dritti tra le fauci dei *traders*, i quali controllano il traffico marino e pretenderebbero il pagamento di un dazio. Il nostro progetto è volto proprio a emancipare la gente delle montagne da figure simili, non possiamo certo arrenderci così, all'ultimo gradino della scala.

Una strada, in teoria, ci sarebbe. È quella aperta e sfruttata dagli *illegal loggers*, i taglialegna che lavorano illegalmente per i "signori della deforestazione".

È un segreto di Pulcinella, direbbero i miei ragazzi di Napoli. Gli amministratori sanno di questa strada, ma sono corrotti e fanno finta che non esista. Se solo potessimo usarla noi, l'isolamento dei villaggi avrebbe termine.

La sedia a dondolo scricchiola ancora, in uno dei miei rari momenti di pausa, mentre il fumo della sigaretta sale verso il cielo. All'orizzonte vedo il profilo del mulino, il simbolo dei nostri sforzi.

Non può finire così. Me lo ripeto nella testa più e più volte.

È arrivato il momento di lottare.

26

Più che una lotta, questa è una vera e propria guerra.

Ci sono tanti nemici pronti a mettermi, letteralmente, i bastoni fra le ruote, e io ho bisogno di un alleato forte.

Armato della mia macchina fotografica, mi inoltro lungo la strada degli *illegal loggers* – l'unica possibilità che abbiamo affinché la cooperativa diventi un progetto compiuto – e scatto fotografie su fotografie.

Le porto al governatore provinciale, il cui ufficio si trova a Dipolog, a trecento chilometri da lì: troppo lontano perché si possa davvero rendere conto di quel che succede.

Lui, che è un ambientalista, si entusiasma. Ma si arrabbia anche.

«Possibile che i miei amministratori non mi abbiano informato?»

La risposta è semplice: è possibile perché gli interessi economici in gioco, qui, sono enormi. E fanno gola a tutti.

Comunque sia, una cosa è certa: ho trovato l'alleato forte di cui avevo bisogno.

Il caso diventa subito nazionale, e io finisco addirittura sui giornali, ritratto in una vignetta. Ci sono io che guido un carro carico di sacchi di riso, ma resto fermo nel punto in cui la strada è interrotta. Ho lo sguardo perso nell'orizzonte e dico: «E ora queste cose dove le porto?».

Se ne parla talmente tanto che il governatore provinciale

decide di organizzare un viaggio per visitare le nostre zone, rendersi conto in prima persona della situazione in cui versano e dare un messaggio agli amministratori locali: «Va bene, il mio ufficio è lontano, ma sono sempre il governatore anche di questo territorio».

È la vigilia di Natale, e per raggiungerci la sua jeep, accompagnata da altre tre, si avventura proprio lungo la strada incriminata.

A una ventina di chilometri dalla fattoria, però, le quattro vetture si impantanano – scherzo del destino – accanto a un carico di tronchi abbattuti illegalmente e pronti da portare via.

Vengo contattato via radio da uno dei suoi uomini che mi annuncia: «Il governatore non può raggiungervi, stiamo per tornare indietro...». Ma ecco che nella comunicazione si inserisce una voce. «Il governatore invece vi raggiunge, anche a costo di farlo a piedi!» È lui stesso a parlare. Me lo immagino mentre strappa la trasmittente dalle mani del suo collaboratore, e con un sorriso mi ripeto che, in questa guerra, non potevo trovare un alleato migliore.

Arriva alla fattoria il giorno dopo, a bordo di un carretto trascinato da un carabao.

«Sono stanchissimo» dice.

Tanto che, sdraiatosi sul letto che gli abbiamo preparato, dorme per tredici ore di fila.

Nel frattempo i suoi uomini si sono recati nella città più vicina, si sono procurati dei bulldozer e hanno liberato alla bell'e meglio la strada, in modo che almeno i camion ci possano transitare.

Quando il governatore se ne va, dopo un giro tra i villaggi, lo fa con una promessa: «Finito il tempo delle piogge farò arrivare della ghiaia e degli schiacciasassi, e la strada sarà davvero percorribile, in tutta sicurezza».

Una battaglia è vinta, penso. La guerra... si vedrà.

Nella nostra fattoria, comunque, la felicità è palpabile. I contadini ora iniziano a credere davvero che questo possa diventare il loro futuro, e in tanti altri sono pronti a seguirmi: ai loro occhi sono il condottiero che li sta portando alla vittoria.

E un condottiero, oltre all'ammirazione, attira su di sé invidie e odio, e desiderio di vendetta da parte di chi si sente ostacolato dalle sue mirabolanti imprese.

Io, che non mi sento affatto Rolando il condottiero, ma solo un padre che ha a cuore il destino delle persone di queste montagne, pensavo che un alleato come il governatore potesse dissuadere per sempre i miei nemici, ma mi sbagliavo.

Gli interessi, infatti, sono troppo grandi, e la deforestazione prosegue, mettendo a rischio il *watershed*, quella parte di foresta, cioè, che protegge i corsi d'acqua prima che questi si trasformino nei fiumi di cui poi servono le grandi città.

Senza gli alberi non c'è il *watershed*, e senza il *watershed* i corsi d'acqua andrebbero a morire, e senza i corsi d'acqua... be', i centri abitati da qui alla costa, e quindi le persone che ci vivono, si ritroverebbero in enorme difficoltà.

La missione adesso è raccogliere quante più prove riguardo queste attività illegali da consegnare al governatore e ai ranger, in modo che siano presi provvedimenti e stanati gli *illegal loggers*.

Non posso però riuscirci da solo, ho bisogno di persone esperte del luogo che mi guidino fra le foreste. Ma in pochi hanno il coraggio di esporsi, di diventare delatori agli occhi di pericolosi criminali, e non posso biasimarli: qui vige la regola del clan, se qualcuno si rende colpevole di qualcosa a pagarne non è soltanto lui, ma la sua intera famiglia.

Ci sono due ragazzini, nella fattoria, due fratelli, che mi seguono dovunque vada. Forse per loro sono davvero un condottiero. Fatto sta che se dico di dover andare a prendere un bidone d'acqua non faccio neppure in tempo a fare un passo, che loro sono già schizzati a prenderlo al posto mio.

Ogni tanto scherzo: «Guardate che non ho bisogno di schiavetti intorno, io!».

E con me scherzano anche gli amici italiani che vengono a trovarmi nelle Filippine: «Ma questo è sfruttamento minorile!».

Un giorno, siamo seduti all'ombra di una pianta, uno dei ragazzi mi dice: «Noi sappiamo dove stanno gli *illegal loggers*. E sappiamo come arrivarci senza che nessuno ci veda».

Mi metto sull'attenti.

«Non ci sono neanche casupole di contadini sulla strada.»

«No» mi risponde l'altro. «Però dobbiamo andarci di notte, per sicurezza.»

Mi faccio mille scrupoli prima di coinvolgerli, ma alla fine mi dico che proprio l'età non farà sospettare di loro, la colpa sarà mia ed esclusivamente mia.

È deciso, una notte partiamo.

Camminiamo per due ore nella foresta, guidati dalla sola luce della luna. Da solo non sarei riuscito mai a orientarmi fra sentieri che sembrano tutti uguali.

Figuriamoci con questo buio.

Infine, eccoci qui. Davanti a noi i camion, le ruspe e i trattori che strappano alla terra piante millenarie.

Più ci penso e più mi sento male. Ma sono anche più agguerrito.

Per scattare qualche fotografia dobbiamo aspettare le prime luci dell'alba, perché i flash attirerebbero l'attenzione. Ogni minimo rumore, mentre attendiamo, mi dà un brivido.

Altro che l'impavido condottiero, dico fra me e me. Ho paura, come tutti, ma so che è la cosa giusta da fare, so che è la causa giusta da sposare.

Quel giorno stesso, con il mio prezioso bottino di fotografie, salgo in sella alla moto e, dopo averle sussurrato: «Mi raccomando, Christine, non tradirmi proprio questa volta. Fai la brava come al solito» parto in direzione di Dipolog.

Trecento chilometri, dodici ore di viaggio. Ma ne vale la pena, perché il governatore provinciale va su tutte le furie.

«Gli amministratori locali continuano a non dirmi niente!» urla andando avanti e indietro per il suo ufficio. «Qui bisogna fare una retata... manderò su decine di militari, poliziotti... vedranno! E lo vedranno *subito*.»

Mi schiarisco la voce. «Aspetti solo una quindicina di giorni» chiedo.

«E perché?»

«Ai villaggi sanno che oggi sono venuto qui a Dipolog, se domani e dopo vedranno invadere la zona dalle forze d'ordine capiranno subito che sono stato io a portare le prove della deforestazione. Io e la mia fattoria potremmo subire delle conseguenze.»

«E io che pensavo che gli italiani avessero gli attributi, visto come hanno combattuto i tedeschi!»

Vorrei spiegargli alcune cose, sulla storia e sugli italiani, che in realtà sono quelli dipinti nei film con Alberto Sordi, e quindi non certo dei Rambo.

Lui, però, ha capito.

«Non preoccuparti, faremo come dici. *Ma lo faremo*. Questa storia deve assolutamente finire, e la strada sarà una realtà. Un po' come in Germania, no, dove ci sono strade che passano attraverso le foreste. Ce ne avete anche in Italia?»

«Sì, certo.»

«Vedi? Perché non dovremmo averne una anche a Mindanao?»

Già, è quello che mi dico anch'io.

I giorni passano, e come promesso le montagne vengono invase dalle forze dell'ordine.

Arrivano camion e camion pieni di poliziotti, che si sparpagliano per la foresta orientandosi con le cartine che io e le mie due giovani guide abbiamo messo a punto. Nessuno dei locali va in loro aiuto, è troppo pesante il rischio di ritorsioni nei confronti delle loro famiglie.

Non gli ci vuole comunque molto per trovare il bottino di

tronchi dei signori della deforestazione. Li trasportano nella piazza centrale di Sibuco, ma sono talmente tanti che servono due settimane per portarli tutti: è un continuo andirivieni di camion che caricano e scaricano legna.

È un enorme successo, troppo grande perché non suscitasse delle reazioni violente e, proprio come avevo temuto, desiderio di vendetta.

Sono le frequenze radio a darcene la prova. Una sera intercettiamo quella usata dalle ricetrasmittenti degli *illegal loggers* e sentiamo il loro capo formulare una promessa inequivocabile: «*El pari... yo lo mato!*».

Lo mato...

Qualcuno vuole uccidermi. Uccidendo me, il condottiero, anche la gente dei villaggi tornerà nei propri ranghi, smetterà di sognare un futuro migliore, e li lascerà a condurre i loro traffici indisturbati.

In me si alternano paura e adrenalina, e so che per nessuna ragione mi andrò a nascondere da qualche parte abbandonando la battaglia.

Quale messaggio darei alla mia gente?

Proprio in quei giorni devo salire a celebrare un matrimonio in un villaggio fra le montagne – come si suol dire, nella tana dei lupi.

Ma la notte precedente i responsabili della zona scendono fino alla fattoria per avvertirmi: «Non venire, Rolando. Qua sono armati, appena ti vedono ti ammazzano».

Cosa fare?

Non posso certo lasciarmi ammazzare, ma non posso neanche far finta di nulla. Devo avvertire chi di dovere.

«Christine, pronta a partire?» chiedo alla mia moto.

Cerco di nasconderlo, ma ho paura. E chi non avrebbe paura sapendo di essere nel mirino di chi desidera farti secco?

Raggiungo la casa della missione, sulla costa, e via radio io e il Peperino chiamiamo il vescovo di Mindanao. Gli faccio il riepilogo dell'intera situazione e poi lo informo delle minacce di morte che abbiamo intercettato.

Al momento il vescovo si limita ad ascoltarmi. «Devo pensarci» dice alla fine.

Non ci pensa molto a lungo, però, perché il giorno dopo indice una conferenza stampa a sorpresa.

Anche per noi.

Il sunto è: "Ho preso una decisione sofferta ma inevitabile. Da questo momento chiudo le missioni dell'area di Sibuco. Non è accettabile che qualcuno desideroso soltanto di aiutare la gente del luogo rischi la propria vita a causa di chi non rispetta la natura e la vita".

È uno shock per tutti quanti.

Noi, che in quell'area ci viviamo ancora, cosa dobbiamo fare adesso?

27

E ora che si fa?

Ce lo chiediamo tutti anche il giorno successivo alla conferenza stampa del vescovo di Mindanao. Lui vive a trecento chilometri di distanza, ma noi abitiamo qui.

La risposta arriva dal cielo sotto forma di un piccolo, assordante stormo di elicotteri, che atterrano sul grande prato verde su cui si affacciano le scuole.

Dagli elicotteri scendono decine di militari, che fin da subito non si mostrano tanto amichevoli con noi. Dopotutto, quello che è successo dimostra una cosa: l'esercito non ha il controllo, come dovrebbe, su ciò che accade in queste zone. E getta anche un'ombra sul loro operato: non è che i militari sono conniventi con i signori della deforestazione e con quel Don Rodrigo che spadroneggia dalle nostre parti?

Con lui, in passato, ho avuto a che fare. *Tutti* qui devono farci i conti se vogliono avere un ruolo, che sia di potere o di semplice cambiamento, come il nostro.

Quella di Don Rodrigo è una storia che affonda le sue radici negli scontri armati tra islamici e cristiani per la conquista del potere sull'isola di Mindanao.

È in quel momento che ha iniziato ad accrescere il suo potere, per poi farlo esplodere nel momento in cui è riuscito ad allontanare, con azioni di sabotaggio e violenza, persino le multinazionali americane che volevano impadronirsi della foresta.

Da allora considera questa municipalità, ma anche le circostanti, come un suo potentato, che difende con un piccolo esercito privato. Ognuno, per lui, può essere corrotto, comprato.

Ci ha provato anche con noi, mandando alla missione una statua della Madonna alta più di un metro con cui arricchire la cappella.

Rispedita indietro, ovviamente.

Ma in tanti li hanno accettati, i suoi regali, magari perché stretti dalla morsa della fame e del bisogno. Quindi in molti sono pronti a obbedire a ogni suo ordine: aiutare chi abbatte gli alberi, riparare le strade su cui passano i suoi camion.

Don Rodrigo si serve tranquillamente anche delle tante ragazze dei villaggi, che sceglie come da un album di figurine alimentando il suo ego di grande amatore. Per sedare eventuali proteste da parte delle famiglie, gli basta regalare un set di pentole o una di quelle infernali postazioni per il karaoke, una radio, un fornetto elettrico.

Tutto per lui si può comprare, e anche per una manciata di spiccioli.

Tanto più che, per la famiglia di turno, diventa persino un motivo di vanto essere aiutata da Don Rodrigo in persona. Non importa se, intanto, la figlia è stata violentata o messa incinta.

Quante volte sentire storie di questo tipo mi ha fatto perdere fiducia nel mio operato.

"Ma chi me lo fa fare?"

"Che senso ha tutto questo?"

"Loro vogliono davvero essere aiutati?"

Sono tutte domande che spesso fanno capolino fra i miei pensieri mentre, in sella a Christine oppure a piedi, attraverso i villaggi.

Però poi la risposta è sempre una: "Bisogna andare avanti...". Io devo rappresentare un punto di rottura in cui credere. Ne va della vita di queste persone, ne va del futuro della foresta in cui abitano.

E non mi comporto così perché sono un ambientalista, ma perché sono un padre missionario. Lo faccio scrivere anche in un articolo di giornale, dopo l'ennesimo attacco di chi considera dei comunisti il sottoscritto e gli altri missionari che lavorano con me.

Noi seguiamo il messaggio delle Scritture. Lo dico anche una mattina in chiesa, mentre leggo i primi capitoli della Genesi, in cui Dio, dopo aver completato il Creato, lo contempla soddisfatto. E poi...

L'Eterno Dio prese dunque l'uomo e lo pose nel giardino dell'Eden perché lo lavorasse e lo custodisse.

«Noi dobbiamo essere i giardinieri di questo bellissimo Creato» dico. «E il giardiniere è colui che fa crescere le piante, le fa fiorire, non colui che le distrugge.»

"Anch'io continuerò a essere il giardiniere della comunità che sto cercando di cambiare" penso osservando gli sguardi di chi mi ascolta. Un seme dopo l'altro riuscirò a far crescere una foresta.

Per forza di cose il mio destino doveva incrociarsi, prima o poi, con quello di Don Rodrigo.

È successo un giorno, quando un uomo entra trafelato in fattoria: «Alcuni boscaioli... ubriachi... due contadini musulmani... morti».

«Un momento, un momento...» lo blocco. «Non ho capito nulla, calmati, respira e ricomincia daccapo.»

Mi spiega allora che alcuni boscaioli del villaggio hanno sparato a una coppia, marito e moglie, di musulmani. Uccidendoli.

Sospiro e inizio a sudare freddo. Un episodio del genere poteva far esplodere la polveriera di culture e religioni diverse in cui vivevamo, scatenando ritorsioni pesantissime da parte dei musulmani, che erano tutti armati.

Non c'è tempo da perdere, devo parlarne con l'imam,

l'unico che può impedire che la sua comunità getti sangue sul sangue.

Mi accoglie sul cancelletto di casa e, mentre gli racconto per filo e per segno cos'è successo, rimane impassibile, imperscrutabile.

Io intanto proseguo a parlare: «Posso andare subito su con la moto, recuperare i corpi, e magari è il caso di rivolgerci insieme a...», e faccio il nome di quel Don Rodrigo capace di piegare il volere di molti. Forse, in questo caso, il suo potere ci sarebbe potuto tornare utile.

«Vai tu da lui» mi ferma l'imam. «Io manderò subito qualcuno a prendere i corpi, devono essere seppelliti il prima possibile, lì dove sono morti.»

So che il funerale musulmano ha regole ferree, e che non deve trascorrere troppo tempo prima che il cadavere venga interrato.

A me, quindi, spetta il compito di trasformarmi in Don Abbondio e cercare Don Rodrigo, sperando che ascolti le mie parole.

Non ci ho mai parlato, l'ho soltanto intravisto qualche volta in giro. Come Don Abbondio, però, ho paura. Così decido di portare con me due persone del luogo, in modo che capisca subito che vengo in pace.

Raggiungiamo insieme il suo campo base, una porzione di terra circondata da una staccionata. C'è qualche uomo seduto, che ascolta la musica.

Mi viene detto che al momento Don Rodrigo è in viaggio e che se desidero incontrarlo avrei dovuto attendere.

«Perché gli vuoi parlare?»

«Devo discutere con lui di una questione della massima importanza» rispondo senza scendere nei dettagli. E questo, per fortuna, bastò.

Lui arriva di lì a un paio d'ore, a bordo di una jeep tipo militare.

Dopo essere sceso dalla vettura, getta il cappello sul tavolo della tenda in cui io e gli altri stiamo aspettando, si siede di fronte a noi e, prima ancora di rivolgerci la parola, ordina una birra.

«Finalmente ci conosciamo!» dice una volta fatto un bel sorso. «Tu sei italiano, giusto? Guarda, la mia pistola è una Beretta.» E parte in una lode sperticata di questa storica fabbrica di armi di cui io, in realtà, so ben poco.

Poi domanda: «Allora, cosa posso fare per te?».

Gli spiego in breve cos'è successo.

«Ah, non ne sapevo nulla.» Si gratta il mento pensieroso. «Chi ne è al corrente?»

«Probabilmente ormai lo sapranno tutti qui nei paraggi» rispondo. «Ho informato personalmente anche l'imam, visto che le vittime sono musulmani.»

Don Rodrigo si gratta ancora un po' il mento. «E io cosa dovrei farci?»

«Non ti sto chiedendo di punire personalmente chi ha commesso questo crimine, ma di condurli alla stazione di polizia, in modo da dare un messaggio di giustizia alla popolazione locale.»

"Okay, l'ho detto", penso con un sospiro di sollievo.

Per la terza volta si gratta il mento, e io aspetto la sua risposta trattenendo il fiato.

«Va bene» dice alla fine. «Ci vediamo qui fra due giorni a questa stessa ora.»

Sono quasi incredulo, ma mi affretto a ringraziarlo e me ne vado, prima che cambi idea.

Due giorni dopo sono lì, e ad attendermi c'è una scena degna di un film western. Da una parte sono allineati gli uomini di Don Rodrigo, armati fino ai denti. Dall'altra ci sono i contadini, col cappello in mano.

Tutti aspettano, col fiato sospeso, che lui prenda la parola.

«Io sono qua per aiutarvi» esordisce dopo un po'. Io mi sono avvicinato a lui, come mi ha chiesto di fare con un cenno.

«Perché il governo non vi aiuta, non vi dà le strade, non vi dà da mangiare. Tutte cose che invece io faccio. Quindi non tollero che in nome mio si compiano azioni riprovevoli. Il padre qui» e mi indica «mi è testimone e non deve accadere mai più che lui mi venga a riferire che qualcuno della mia gente si è macchiato di un crimine. Chiedo perciò che i colpevoli vengano portati qui di fronte a me.»

Non ce n'è bisogno. Due uomini fanno spontaneamente un passo in avanti uscendo dal gruppo.

"Per l'amor di Dio, speriamo che ora non succeda nulla..." mi dico cominciando a tremare.

Intanto Don Rodrigo li ha costretti a inginocchiarsi davanti a lui, su una ghiaia compatta che deve fare un male cane.

Tira fuori il fucile e a me viene d'istinto di chiudere gli occhi. Un'esecuzione sommaria non è quello che mi ero auspicato rivolgendomi a Don Rodrigo.

Lui dà dei colpi violenti alle mani dei due con il calcio del fucile.

"No, no, no, ti prego, no..." ripeto dentro di me.

Ma poi alla fine dice: «Bene, ora portateli alla stazione di polizia, che gli capiti quel che capiti. Non li voglio più rivedere, per nessun motivo».

Io sono pietrificato dal terrore, ancora non riesco a tirare un sospiro di sollievo. La sua voce mi arriva alle orecchie come ovattata: «Adesso ci beviamo una birra?».

Avrei preferito un goccio d'acqua, ma non mi azzardo a rifiutare.

Lui scola una bottiglietta ghiacciata nel giro di qualche secondo, mentre io sorseggio timidamente la mia.

«Allora, sei contento, padre?» comincia lui. E senza aspettare la mia risposta continua: «Voglio farti vedere che qui, grazie a me, le cose vanno bene, c'è ordine! Quindi, quando avrai di nuovo un problema ti basterà rivolgerti a me e io te lo risolverò, okay?».

"Non mi rivolgerò *mai più* a te" penso. Quell'uomo è un

esaltato. Lo shock per quella minacciata esecuzione pubblica è ancora forte dentro di me.

Si è chiusa così la mia esperienza personale con quel Don Rodrigo di Mindanao.

E so che non è cosa saggia mettersi sulla strada di personaggi come lui, che ora è sicuramente tra coloro che vogliono la mia testa. Purtroppo, il tessuto di corruzione nelle nostre zone ha maglie fittissime, ormai. È per questo che il nostro lavoro è tanto prezioso quanto complicato.

E rischioso, come abbiamo visto.

Meglio, per me, fare un passo indietro e nascondermi dietro l'ombra del mio vescovo.

Chiedo quindi di poter andare in città, a Zamboanga City, dove si trova la casa regionale del nostro istituto missionario, e aspettare il corso degli eventi.

28

Non sono l'unico di cui si vuole la testa, però.

Dopo la chiusura delle missioni, ad andare incontro alla morte è proprio il Don Rodrigo di Mindanao. Con l'esplosione dello scandalo della deforestazione, deve essergli mancata la terra sotto i piedi – in altre parole, l'appoggio e la protezione di forze più potenti di lui.

In questi giorni, mentre le missioni vengono smantellate, si fa intervistare dai giornali, locali e nazionali, con il rosario in mano. Tutti parlano di lui. La sua protesta è contro il presidente Ramos, reo a suo parere di star svendendo Mindanao ai musulmani. A tal proposito carica persone su persone sopra dei camion e le porta a manifestare a Zamboanga City.

È il classico passo più lungo della gamba, perché sulla strada verso la città trova la morte per mano degli stessi militari che un tempo lo proteggevano.

Il suo potentato è finito, insomma. Nel peggiore dei modi. E questo ha delle ripercussioni anche sulle nostre vicende.

Qualche tempo dopo infatti, ricevo l'invito a presentarmi al quartier generale del capo militare regionale.

"Io?" è il mio primo pensiero. "E per dirmi cosa?"

Ma eccomi subito là. Il generale mi accoglie calorosamente. «Si sieda.»

«La ringrazio, prima di tutto, per aver detto al mondo dell'esistenza degli *illegal loggers*.»

Lo ascolto con un misto di timore e diffidenza. I filippini – ho imparato – hanno questo modo di elogiarti e di accattivarsi la tua simpatia, ma spesso è un atteggiamento volto a evitare, almeno formalmente, il conflitto. Non so, quindi, cosa voglia dirmi – e convincermi a fare – in realtà.

Ci impiega un po' ad arrivare al punto. «Ho già parlato col vescovo, domani verrà qui a bordo di una nave vedetta,» annuncia alla fine «e poi tutti e tre insieme passeremo lungo la costa, in modo che la gente ci veda. A Sibuco ci raggiungeranno gli elicotteri con i militari e, sotto la loro protezione, andremo a visitare a una a una le cappelle dei villaggi e potremo...»

So dove sta per arrivare. Ora che i villaggi non sono più sotto il controllo di Don Rodrigo la via è libera per...

«Riaprire le missioni.»

Così è. Il giorno dopo io, il vescovo di Mindanao e il generale, che a giudicare dall'aspetto un po' tronfio si sente un novello MacArthur, siamo a bordo della nave della guardia costiera, scortata a destra e a sinistra da due motoscafi militari, mentre sopra di noi vola un elicottero.

Massima protezione, dunque.

È una giornata splendida, il sole è alto nel cielo, il mare è calmo e il viaggio dura un'ora e mezza.

Dalla costa, effettivamente, la gente ci osserva. Ora tutti sanno che stiamo tornando: i bambini che stanno giocando sulla spiaggia si fermano a guardarci, i vecchi musulmani che masticano *maman*, i pescatori sulle loro piccole imbarcazioni.

Siamo l'evento del giorno.

La prima tappa è la casa della missione a Sibuco, dove per colazione ci aspetta un banchetto luculliano. Parecchi polli e anatre ci hanno lasciato le penne, e la loro carne è pronta a finire sotto i nostri denti.

Un'altra festa ci aspetta, poi, sulle montagne. Per raggiungerle a bordo degli elicotteri impieghiamo cinque minuti appena, mentre coi nostri mezzi di terra ci vogliono almeno due ore.

So che è *questo* il grande problema da risolvere, inutile girarci attorno.

Gli elicotteri si dirigono verso una grande piana, sulla quale si affaccia la cappella. Le persone sono riunite lì, ci salutano dal basso, mentre noi piano piano ci avviciniamo al terreno.

Il vescovo, a cui viene messa al collo una ghirlanda di fiori, si dirige nella cappella, dove celebra la messa, mentre il generale se ne resta in disparte con alcuni suoi uomini.

Questo secondo banchetto termina verso le due del pomeriggio.

«Ora torniamo a Sibuco,» annuncia il generale «ci riposiamo e poi torniamo a Zamboanga.»

«Ho tempo di passare dalla fattoria?» chiedo. Ho bisogno di prendere alcuni miei effètti personali. «Si trova a otto chilometri da qui.»

«Vacci in elicottero» dice lui. «Farai prima, e poi se le persone ti vedono arrivare così, in pompa magna, ti rispetteranno per sempre.»

Non c'è che dire, proprio un novello generale MacArthur.

Ho pochissimo tempo, purtroppo, e dopo che l'elicottero atterra sulla collina in cui sorge il mulino, non riesco neppure a salutare tutti coloro che non vedo ormai da tempo.

Chi incrocio, però, ha negli occhi uno sguardo che sembra dire: "Mamma mia, se questo viene portato qui in elicottero vuol dire che è una persona davvero importante, con un potere eccezionale".

Dopotutto, MacArthur non si sbagliava...

"Tornerò presto" penso.

Qualche minuto dopo sono di nuovo su nel cielo, facciamo tappa a Sibuco per caricare il vescovo e il generale, e poi dritti verso Zamboanga.

Peccato che, durante il tragitto, l'elicottero ha un guasto, e un macchinista è costretto a intervenire.

Io e il vescovo ci guardiamo. Non è che proprio oggi, dopo tutto quello che abbiamo fatto, ci schiantiamo a terra? Lui sorride, scuote la testa, come a dire: “Ma di che ti preoccupi?”. Mi preoccupo eccome, non ho mai sentito di un elicottero che ha bisogno di essere riparato in volo.

E anche il vescovo sotto sotto è teso, si stringe talmente forte alla panchina di ferro che le dita gli sono diventate bianche.

Perlomeno, penso, stiamo sorvolando il mare… ma si sopravvive a un tuffo da quell’altezza?

Sopravviviamo, e senza neanche bisogno di tuffarci. Il macchinista, infatti, ripara il danno e noi arriviamo sani e salvi a Zamboanga City.

Ora non resta che guardare al domani e rimboccarsi di nuovo le maniche.

29

Le missioni sono state riaperte, le feste sono state emozionanti, la stampa ne ha parlato, ma resta il grande problema della strada.

Se la deforestazione è stata fermata nella zona orientale e in quella occidentale, l'area meridionale è ancora in ambasce. I contadini della cooperativa, poi, non hanno modo di portare i prodotti delle loro fatiche fino in città.

Insomma, non dico che siamo ancora al punto di partenza, perché abbiamo qualche nemico in meno, ma il percorso è ancora tutto in salita.

Un giorno – nel frattempo sono tornato in pianta stabile alla fattoria – un gruppo di contadini si presenta alla porta di casa. Uno di loro ha un foglio in mano.

«E quello cos'è?» chiedo.

Mi accorgo, guardandolo meglio, che si tratta di un foglio bianco con una firma in calce.

«Avete firmato un foglio bianco?» Sono sempre più stranito.

«Sono passati dei tizi del dipartimento dell'Ambiente» mi spiega uno dei contadini «e ci hanno fatto firmare una petizione per la strada. Tanti l'hanno firmata.»

Il testo della petizione, però, non era ancora stato scritto.

«Ma vi rendete conto che sopra la vostra firma possono scriverci quello che gli pare?» sbotto.

Tanta alfabetizzazione, ore di scuola, per renderli più

consapevoli dei loro diritti... e ancora cadono in un tranello simile, credendo di aver fatto la cosa giusta. Sento salire il sangue al cervello, ma più che arrabbiato sono preoccupato.

Qualcosa di poco chiaro sta bollendo in pentola, e c'è di mezzo proprio il dipartimento dell'Ambiente.

Anche perché, nel frattempo, da Zamboanga City è partita una campagna diffamatoria nei miei confronti. Le radio, le tv, i giornali stanno raccontando come il periodo di siccità e il razionamento dell'acqua in città siano dovuti all'attività della cooperativa che, sulle montagne, sta distruggendo la foresta, minacciando il *watershed*.

Praticamente hanno ribaltato la situazione.

All'inizio non ci ho fatto troppo caso – chi ci crederà? Mi sono detto –, ma ora capisco che devo cominciare di nuovo a guardarmi le spalle. E ho anche bisogno di parlare con i giornalisti, far capire che chiunque gli abbia riferito la storia a cui ora loro stanno facendo da cassa di risonanza gli ha raccontato delle frottole.

Non è facile farmi ricevere. Appena sentono il mio nome, i talk show radiofonici, ascoltatissimi nelle Filippine fin dal primo mattino, mi sbattono la porta in faccia. Per riuscirci mi devo presentare, di persona, alle porte delle redazioni, non schiodarmi di lì finché non vengo ricevuto.

Piano piano, i giornalisti mi ascoltano, si lasciano convincere, comprendono che la versione data dal dipartimento dell'Ambiente non corrisponde alla realtà. Noi non stiamo distruggendo la foresta, noi vogliamo semplicemente una strada che permetta ai contadini di conquistare un'indipendenza economica.

E si delinea anche chi è il mio nuovo nemico. È un'associazione che si occupa del futuro e del bene di Zamboanga: si tratta di persone che si riuniscono per parlare dei problemi locali e che poi spingono sull'amministrazione e sull'opinione pubblica inviando lettere e suggerimenti, e organizzando manifestazioni. In questo caso, i soci dell'associazione hanno preso per buona la versione del dipartimento dell'Ambiente e la stanno promuovendo, mettendoci sempre più in cattiva luce. Il loro scopo è distruggere la strada che a fatica noi stiamo usando, in modo che i contadini abbandonino definitivamente la zona.

Non c'è tempo da perdere, devo incontrare il presidente di questa associazione.

So che non sarà un incontro a base di tè e biscotti al burro, quindi porto con me un avvocato. L'inizio, in effetti, è burrascoso ma, a mano a mano che parliamo, gli faccio capire, senza mai dirglielo direttamente per non offendere la sua sensibilità, che lui e la sua associazione sono stati manipolati dal dipartimento dell'Ambiente.

L'incontro si conclude con uno spiraglio di luce. Il presidente non si è ricreduto, ma mi ha invitato a una conferenza che si terrà di lì a venti giorni nell'hotel più importante di Zamboanga City.

Ho venti giorni, quindi, per preparare il terreno, altrimenti quella sera finirò dentro a un tritacarne.

Raduno una manciata di giornalisti e li porto con me a vedere dove si trova il *watershed*, dove non c'è l'ombra di un solo contadino, ma dove troviamo invece un paio di bulldozer.

«Appartengono agli *illegal loggers*» spiego.

«E i ranger dove sono?» mi chiedono i giornalisti. «E quelli del dipartimento dell'Ambiente?»

Belle domande. Che si rispondono da sole, direi.

«Io non li ho mai visti» mi limito a replicare.

Passo quindi a mostrare i terreni coltivati dalla cooperativa, a quasi venti chilometri di distanza, quindi ben lontani dal *watershed*. Mostro anche le piantagioni di mango e di altre specie autoctone, a dimostrazione che la nostra volontà, dopo tutte le lotte contro la deforestazione, non è certo distruggere la biodiversità filippina.

Arriviamo poi alla fattoria e alla famigerata strada.

«Vedete? Questa strada non l'abbiamo costruita noi, ma

gli *illegal loggers*» spiego. «Ma già che c'è, ora noi vorremmo metterla in sicurezza e usarla per dare un futuro alle persone delle montagne.»

I giornalisti sembrano convinti delle mie parole, specialmente quando aggiungo che ho in mente di preparare un filmato con tutte le riprese e le fotografie che ho raccolto finora, anche insieme a loro, proprio per documentare le attività illegali di deforestazione.

Incrociamo le dita.

Il gran giorno arriva. Sono agitato, non lo nascondo. Ho avuto notti insonni, passate a rigirarmi nel letto, con lo stomaco strizzato dall'ansia.

E le parole con cui il presidente introduce la serata mi agitano ancora di più.

«Noi abbiamo convocato quest'assemblea perché vorremmo capire più a fondo cosa succede sulle montagne. Ciò che ci è stato riferito è che, primo, voi della cooperativa praticate un'agricoltura *slash-and-burn*, in cui la vegetazione è bruciata per fare spazio alle colture; secondo, utilizzate una strada che passa attraverso il *watershed*, mettendolo in grave pericolo; incitate la popolazione, coinvolgendo sempre più persone in queste attività criminose.»

Deglutisco, le cose si mettono peggio del previsto. È la prima volta che ascolto i capi d'imputazione a mio carico.

«La nostra raccomandazione è che tu, Rolando Del Torchio,» il presidente pianta i suoi occhi nei miei «venga espulso dalle Filippine, perché sei da considerare una minaccia per l'ambiente.»

Se mi lascio scoraggiare adesso è la fine. Così passo subito al contrattacco, mostrandomi calmo ed estraendo con fare teatrale il foglio bianco fatto firmare tra i villaggi.

Una pioggia di flash mi inonda, mentre spiego come sia stato il dipartimento dell'Ambiente a tentare di circuire i contadini delle montagne.

Il passo successivo è il video, che mostra una realtà tutta diversa da quella illustrata dal presidente. Infine faccio passare in sala delle fotografie, in un silenzio attonito.

Un silenzio che mi conferma di aver fatto centro.

Soprattutto perché a non sapere più proprio cosa dire è il capo regionale del dipartimento dell'Ambiente.

«Penso che, viste queste immagini, non serva aggiungere molto altro» concludo. «Perché sono immagini scattate insieme ad alcuni giornalisti, che possono farmi da testimone. Quindi...» prendo fiato «se è un delitto difendere il *watershed*, ma anche la vita di questi contadini» allargo platealmente le braccia «allora che io venga espulso! Anzi, crocifiggetemi. Ma ricordatevi che, dopo di me, arriverà qualcun altro che vorrà continuare la mia azione, e dopo un altro ancora.» Mi rivolgo al presidente e alle persone dell'associazione. «Siete stati raggirati, perché c'è chi non vuole metterci la faccia e apparire sui giornali, e ha convinto voi a farlo al posto suo.»

Nuovi flash mi inondano, mentre il capo regionale dell'Ambiente si alza e abbandona la sala.

Poco dopo, arrivano le scuse di un presidente imbarazzato come mai avrei immaginato di vedere: «Noi abbiamo agito in buonafede, perché abbiamo a cuore il futuro di Zamboanga. E proprio per questo ora ritireremo il documento contro di te».

Mi lascio cadere sulla sedia.

Sono sfinito.

E sono salvo.

Ma a essere salvo è, soprattutto, il futuro della cooperativa.

30

Succede pochi giorni dopo la serata a Zamboanga City.

La notizia è rimbalzata dai giornali alle radio, fino alle televisioni, il pubblico vuole saperne di più e ora la stampa è a caccia di approfondimenti.

Ma la caccia, ahimè, miete una vittima.

Un ranger ha accettato di farsi intervistare, ma anche di confermare quello che immaginano ormai un po' tutti: il dipartimento dell'Ambiente è in combutta con i signori della deforestazione.

È un'intervista shock, la sua. Ma questo coraggio gli costa la vita.

Una mattina viene investito da una jeep militare, perdendo la vita. In un attimo il sapore della vittoria, per me, diventa amaro, insopportabile.

Ci sono gravi conseguenze anche sulla vita della fattoria.

Mi ricontatta infatti il novello generale MacArthur, grazie al quale abbiamo riaperto le missioni, e mi dice: «Visto quanto è successo, ti permettiamo di rimanere lì solo se accetti una scorta armata di una dozzina di uomini, che ti seguiranno in ogni tua attività».

«Ma...» provo a controbattere.

«Sei in pericolo» incalza lui. «L'ultima cosa di cui abbiamo bisogno è che uno straniero venga rapito, o ucciso. Quindi, per favore, accetta questa condizione.»

Non ho alternative, insomma. E così qualche giorno dopo si presenta alla fattoria una brigata di militari.

C'è sempre almeno una persona con me, in particolare quando mi muovo con Christine. A ogni spostamento si assicurano che la strada sia libera e solo allora possiamo proseguire.

Per il resto ho come l'impressione che questi militari siano contenti di essere qui. Di certo dev'essere meglio che stare in caserma, passando il tempo sul campo delle esercitazioni, o essere spediti in zone altamente critiche. Alcuni mi raccontano della loro famiglia, mi mostrano tutti orgogliosi le fotografie della moglie o dei figli, si sfogano con me riguardo alle difficoltà della vita militare: si crea un bel rapporto, di complicità.

Con uno in particolare, che diventa la mia guardia del corpo, e che gli altri prendono un po' in giro: «Non è che ora ti metti a predicare da un pulpito?».

Ma ciò non basta a togliermi dalla testa l'idea che tutta questa protezione non sia davvero necessaria. La loro presenza ha stravolto la mia quotidianità: dopo il tramonto, per esempio, non mi è più permesso uscire di casa, perché nel buio potrei trasformarmi in un facile bersaglio.

E allora non mi resta che andare a letto. Peccato che, così facendo, alle quattro e mezzo del mattino sia già sveglio come un grillo.

Mi godo l'alba, certo, con la luce che svela un paradiso terrestre ancora immerso nel silenzio. Ma si è come creato un solco tra me e le persone dei villaggi, che mi avevano sempre visto come un punto di riferimento. Ora, invece, sono qualcuno con una scorta armata, come un politico o un potente imprenditore.

Inarrivabile.

E quando, dopo qualche mese che la situazione sembrava essersi fatta relativamente tranquilla, la scorta mi viene revocata, mi tocca cercare di recuperare quel rapporto.

In ogni mia azione cerco di ribadire a me stesso: "Sono ancora io. Con gli stessi infradito di plastica di sempre, la stessa

Christine. Non sono cambiato solo perché per un periodo ho avuto dei militari che si preoccupavano per la mia sicurezza".

Piano piano, per fortuna, le cose si sistemano. Riprendo ad andare a fare visita alla gente dei villaggi, a svolgere attività di alfabetizzazione e formazione: insomma il solito tran tran, mentre la cooperativa, utilizzando la strada, che nel frattempo è stata un po' sistemata, riesce finalmente a vendere i suoi prodotti in città.

Ormai mi sono abituato a guardarmi sempre le spalle. Quando sono in moto do sempre un'occhiata nello specchietto retrovisore, controllo prima e dopo ogni curva, non do mai le spalle a una porta o una finestra. Accorgimenti che mi sono entrati dentro, e che metto in atto senza neanche più rendermene conto.

Ci sono minacce più subdole, però.

Un giorno, per esempio, mi accorgo che alcune ragazze vengono sempre a lavarsi a dei rubinetti vicini a dove vivo – la fattoria è disseminata di rubinetti, che possono servire per ogni evenienza.

"Con tutti i posti perché vengono a lavarsi proprio qua?" penso.

«È perché sei *guapo*» mi risponde Bert, una delle persone che vivono con me alla *demo farm*.

«Ma come?»

«Vogliono farsi ammirare da te.»

E in effetti ci impiegano anche mezz'ora per lavarsi, lasciando che l'acqua faccia aderire per bene al corpo i loro abiti di cotone sottile. Ogni tanto lanciano uno sguardo verso la casa e scoppiano in una scarica di risolini.

Un giorno, all'ennesima loro visita, decido di intervenire: «Si può sapere perché venite sempre qua? Mi state consumando un sacco di acqua».

In tutta risposta una delle ragazze si solleva la gonna e comincia a massaggiarsi la coscia col sapone. Fissandomi dritto negli occhi.

Un gesto troppo sfacciato per essere sincero, penso.

Ne parlo di nuovo con Bert.

«Quella è pazza di te, vorrebbe sposarti» mi dice lui.

«Ma come sposarmi?!»

Finalmente ho l'illuminazione: questa ragazza non è innamorata di me, è stata mandata qui da qualcuno per farmi cadere in tentazione, in modo che le persone non abbiano più fiducia in me e smettano di seguirmi.

Un padre missionario che cede alle tentazioni della carne non è più un padre missionario.

E io non posso cedere, per quanto a volte provi un senso di grande solitudine, specialmente dopo aver attraversato minacce di morte, avventure, battaglie. Lo ammetto: mi ritrovo a pensare a come sarebbe diversa la mia vita con qualcuno sulla cui spalla appoggiare la testa nei momenti di sconforto.

Qualcuno che mi dia amore.

Ma Dio è geloso, mi vuole tutto per sé. Mi fa pensare a lui come unica possibilità di salvezza.

Ricordo una volta.

La gamba mi si era infettata, le pastiglie di antibiotici non facevano effetto, ed ero stato costretto a ricorrere alle iniezioni. A occuparsene, mentre me ne stavo febbricitante sul letto, era un'infermiera.

L'immagine della sua gamba, ricoperta da una leggera peluria, illuminata dai raggi di sole che penetravano dalla finestra, mi è ancora impressa nella memoria.

In quel momento, lo ammetto, ho provato la tentazione della carne, ho sentito il desiderio di stringerla, quella coscia. E poi di abbracciarla, baciarla, trascinarla giù nel letto con me.

Era a una decina di centimetri dal mio naso, mi sarebbe bastato poco.

Ma si era messo in mezzo il destino, o forse il mio Dio geloso, perché le era caduta una boccettina e per recuperarla si era allontanata giusto in tempo.

Questa di oggi, poi, è una trappola, niente di più.

E non è l'unica che mi viene tesa.

Un pomeriggio – è già quasi l'imbrunire – sto tornando da Zamboanga City su nelle montagne. Chiedo a Christine di assistermi come ha sempre fatto, perché è tardi e devo essere a casa prima che si faccia notte. Poi, è troppo pericoloso attraversare la foresta.

Sto risalendo la montagnetta, dopo la quale comincia la discesa che, immergendosi in qualche altro tratto di vegetazione, conduce alla vallata dove vivono i contadini che lavorano alla cooperativa.

La strada è piena di bambini. Appena sentono il rombo di Christine mi vengono tutti incontro perché sanno che di sicuro dai tasconi laterali della moto estrarrò manciate di caramelle e le getterò per terra.

E così infatti sto facendo anche oggi, osservando poi nello specchietto bambini di tutte le età che si affrettano a raccoglierle, pieni di gioia.

All'ultimo tornante, poco prima della discesa, ecco un ragazzino, proprio in mezzo alla strada. Si sta sbracciando, così gli lancio le ultime caramelle e proseguo.

Lui, però, al contrario di tutti gli altri non si china a raccoglierle, continua a farmi segni con le mani. Lo guardo meglio, non mi sembra di conoscerlo.

Decido di fermarmi, se si sta agitando a quel modo avrà bisogno di aiuto.

«Mio papà vuole parlarti» mi dice quando, parcheggiata Christine, lo raggiungo. È ancora agitato, e mi chiedo cosa sia successo. Forse qualcuno si è sentito male, o forse, ancora peggio, devo dare un'estrema unzione.

«E dove sta tuo papà?»

Mi indica un punto. Non vedo abitazioni, ma lo seguo.

«Dai, andiamo.»

Quando arrivo alla casupola, vengo fatto accomodare su una panchina di bambù nella veranda; ci sono diverse persone riunite.

«Ditemi tutto» taglio corto. «Tra poco si farà buio e io ho ancora una quindicina di chilometri da percorrere.»

È il papà del bambino a prendere la parola: «Non puoi proseguire. Stamattina hanno abbattuto un albero, che ora blocca la strada. E in quel punto ci sono due tizi con i fucili, se ne stanno lì da ore».

Se non fossi passato da lì, però, sarei dovuto tornare indietro e fare tutto un altro giro attraverso sentierini che conoscevo, sì, ma lungo i quali avrei dovuto guadare un fiumiciattolo e affrontare una salita ripidissima.

«Magari adesso non ci sono più» provo a dire.

L'uomo si rivolge al ragazzino: «Vai a controllare».

Il piccolo scatta senza indugi e mezz'ora dopo, mentre ormai il sole sta tramontando, è di ritorno con il responso: «Quei due sono ancora lì. Stanno preparandosi del riso nel *caldero*».

Non ci sono più dubbi. Si sono appostati e con ogni probabilità, saputo che ero andato a Zamboanga City, ora stanno aspettando proprio me.

«Okay...» mi arrendo.

Hanno già tentato di uccidermi così, e sono sopravvissuto per un soffio, quando mio fratello è venuto a trovarmi nelle Filippine.

Non mi resta che percorrere l'altra strada, consapevole che sono stato fortunato una volta, ma la prossima potrei non esserlo.

Arrivo alla fattoria che sono quasi le quattro del mattino. I cani cominciano ad abbaiare come matti, svegliando tutti.

L'agitazione, dopo un periodo in cui le cose sembravano aver preso una piega migliore, prende il sopravvento. E io devo al più presto riferire al vescovo l'accaduto: so già cosa dirà.

«Basta, non puoi più stare lì, è troppo rischioso. Questa storia non finirà mai, Rolando.»

Esattamente come avevo immaginato.

«Tra poco tornerò in Italia per la mia vacanza» dico. Ogni

tre anni, infatti, rientro a casa per un breve periodo. «Aspetterò almeno fino ad allora.»

Così è. Al mio posto, arriva padre Luciano, ed è lui a subire un destino che era stato pensato per me.

Perché si compia quel destino nefasto, dovrò attendere più di quindici anni e una nuova vita. A rapirmi nel mio ristorante saranno i sanguinari Abu Sayyaf.

Quinta parte

UN UOMO LIBERO

31

Quanti ricordi avevano fatto capolino durante quei primi mesi di prigionia, magari mentre me ne stavo con lo sguardo rivolto verso il cielo, alla ricerca di uno spiraglio nella vegetazione fitta della giungla. Era la sola cosa che mi era concessa di fare senza dover chiedere il permesso a nessuno, l'unico territorio su cui i miei rapitori non avevano alcun dominio: ricordare.

Ricordare di quando ero un uomo libero.

Di tutte le cose che, nel bene e nel male, avevano forgiato l'uomo che ero adesso.

Proprio mentre la mia vita era appesa a un filo mi rendevo sempre più conto di aver vissuto tanto, e intensamente.

Avevo sempre reagito. Di fronte alla morte di una persona che consideravo il mio mentore. Di fronte alle ingiustizie. E poi contro chi voleva la mia testa, e aveva provato a ottenerla.

Non mi ero lasciato abbattere dai dolori del passato, né mi ero lasciato spaventare dalle prospettive, anche le più funeste, sul futuro. Avevo sempre vissuto nel presente, guardando solo a ciò che di meglio il futuro poteva dare a me e alle persone che avevo a cuore.

Adesso, invece, non stavo vivendo davvero, era come se non fossi più nemmeno io.

Rolando non è più Rolando.

Mi lasciavo trascinare dagli eventi, trascinare da una parte all'altra dell'isola, fra salite e discese. Mi lasciavo spingere dai loro discorsi di sangue e guerra giù, dentro a una spirale di odio.

Ma io, sotto sotto, c'ero. Il grasso si era dissolto, ma il mio spirito era lo stesso, dovevo solo ascoltarlo, lasciarlo parlare. Se attorno a me c'era violenza, io, anche solo nello spazio di una tela cerata distesa a terra, potevo essere il re del mio regno, e lì potevo decidere quando andare a mangiare, quando bere, quando fumare una delle sigarette che mi venivano lanciate; lì continuavo a essere io, coi valori che mi ero costruito nel tempo, e che i ricordi mi avevano aiutato a far riemergere in tutta la loro forza.

D'altronde era facile isolarmi. Gli Abu Sayyaf non mi si avvicinavano più di tanto: io ero l'infedele, puzzavo, non dovevo essere nemmeno sfiorato.

Ancora pensavo al Salmo 54: "Disperdili, Signore, confondi le loro lingue". Ma ora in me si era aggiunta un'altra preghiera:

Adesso io con te ho un passo sicuro, adesso io ho un'oasi dove sostare e abbeverarmi…

Non dovevo restituire ai miei carcerieri l'odio che nutrivano nei miei confronti e quello che rappresentavo.

L'odio porta solo ad altro odio.

In quei giorni pensavo spesso a Gandhi, che era riuscito a liberare una nazione da un impero senza mai ricorrere alla violenza. Ce l'aveva fatta solo e soltanto con la gentilezza.

Sì, avrei fatto anche io così.

Quella sarebbe stata la mia rivoluzione.

Cominciò una sera, con la tosse insistente di un bambino, il figlio di uno degli Abu Sayyaf venuto, insieme alla madre, a far visita al papà.

L'uomo lo teneva in braccio e il piccolo non smetteva un attimo di tossire. Dai volti dei due genitori, capii che erano preoccupati, e non poco. Di polmonite, d'altronde, non è difficile morire.

Feci segno all'uomo di raggiungermi, avevo qualcosa da dirgli, anzi da dargli. Quando fu davanti a me, gli porsi un barattolino di unguento Vicks Vaporub, parte della mia piccola dotazione personale.

«Mettine un po' dentro una bacinella di acqua calda,» gli dissi «e fai respirare al bambino i vapori, coprendogli testa e bacinella con un panno. Capito? I vapori non devono disperdersi.»

Lui fece di sì con la testa e prese il barattolino blu e verde.

«Faglieli respirare finché l'acqua non diventa fredda, gli farà bene, vedrai.»

Tornò il mattino dopo per restituirmelo.

«No, tienilo ancora un po'. Fallo respirare almeno un'altra volta al tuo bambino» gli raccomandai. «Però non terminarlo tutto, perché serve anche a me.»

Fu il primo di una serie di atti di gentilezza che sicuramente non passarono inosservati agli Abu Sayyaf. Erano gesti compiuti non con l'intento di ingraziarmeli, ma che avrei fatto nella mia vita normale, con chiunque.

Il padre con il figlio malato, prima di essere Abu Sayyaf, era un uomo, e come tale lo avrei trattato. Non mi importava che lui facesse lo stesso con me.

Io tornavo a essere io, questo solo mi importava.

Qualche sera dopo, alla fine di un lungo tratto a piedi, l'omone coi capelli bianchi incaricato dal Capitano di badare a me disse: «Mi fa molto male la schiena», una smorfia addolorata gli piegava le labbra.

Quante volte avevo sentito i ragazzi lamentarsi per la stanchezza, ma era il primo caso in cui qualcuno mostrava chiari segni di sofferenza. D'altronde l'omone trasportava sempre con sé un mitragliatore pesantissimo, di quelli che poi vanno installati su un treppiede, e a tracolla portava una gravosa riserva di cartucce.

Era capitato anche a me, e chissà quante volte, viaggiando

tra i villaggi in sella a Christine, di sentirmi sopraffatto dal mal di schiena a fine giornata. In questi casi, lo sapevo, non c'era nulla di meglio di un massaggio. Ne avevo ricevuti a centinaia lì nelle Filippine e, volta dopo volta, avevo imparato anche a praticarli io stesso sugli altri.

È questione di "ascoltare" il corpo con le mani, riconoscere dove si concentrano le tensioni.

«Vuoi un massaggio?» gli proposi.

Lui mi osservò per qualche istante, un lampo di incertezza gli illuminò gli occhi, poi rispose: «Sì».

«Bene, ci vorrebbe una lozione, ma immagino che non ne abbiamo... hai del sapone?»

Lui lo andò a prendere e io lo immersi in una ciotolina piena d'acqua.

«Ma cosa fai?» sbottò lui. «Così me lo consumi tutto.»

«No, guarda» replicai.

Feci riemergere il sapone dall'acqua e mi cosparsi le mani con la schiumetta che si era formata. Poi cominciai a massaggiargli il collo, le spalle, la schiena.

Tutte le persone intorno a noi si fermarono a guardarci. Sui loro volti le espressioni di stupore dicevano: "Ma come, un ostaggio che dovrebbe solo avere paura di noi si mette al nostro servizio facendo un massaggio?".

Alla fine del trattamento, lui sembrava un altro uomo. La smorfia di dolore aveva lasciato posto a un sorriso rilassato.

«Come va?»

«Bene, bene... grazie.»

"Grazie", mai e poi mai avrei immaginato di poter sentire uscire questa parola dalla bocca degli Abu Sayyaf.

Si fece avanti uno degli spettatori: «Domani lo fai anche a me».

Aspettai un istante prima di rispondere: «Vedremo... solo se ti fa male la schiena».

Non lo avevo fatto direttamente, ma avevo appena espresso

un rifiuto. Io, ostaggio, avevo detto di no a un mio carceriere, che avrebbe potuto disporre a suo piacimento della mia vita.

Non fu l'unico a chiedere un mio massaggio, e nei giorni seguenti mi prestai ad accontentarli uno a uno. Mentre le mie mani scorrevano sui loro corpi, non riuscivo a non chiedermi quante persone questi uomini avessero ucciso, di quali crimini si fossero macchiati. E ora erano lì, inermi, a farsi massaggiare da me, potenzialmente la loro nuova vittima.

Fino a quando, visto che la lista di miei potenziali "clienti" si allungava, al terzo risposi: «Ora basta, sono stanco».

«Dai, in cambio ti do un pacco di biscotti» mi disse lui deluso.

Mi si accese una lampadina. Avevo trovato un mezzo di scambio per mercanteggiare con questi uomini. Era una finestra del tutto inaspettata che si apriva sulla mia condizione, rischiarandola.

«Va bene, allora» risposi. «E di' a tutti che, se vogliono che gli faccia un massaggio, mi devono portare qualcosa, okay?»

Così fu, a ogni massaggio praticato ricevevo noodles, un caffè e ovviamente sigarette.

Mi sentivo, sempre più, il reuccio del mio regno.

Cambiai atteggiamento anche con la Voce. Quando mi dicevano che le trattative si erano arenate non mi lasciavo più prendere dallo sconforto. Al contrario, diventai propositivo: «E perché invece non chiedete quello?».

Un tempo ero stato considerato un condottiero, avevo combattuto per i miei ideali, affrontando personaggi pericolosi e senza scrupoli. Ora non avevo grandi cause per cui lottare, ma qualcosa di unico e prezioso.

La vita che mi era stata donata, e che ora dovevo difendere.

32

Un giorno notai un inedito viavai dalla tenda del Generale.

Quando allungai la testa per vedere meglio che succedeva, vidi il Generale che consegnava a un gruppo di uomini delle pistole. Parlarono concitatamente ancora per qualche istante, poi quelli se ne andarono.

Se ci fossero stati dei militari nei paraggi, ci saremmo subito messi in marcia, ma non c'era alcun movimento. Stava succedendo dell'altro.

Fu il Nonnino a spiegarmelo. A quanto pareva, uno dei ragazzi mi aveva scattato una foto mentre ero accanto al Generale. E questo era un problema, perché i militari sapevano della sua esistenza ma non lo avevano mai visto in faccia: la sua identità era ancora segreta. La foto era stata accidentalmente trasmessa via bluetooth al cellulare di un altro Abu Sayyaf, il quale, terrorizzato, lo aveva comunicato al Generale, e ora tutto il gruppo era in subbuglio.

Erano già risaliti a chi aveva scattato la fotografia, ma il colpevole non si trovava, molto probabilmente si era allontanato.

Sentii dire: «Adesso lo prendiamo, lo ammazziamo di fronte alla sua famiglia!».

A quel punto il Nonnino si voltò verso di me e con un sospiro disse: «Sono stanco di tutta questa violenza».

Rimasi per un attimo a fissarlo, interdetto.

Un Abu Sayyaf aveva appena pronunciato una frase del genere?

Solo qualche settimana prima non avrei osato aggiungere nient'altro, avrei pensato che potesse trattarsi di una trappola, invece replicai: «Sei tu, però, che hai scelto tutta questa violenza».

«Ormai non posso più uscirne.»

Mi spiegò che, una volta che si è entrati nell'organizzazione, l'unica alternativa è la morte. Mi raccontò anche in cosa era consistito il suo rito di iniziazione: in una sola parola, un pestaggio.

Mi indicò il ricciolino che mi aveva preso di mira riempiendomi di bastonate. «Lui è stato il peggiore,» disse «mi ha fatto male sul serio. Se fossi suo padre, gli gonfierei la faccia di botte, perché avere un figlio come lui sarebbe una tragedia.»

Prese il telefonino, armeggiò qualche secondo, quindi rivolse lo schermo nella mia direzione.

C'era la foto di una ragazza di sedici, diciassette anni.

«Questa è mia figlia» disse. «È bella, vero? Sai... lei è malata, e io non posso aiutarla: sono lontano e non ho soldi. È bella, vero?» ripeté.

Poi mi mostrò una foto di gruppo, con persone vestite in costumi tradizionali malesi, colorati e sgargianti. Al centro c'era una coppia di ragazzi.

«Lui è mio figlio, il giorno del suo matrimonio. È bello anche lui, vero?»

«Sì» risposi.

Mi si strinse il cuore. No, non poteva essere una trappola. D'improvviso quell'uomo si era confidato con me. Non eravamo più un carceriere e un ostaggio. In qualche modo mi aveva fatto capire di sentirsi un po' in ostaggio anche lui. Aveva fatto una scelta, e ormai non poteva più tornare sui propri passi.

Nei giorni seguenti cominciò a condividere con me il suo zucchero, ad allungarmi un po' di cibo in più: la gentilezza si era fatta strada nel nostro rapporto.

E forse ero stato io, inconsciamente, cambiando atteggiamento, a lasciarla entrare.

Il Nonnino non fu l'unico a sorprendermi.

Ogni tanto mi capitava di veder passare accanto al mio gruppetto un ragazzo a cavallo, lo stesso cavallo usato anche per trasportare i sacchi di riso e le vettovaglie. Il ragazzo, pelle chiara e glabra, una bandana in testa, avrà avuto diciassette, diciotto anni ed era incaricato di portare il cavallo a bere e a riposare, perché la bestia veniva poi cavalcata dal suo capo, che camminava con le stampelle dopo essere rimasto ferito e storpiato in battaglia.

Tutte le volte che mi vedeva mi salutava, e a volte mi lanciava un pacco di biscotti. Una sera, invece, venne a sedersi di fianco a me, estrasse il telefonino e mi fece vedere delle fotografie: ritraevano lui vestito in stile Bruno Mars, col suo cappellino iconico, la camicia bianca, la cravatta larga, l'abbigliamento che in quegli anni andava di moda tra i ragazzi.

In un istante capii due cose.

Uno, non era passato inosservato che il Nonnino mi avesse mostrato le foto dei suoi famigliari – ma d'altronde lì nulla passava inosservato.

Due, oltre a un guerrigliero, avevo di fronte a me un ragazzo come tanti. C'era un altro mondo che lo aspettava là fuori, e lui ci teneva, nonostante le promesse di lealtà alla causa degli Abu Sayyaf.

Forse, sia lui che il Nonnino mi avevano preso come confidente perché ero estraneo alla loro realtà, e da me non si sarebbero mai sentiti giudicati.

«Vengo bene, vero?» mi chiese il ragazzo sottovoce, come se non volesse farsi sentire da nessuno.

A giudicare dal tono della sua domanda, ci teneva ad avere un giudizio da parte di un *americano*, che di stile, in quanto occidentale, doveva saperne molto.

«Sì, sì, stai benissimo» gli risposi.

Lui sorrise, allora mi diede il cinque e poi, stringendo la mano a pugno, mi colpì leggermente la spalla, come a dire: "Noi amici per sempre".

Se ne andò tutto contento, lasciandomi a pensare e ripensare a ciò che era appena successo.

Quel ragazzo, così come il Nonnino e chissà quanti altri, aveva bisogno di parlare con qualcuno della sua vita *reale*.

"Quindi questa è una farsa" mi dissi. "Una farsa" mi ripetei. "E tu hai paura di una farsa, Rolando? Svegliati... stanno recitando la parte dei terribili sanguinari, ma in verità non lo sono. Sono persone, con sogni, speranze, sentimenti. Proprio come te."

È anche grazie a lui che scoprii di non avere come compagno di viaggio la morte, l'odio, ma l'uomo.

E in ogni uomo c'è un cuore.

C'era un cuore anche nel ragazzino di tredici anni fresco di lavaggio di testa che riusciva soltanto a vedermi come un ostaggio, e che ogni volta che mi vedeva ripeteva: «*Patai... patai...*» passandosi una mano davanti al collo. Ormai il resto degli Abu Sayyaf non lo faceva più. Così come si era fortunatamente interrotta la litania: «*Are you ok? Are you ok?*» sostituita da un più amichevole: «Ciao Lando».

Il ragazzino che mi ripeteva: «Sei morto» – mentre il Nonnino accanto a me scuoteva la testa e diceva: «Non ascoltarlo quello, non dev'essere tutto a posto di testa» – era lo stesso che poi non divideva le sue merendine e cercava di mangiarle di nascosto per non farsele fregare. Peccato che io, non appena sentivo il rumore della plastica delle confezioni, assestavo dei bei colpi di tosse, così da metterlo in allerta e rovinargli l'appetito.

Da una parte il sanguinario giovane Abu Sayyaf, dall'altra il bambino geloso dei suoi snack.

C'era un cuore anche nel guerrigliero che un giorno ricevette la visita della moglie insieme a un bambino di neanche un anno. Lo prese in braccio e se lo portò in giro, gli fece allungare la manina per toccare un ramo, una foglia. E poi me lo mostrò con gli occhi lucidi, pieni di amore.

Un amore che dimostrava come lui e tanti altri, nonostante

nella vita obbedissero a ordini spietati, non avessero del tutto abdicato alla propria umanità.

«È il mio primo figlio. È bello, vero?»

Tutti mi chiedevano conferma di quanto fosse bella la vita al di fuori degli Abu Sayyaf.

«È bellissimo, complimenti! E la mamma?»

Lui mi indicò il cubicolo in cui presto si sarebbero potuti appartare.

«Bene, bene...» gli dissi. «Complimenti ancora.»

E lo osservai mentre andava ancora in giro per il campo con quel piccolo in braccio: un giovane papà al settimo cielo.

Mentre continuavo a guardare la scena, con un lieve sorriso stampato sulla faccia, si sedette accanto a me un altro guerrigliero.

«Lo vedi quel bambino?» disse.

Mi voltai, in attesa di ciò che mi avrebbe detto.

«Guardalo bene, perché un giorno lui prenderà il nostro posto. È nato Abu Sayyaf.»

Già una volta uno di loro mi aveva detto qualcosa del genere, mentre ci sfrecciava accanto un gruppo di bambini impegnati con dei fucili di legno.

"Speriamo di no" dissi dentro di me.

In quel bambino, ma anche in quel papà che magari aveva ucciso e però ora aveva gli occhi dell'amore, io volevo vederci la vita, non la morte.

33

Il mio cambiamento non sfuggì a nessuno, tantomeno al Guru, che uno di quei giorni mi raggiunse e col suo solito tono sprezzante cominciò a farmi una lezione non richiesta di storia contemporanea occidentale.

Non mi ci volle che qualche frase per capire che tutta la sua formazione proveniva da alcuni compendi concepiti per l'indottrinamento, nei quali gli avvenimenti, estremamente semplificati, erano visti da un'unica prospettiva: quella del fondamentalista.

Io lo ascoltai spostando le foglie da terra, senza mai sollevare gli occhi nei suoi.

Alla fine dissi: «Be', sono davvero impressionato che in questo angolo di Asia ci sia qualcuno così esperto di storia europea. In quasi trent'anni che sono qua nessuno mi aveva saputo raccontare tutte queste cose. *Chapeau!*».

Il suo petto si gonfiò. Se il suo ego fosse stato un palloncino si sarebbe sollevato fino a scomparire fra le nuvole.

Quindi se ne andò, e io restai a rimuginare.

Perché il Guru mi si era presentato a quel modo? E perché quello sfoggio di cultura?

Avevo la sensazione che si fosse messo in una sorta di competizione. Era possibile? E perché mai? Forse perché in tanti ora avevano cominciato a trattarmi amichevolmente? Tra i massaggi, le fotografie e qualche risata ero diventato popolare, lì nel gruppo.

E il gruppo, mi accorsi, non considerava il Guru – il quale aveva un rango inferiore a molti di loro – poi così tanto di buon occhio.

Un giorno qualcuno mi chiese: «Ma secondo te lo parla davvero bene l'inglese?».

«Sì, sì» confermai. E non avrei potuto dire il contrario.

«Allora perché le trattative per te durano da così tanto tempo? Di solito dopo un mese, massimo due, si concludono. Invece tu sei qui da quasi cinque mesi e ancora non è successo niente.»

Un altro appunto che i suoi compagni muovevano al Guru era di parlare troppo a lungo con le varie Voci che seguivano le trattative per gli ostaggi, e di fare prediche incentrate sul fondamentalismo islamico ogniqualvolta queste persone, a suo dire, gli mancavano di rispetto in quanto musulmano.

«A noi non importa se quelli delle trattative rispettano o no Allah, noi vogliamo arrivare al dunque.»

Mentre i giorni passavano, mi si delineava meglio la figura di questo Guru che tanto penose aveva reso le mie settimane precedenti.

Prima di tutto era giovane, molto giovane. E poi, da frammenti di conversazione che riuscivo ogni tanto ad avere con lui, scoprii che aveva vinto due borse di studio, una in Giappone e l'altra in Australia, ma che le aveva rifiutate entrambe per sposare la causa di Abu Sayyaf: liberare Mindanao e applicare a queste zone la *sharia*.

Era stato voluto dai vertici, dai quali sicuramente era apprezzato per la sua preparazione accademica, ma era distante dalla base dei guerriglieri. Un po' come un primo della classe: amato dagli insegnanti, ma non davvero rispettato dai compagni, e soprattutto con pochi amici.

Non credo se ne rendesse conto, accecato com'era dal suo ego. Lui continuava a studiare imperterrito, e parte della notte la trascorreva al tablet a leggere chissà che cosa, il volto illuminato dallo schermo. Anche con me andava sempre dritto per la sua strada: per lui il ristorante che avevo aperto a Dipolog era solo una facciata, in realtà il sabato e la domenica salivo sulle montagne per fare proselitismo.

«Ti sbagli» provavo a controbattere. «Tu affermi che la tua è una religione di verità, ma quella che stai dicendo non è la verità. Perché prendi per buone le menzogne sul mio conto? Come faccio così io a credere a te, alla tua religione? Tu dovresti verificare le tue fonti, come farebbe uno studioso.»

«Mi sfidi?» rispondeva lui. «Benissimo, guarda che verifico, e se menti sarai giustiziato.»

Questo, insomma, era il Guru.

Un giorno mi chiese: «Tu come vedi il mio futuro?».

Era solito farmi domande sulla politica, l'economia. Una volta mi aveva anche chiesto se a Mindanao sarebbe stato il caso di mettere in piedi delle cooperative – una domanda che mi aveva dimostrato quanto fosse informato riguardo al mio passato.

Mai, però, mi aveva posto domande su di sé.

Gli risposi come facevo sempre, solleticando il suo ego. «Be', un tipo come te diventerà assolutamente il leader di questo gruppo. Tu hai studiato, tu hai la percezione della realtà, sai bene l'inglese.»

Lui, tutto soddisfatto, se ne andò, probabilmente diretto verso un altro ostaggio.

Uno degli uomini che fino a poco prima ci stava osservando, cogliendo probabilmente solo qualche stralcio della nostra conversazione, tutta in inglese, mi domandò: «Cosa ti ha detto?».

«Mi ha detto che il suo sogno è di diventare generale di questo gruppo» risposi.

Ero ben cosciente di aver lanciato una bomba, anche se l'uomo davanti a me lì per lì non si scompose. D'altronde un asiatico non si scompone mai.

Ora però sarebbe andato a riferirlo agli altri, e tutti quanti si sarebbero fatti la propria idea. Il distacco tra loro e il Guru non avrebbe fatto che aumentare.

E probabilmente anche questa sua assurda rivalità nei miei confronti.

Passò una settimana, e lui venne da me, mi si sedette di fronte e mi disse senza preamboli: «Ho sentito che il Capitano ti farà arrivare un'amaca».

Il tono, più sprezzante del solito, dimostrava il suo fastidio: io ero un ostaggio, non dovevo avere diritto ad alcuna comodità.

«Tu sei come lo svizzero,» continuò «quello che stava insieme all'olandese. Si è fatto voler bene da tutti con le sue barzellette e alla fine... una sera ha ucciso uno di noi ed è scappato. Ma tu non mi freghi! Ti ho visto come guardi la mia pistola, e come segui ogni mio movimento.»

«Ti seguo perché sei il secondo dei capi» risposi.

Dovevo rimanere il più possibile calmo, anche se la tensione era palpabile. Lui aveva stretto il pugno talmente forte che le nocche gli si erano fatte bianche, e lo aveva portato a un centimetro dal mio naso.

«Arriverà il giorno in cui io, con questo pugno, ti spaccherò la faccia.»

E se ne andò.

La mattina dopo lo rividi vicino al fuoco. Stava facendo bollire l'acqua per il caffè in un pentolino tutto annerito.

«Posso?» chiesi prima di versare l'acqua nella mia tazza.

Lui rispose, secco: «Spero che questa tua gentilezza non sia soltanto una recita, e che tu abbia davvero rispetto nei nostri confronti».

In qualche modo, che ancora non riuscivo bene a comprendere, il Guru mi considerava una minaccia. Forse aveva percepito quel cambiamento dentro di me: ero passato da ostaggio passivo a osservatore attento.

E lo osservavo, in effetti.

Aveva sposato totalmente la causa degli Abu Sayyaf. A quanto sembrava, la sua vita era tutta lì. Non aveva, come il Nonnino, una figlia malata a cui rivolgere i suoi pensieri nostalgici. Né il desiderio di vestirsi alla Bruno Mars come il ragazzo del cavallo.

Se non recitava il Corano, studiava testi sull'islam.

"Possibile che non abbia nemmeno un amore? Una passione?" mi chiedevo.

Con lui dovevo rimanere sempre vigile, molto più che con gli altri. Se anche a volte si dimostrava gentile, persino amorevole, magari offrendomi un po' di brodo, poi era come se si divertisse a spaventarmi.

Un giorno, per esempio, lo stavo osservando mentre coordinava la preghiera del mezzogiorno.

Di colpo si voltò verso di me e tuonò: «Cosa stai guardando?».

«La preghiera...» dissi riprendendomi dallo spavento.

«Bene, guarda, osserva... vedi come sono tutti concentrati, come i loro movimenti vanno all'unisono. È la fede che li fa agire in questo modo.»

Non gli doveva sfuggire nulla.

Un giorno, in una delle tante fughe dai militari, ci ritrovammo a scalare una montagna molto ripida e ricca di vegetazione, senza sentieri. Avanzare sembrava impossibile.

A un certo punto, sollevando gli occhi, notai che i canadesi non erano distanti. Ci scambiammo un saluto fugace, prima che qualcuno se ne accorgesse, e poi uno di loro mi gridò in francese: «Sono troppo vecchio ormai per tutto questo».

Non so se si riferisse alla scarpinata o all'intera situazione.

«Non tutto ciò che appare è vero» gli risposi, sperando che si accorgesse di ciò che avevo realizzato anche io: perché avere paura di una farsa?

Quando fummo più vicini mi chiese, questa volta a voce

bassa e in francese: «Senti, se uscirai potresti chiamare le mie figlie, per favore?».

«*Oui!*» risposi io.

La cosa non sfuggì ai miei guardiani, che lo riferirono al Guru. Lui si precipitò da me, furioso: «In che lingua stavate parlando prima tu e il canadese?».

«In francese... in Canada c'è una regione francofona, il Que...»

«Lo so cos'è il Quebec!» mi interruppe bruscamente. «E cosa vi siete detti?»

«Mi ha chiesto di contattare le sue figlie, se sarò liberato.»

«Questo non succederà. Tu non uscirai mai da qui. Capito? *Mai!*»

Era sempre un colpo sentirselo dire, ma non faceva più male come un tempo, perché sapevo che in lui c'era la volontà di ferirmi, spaventarmi, annichilirmi. Non tutto quello che usciva dalla sua bocca si sarebbe avverato.

A volte mi faceva persino sorridere questa sua imperterrita volontà di inchiodarmi, l'accanimento era così forte da fargli perdere la ragione.

Un giorno stava parlando con la Voce che si occupava delle trattative di uno dei canadesi. Spesso voleva che fossi nei paraggi, e che ascoltassi, come se la cosa potesse gettarmi nello sconforto.

A un certo punto lo sentii urlare: «Non me ne frega niente che lavori per l'ONU, e che tu dici di avere il numero intercettato dall'FBI. Fai in modo che non lo sia. Voi vivete in Paesi liberi, dovete far valere i vostri diritti, no?».

E intanto lanciò uno sguardo verso di me, come a dire: "Vedi come parlo bene inglese? Come non mi lascio calpestare dagli occidentali?".

Dentro di me, piuttosto, sentito nominare l'FBI, si accese un campanello d'allarme. In alcune serie tv avevo visto che partendo da un numero intercettato era possibile un'operazione chiamata "triangolazione", capace di arrivare al numero in comunicazione anche senza gps. La mia conoscenza si fermava a questo, ma fu sufficiente per pensare: “Qui fra poco ci cade in testa una bomba”.

E, ogni volta che una bomba era in arrivo, eravamo costretti a prendere in fretta e furia le nostre cose e scappare il più velocemente possibile. Spesso senza neanche riuscire a caricare tutto.

Visto che io ci tenevo al mio bicchiere di plastica, al mio piatto, alle mie posate e alle mie mutande, cominciai a infilare tutto nello zaino.

Proprio come avevo pronosticato, nel primo pomeriggio di quello stesso giorno ecco che la bomba esplose a pochi metri da noi. Ci mettemmo tutti in fuga, giù per un pendio e poi fino a un ruscello.

Quando il pericolo fu scampato, il Guru mi domandò, gli occhi socchiusi a fessura: «Com'è che avevi già preparato lo zaino?».

«Eh niente... bisogna sempre essere pronti» risposi, rimanendo sul vago.

«Non è vero» tuonò. Ci pensò un attimo. «Devi avere un chip nascosto da qualche parte.»

Io avevo visto serie tv, ma neanche lui scherzava...

Mi costrinse a togliere la maglietta, e ordinò a un uomo – perché lui non poteva toccarmi, io ero pur sempre l'infedele, l'impuro – di controllarmi.

Ovviamente del chip non c'era neanche l'ombra.

E mentre vedevo sfilare sulle portantine di bambù i feriti, colpiti dalle schegge della bomba esplosa poco prima, e tutti sanguinanti, non riuscivo a fare a meno di pensare a quanto fosse vanesio quel ragazzo che tutti chiamavano Guru.

Altro che Guru, era un asino. Pur di farsi bello ai miei occhi, dimostrandomi di saper reggere una complicata conversazione in inglese, aveva prolungato oltremodo la telefonata, permettendo ai servizi segreti del Canada di arrivare alla posizione del gruppo.

I ragazzi che ora avrebbero dovuto essere curati, e quelli che magari avevano perso un occhio, ne avevano subito gli effetti.

Dovette rendersene conto anche lui. Questa sua foga di dimostrarmi chissà cosa lo aveva messo ancora più in cattiva luce nel gruppo, aveva commesso un errore che avrebbe potuto costargli la fiducia dei superiori.

Il futuro a cui lui teneva così tanto.

Da quel giorno parte della sua boria si spense, ma la nostra partita a scacchi – quella che mi costringeva a essere sempre in allerta, a tenere sveglia la mente – continuava.

34

A Dipolog avevo lasciato un ristorante, di cui non avevo più ricevuto notizie.

Da quando ero stato rapito, a parte qualche succoso mangustano, non avevo fatto altro che mangiare riso con salsa di soia, qualche verdura, a volte del pesce. I biscotti e le bevande zuccherate mi aiutavano ad andare avanti.

Mangiare mi mancava, cucinare anche.

Un giorno ci accampammo in un luogo bellissimo, lussureggiante, uno di quelli che anche all'inizio della prigionia riuscivano a darmi una momentanea sensazione di pace: banani, palme e almasiga ricoperti dai rampicanti in fiore. C'era anche un torrente che scorreva placido, e io ci infilai i piedi, lasciandomeli massaggiare dal lento fluire dell'acqua.

«Prima lavati!»

Il grido terrorizzato di uno degli Abu Sayyaf spezzò la pace. Poco più in là, mi indicò, c'erano i suoi compagni, che così si sarebbero contaminati. Così mi lavai per bene i piedi, quindi mi sedetti di nuovo tra i sassi, mi risistemai fino a trovare la posizione giusta e chiusi gli occhi. Ora l'acqua mi massaggiava anche i fianchi, ero estasiato. Ero immerso nella natura che avevo sempre amato, che leniva il mio animo provato.

Rimasi lì fino al grido del Narciso, che mi intimava di uscire immediatamente.

La pace si era spezzata definitivamente.

Poco dopo venni chiamato da uno degli uomini di un altro gruppo, quello a cui apparteneva il ragazzo che mi aveva mostrato le foto vestito alla Bruno Mars. Lui non l'avevo più visto. Probabilmente era stato allontanato, speravo soltanto che non gli fosse successo qualcosa di brutto.

«Tu sei un cuoco, giusto?» mi domandò il tizio.

Lo ero, in effetti.

«Abbiamo della carne di cavallo, vogliamo fare uno stufato. Tu sei capace di preparare uno stufato?»

Lo ero, sì.

«Bene, allora vieni.»

Per fortuna non avevo assistito alla macellazione del cavallo. Ma ci sarebbe stato qualcuno ad assistere alla preparazione: la moglie dell'uomo che mi aveva convocato.

Era seduta su un tronco, lasciava dondolare le gambe.

«Mi fai vedere come si fa?» mi chiese. «Così poi lo posso preparare anche io.»

«Bisogna vedere quali ingredienti abbiamo...» dissi, quasi più a me stesso.

C'erano una cipolla, del peperoncino, sale e ketchup. Non esattamente tutto quello che mi sarebbe servito per servire un buono stufato, almeno per i miei standard.

Ma avrei fatto il possibile.

La donna non fu l'unica spettatrice, ben presto in tanti mi si radunarono attorno. Mi sentivo come il druido che prepara la pozione magica per Asterix e gli altri guerrieri galli.

Negli ultimi tempi avevo notato come le donne degli Abu Sayyaf, che ogni tanto arrivavano portando stecche di sigarette e il piacere della loro compagnia, avevano come un occhio di riguardo nei miei confronti. A volte le sentivo chiedere ai mariti informazioni sul mio destino, oppure mi regalavano qualche dolciume o una porzione del cibo preparato per il marito.

Lo stufato era quasi pronto, e tutti avevano già l'acquolina in bocca, quando si presentò il Guru.

«E tu cosa ci fai qua? Questo non è il tuo gruppo!» disse, il fare odioso e sprezzante di sempre.

«Mi ha chiamato...» risposi voltandomi verso l'uomo che mi aveva chiamato.

«Sì, l'ho chiamato io» prese la parola quello.

«Ah, okay... okay...» disse il Guru a denti stretti. «E non hai paura di cucinare per noi Abu Sayyaf?»

«No, è il mio lavoro. E poi mi è stato chiesto.»

Se per una volta il Guru non aveva dato in escandescenze, dovevo vedermela con un altro nemico, il Pettegolo, a cui l'accaduto non era sfuggito e che era andato a riferire tutto quanto al Generale. Il quale ascoltava in silenzio masticando un filo d'erba – una sua abitudine.

"Chissà cosa gli sta dicendo..."

Intanto lo stufato fu servito, e al primo assaggio ci fu un boato di felicità generale. A detta di tutti, era il migliore stufato che avessero mai mangiato.

Non ero così d'accordo: era stato cotto soltanto un'ora, quando sarebbe stato meglio lasciarlo sul fuoco per quattro o cinque, e poi non avevo mai preparato un intingolo sciogliendo del ketchup nell'acqua e aggiungendo poi del peperoncino.

Ma si sa, in cucina ci vuole inventiva.

Il pranzo, insomma, fu un successo, ma poco dopo ecco presentarsi il Pettegolo, a rovinare la digestione.

«Ho saputo che il gruppo per cui hai cucinato ha scattato delle foto» mi disse non appena tornai nel mio, di gruppo.

A quel punto gli uomini attorno a me esplosero.

«Tu non devi andare da loro, quelli ti vogliono portare via da noi» disse qualcuno.

Non era stata scattata alcuna foto, il Pettegolo aveva solo voluto seminare zizzania. Ma proprio questa zizzania mi dimostrava una cosa: non soltanto gli Abu Sayyaf erano formati da singole persone con una propria personalità e una vita al di là della causa islamica, ma anche all'interno dell'organizzazione c'erano rivalità, divisioni.

E chi è diviso è sempre più debole.

Quel pomeriggio il Generale convocò un'assemblea durante la quale tutti i membri del gruppo per cui avevo cucinato dovettero depositare i propri cellulari su una tela cerata. Solo dopo che furono stati controllati, e dopo un lunghissimo discorso del Generale, poterono riprenderseli e andare via.

Non so quale fu il contenuto di quel discorso, ma purtroppo l'episodio ebbe delle conseguenze, per me. Non mi fu più permesso di allontanarmi dal mio gruppo, e anche quando qualcuno provò a chiedermi di cucinare o fare qualche massaggio cominciai a rispondere: «No, non posso», con un'alzata di spalle e guardando altrove.

In più il Pettegolo iniziò a prendermi di mira.

Da qualche tempo non indossavo più pantaloni di cotone chiaro, ma marrone scuro, in modo che non apparissero costantemente sporchi di terra. Ma, soprattutto, le scarpe di tela avevano lasciato il posto a un paio di stivali, e questo tizio si divertiva a gettarci dentro dei sassolini mentre camminavamo, costringendomi a fermarmi, slacciarmeli, svuotarli e reindossarli. Quando dormivo, a volte scaricava l'aria del suo intestino a pochi centimetri dalla mia faccia, oppure urlava per farmi svegliare di soprassalto. Mi continuava anche a offrire sigarette, ben sapendo che se i superiori mi avessero colto a fumare sarei stato punito.

Cogliermi in flagrante continuava a essere l'ossessione del Guru, ancora convinto che, un giorno o l'altro, avrei fatto come l'ostaggio svizzero, fuggendo dopo aver ucciso alcuni di loro. E buona parte dei miei sforzi mentali era volta a non cadere nelle sue trappole.

Un giorno, per esempio, il mio gruppo si riunì in preghiera e, rivolgendosi verso la Mecca, tutti mi diedero le spalle. A pochi centimetri da me c'erano fucili e mitragliatori, in particolare quello del Narciso, il cui caricatore era segnato di verde.

Avrei potuto allungarmi un attimo, afferrarlo e sparare a tutti quanti. Sarebbe stato facile.

Ma rinunciai immediatamente: non era facile per me, che già una volta, quando ne avevo avuto la possibilità, non avevo ceduto alla volontà di ammazzare un altro essere umano.

E poi questa era chiaramente una trappola. Con ogni probabilità le armi erano caricate a salve, e se avessi provato a usarle, il Guru avrebbe finalmente avuto la scusa giusta per farmi fuori.

A volte, poi, il Narciso si dimenticava di legarmi i piedi per la notte, dandomi almeno teoricamente modo di scappare. Peccato che ogni volta che mi alzavo per fare qualche bisogno avvertivo dei movimenti sulla sua amaca, segno che era sveglio e che mi stava tenendo d'occhio.

Ma la trappola più subdola non mi era ancora stata tesa.

Arrivò sotto le sembianze di un ragazzo molto giovane, di diciotto, forse diciannove anni, Jonas. La sua lingua madre era il bisaya, per questo lo avevo subito individuato in mezzo agli altri, ma parlava correntemente anche il tausug. Era stato rapito al mercato di Jolo e poi, ritrovatosi tra gli Abu Sayyaf, ne aveva sposato la causa.

Durante il primo periodo di prigionia lo vedevo aiutare i suoi superiori in tutti i modi, per esempio portandogli lo zaino. Solo dopo un po' gli fu consegnato un fucile, e proprio in quei giorni mi accorsi che camminava in modo strano e che doveva assumere delle medicine – probabilmente era stato circonciso o aveva dovuto subire qualche altro sanguinoso rito di iniziazione.

In ogni caso, ora era davvero uno di loro. Quel fucile significava che gli Abu Sayyaf avevano messo alla prova la sua fedeltà e finalmente si fidavano di lui.

Un giorno si trovava alla brace, dove stava facendo cuocere dei pesciolini freschi simili ad aringhe. Ne infilzò qualcuno in un bastoncino e me lo porse.

«Questi sono per te.»

Lo guardai sorpreso, e accettai il dono.

Erano un po' bruciacchiati, è vero, ma li divorai, non ne lasciai sfuggire neppure una briciola.

Dopo pranzo tornò da me: «Lando, vado a prenderti dell'acqua e ti fai una doccia. Ti va?».

Ancora una volta lo guardai sorpreso.

«Va bene, grazie» risposi, anche se tutta quella gentilezza improvvisa cominciava a mettermi un po' in imbarazzo. Soprattutto quando, invece dei soliti quattro galloni, quindici litri circa, che solitamente usavo per lavarmi, me ne portò di più, insieme a una bottiglietta di shampoo e non solo il solito sapone per i panni con cui mi lavavo ormai abitualmente i capelli.

Mi chiesi il perché anche di quella gentilezza. Forse il mio maggiordomo non aveva più voglia di seguirmi ed era stato sostituito?

Certo, se questo nuovo maggiordomo avesse continuato a essere così servizievole, sarebbe stato un vero affare. Dopo il bagno mi aspettava anche una dose extra di caffè e biscotti.

Praticamente da una bettola ero passato a un resort.

"Che sta succedendo?"

Comunque sia, ero contento. Da tempo non mi lavavo in quel modo. Ora magari il Guru non mi avrebbe più dato del *kefir* davanti a tutti, Generale compreso, dicendo che ero praticamente una sorgente di batteri, tanto ero sporco. Gli avrei sempre voluto rispondere: «Ma siete voi che non mi lasciate lavare come si deve», ma ovviamente me n'ero stato zitto.

Nel pomeriggio ci sdraiammo a riposare e a un certo punto lui, con le mani sotto le guance, dondolandosi sulla sua amaca, mi domandò: «Lando, ma tu sei contento?».

Ormai avevo imparato dalla cultura orientale il trucco di rispondere a una domanda con un'altra domanda.

«Perché?»

Lui rivolse lo sguardo verso alcune munizioni. «Vedi quelle pallottole? Ognuna costa cinquanta pesos, ne continuiamo a sparare e non otteniamo nulla.»

Rimasi in silenzio. Mai avventurarsi in discorsi simili con un Abu Sayyaf, per quanto giovane.

«E poi non c'è libertà» proseguì.

Al che risposi: «Ma tu *sei* libero, sono io a non esserlo».

«No, non posso mica tornare a casa.»

«Potrai farlo ogni tanto, vedo che gli altri lo fanno... devi solo aspettare il tuo periodo di vacanza. Non... non capisco in che senso dici non essere libero.»

«Ma io sono stanco» sbottò lui, come se avesse sputato un rospo che si teneva dentro da tempo.

Ecco, la trappola.

"Si è mostrato vulnerabile perché sperava che io gli proponessi di prendere il suo fucile e di scappare insieme" pensai.

«Non devi essere stanco» risposi. «Non fare come quelli che si sposano e dopo pochi mesi si stufano. Tu hai sposato una causa e devi rimanerle fedele. Se no sei soltanto un bambino!»

Lui rimase in silenzio, e la nostra conversazione finì. Un'oretta dopo ebbi la conferma dei miei sospetti. Si alzò e lo vidi dirigersi verso la zona in cui si trovava la tenda del Generale.

Le gentilezze, manco a dirlo, cessarono com'erano cominciate.

Qualche giorno dopo mi arrivò, dal Capitano, una proposta che subito mi suonò sospetta.

Stavo camminando in tondo nel mio spazio vitale, quello che chiamavo il mio regno, e che ormai dalla superficie della sola tela cerata si era allargato a un rettangolo di circa quindici metri per dieci. All'inizio del sequestro lo avrei considerato un impero.

«Lando, prova a prendere in mano quel fucile» disse il Capitano, che era insieme a un paio di suoi uomini, indicandomi un'arma, a occhio e croce pesantissima, installata su un treppiede.

«No, no, non le tocco le armi io!» risposi prontamente dandomi un rapido sguardo intorno.

«Non hai le palle, eh?» mi prese in giro lui.

In realtà avevo notato che c'erano dei buchi nella vegetazione, proprio in prossimità del treppiede. Perciò, se dall'altro lato della montagna ci fossero stati dei militari impegnati a studiare la situazione con i binocoli, mi avrebbero visto imbracciare il fucile.

E cos'avrebbero pensato?

Forse che avessi sposato la causa di Abu Sayyaf, come capitava a diversi ostaggi.

Lasciai che il Capitano e i suoi uomini si prendessero un po' gioco di me, quindi feci qualche passo indietro, togliendomi dalla visuale aperta, e mi allungai ad afferrare il fucile. Proprio come avevo immaginato, era pesantissimo.

Fui pervaso da una sensazione d'onnipotenza, chiusi gli occhi e mi sentii il Rambo di Jolo, sparavo all'impazzata e mi facevo largo tra corpi sanguinanti e agonizzanti. Fu un attimo, come un sogno brevissimo: il peso del mitragliatore mi riportò alla realtà e lo rimisi per terra sospirando.

«Contenti?» chiesi.

Riprendemmo il cammino, e quella volta mi ritrovai a procedere a pochi passi dal Generale.

Era una figura, per me, ancora avvolta nel mistero. Avevo capito che era un tipo di poche parole, ma molto attento a tutto ciò che gli accadeva intorno. Anche a quello che riguardava la mia persona.

Mentre avanzavamo mi accorsi che i lacci dei suoi stivali erano sciolti. Lui, evidentemente, non se n'era accorto, e nemmeno i suoi uomini.

«Scusami» mi arrischiai. «Le tue scarpe...»

Lui parve non sentirmi e proseguì a camminare, ma dopo un po' non riuscii a trattenermi, avevo paura che inciampasse e cadesse.

Allora il Generale abbassò lo sguardo e si riallacciò le scarpe.

Lì per lì non mi disse «grazie», ma pochi giorni dopo mi fu consegnato un regalo: un nuovo bastone.

Non ne avevo più uno da quando mi era stato spezzato sullo stinco da quell'idiota che aveva deciso di sfogarsi su di me chiamandomi *hai na ko*.

Questo aveva persino un manico. Mi sarebbe stato molto utile nelle discese per non perdere l'equilibrio. Ne strinsi l'impugnatura e rivolsi uno sguardo fino alla tenda del Generale.

Quel bastone era il suo «grazie» non detto?

35

Me ne accorsi una mattina.

Dalla caviglia in su, le mie gambe si stavano annerendo.

Presi un legnetto, lo posizionai sopra la caviglia e scavai con le unghie un segno nel punto esatto in cui terminava la parte annerita. Feci lo stesso con l'altra gamba e ripetei quel gesto per alcuni giorni, in modo da misurare l'avanzata dello strano annerimento della pelle.

Finché arrivò il solito annuncio: si parte. Infilai i legnetti nello zaino, pronto a rimettermi in marcia, ma il Narciso se ne accorse: afferrò il mio zaino, prese i legnetti e li gettò lontano.

«Ma credi che siamo stupidi? Noi siamo gli Abu Sayyaf!»

Aveva paura che li usassi come pugnali.

Io in realtà ero solo preoccupato perché le gambe erano il mio punto debole, lo erano sempre state.

Per quelle gambe un tempo, quando ancora lavoravo nelle missioni, mi ero persino rivolto a un *wak doctor*, uno degli sciamani che vivevano nei villaggi sui monti o lungo le coste, la cui medicina si basava principalmente su misture di erbe.

* * *

La gamba era gonfia, si era arrossata, come se avessi preso una tremenda scottatura solare. È un'infezione, avevo pensato, che di sicuro mi ero procurato camminando a piedi nudi nella foresta.

Non appena mi vede, lo sciamano fa un passo indietro e mi dà il suo responso: «Tu sei avvolto da spiriti maligni».

"Ecco," sorrido dentro di me "per loro una malattia è sempre dovuta a uno spirito maligno."

Perlomeno mi auguro che mi dia delle pomate naturali efficaci.

Ma lui esce spedito dalla stanza, si dirige verso un balete, un albero che la gente del luogo considera dimora dei *wakwak*, gli spiriti, e prende delle foglie. Le infila dentro alcune mezze noci di cocco, aggiunge un po' di paglia e accende il fuoco. Da quelle scodelle naturali si sprigiona un fumo denso.

Ne posiziona due sotto il letto dove sono sdraiato e tenendone in mano altre due comincia a danzare intorno a me, pronunciando a mezza voce frasi incomprensibili, forse formule magiche.

Il fumo riempie ben presto la stanza, e io inizio a tossire, non riesco più a smettere.

«Bene, bene!» esclama lui. «Tossisci, così il male viene fuori da te.»

"Bene?! Qui c'è il rischio che ci lasci le penne..." penso.

Esaurito il fumo, lo sciamano prende la sua bisaccia e ne estrae una boccetta d'olio, che mi spalma sulla gamba malata riprendendo a reiterare le sue formule.

Finché per sbaglio porta le dita proprio sulla ferita, e io d'istinto, per il dolore, gli afferro il braccio urlando.

Lui però non si scompone, mi prende la mano e me la apre. La osserva per qualche istante, come se la stesse studiando.

«Nel tuo futuro la tua vita cambierà drammaticamente» mi dice alla fine. «Attorno a te ci sono forze che non ti vogliono bene. Qualcuno ti ha lanciato il malocchio.»

Lo lascio parlare, al malocchio non ci credo, ovviamente, ma in tanti qui hanno insistito perché chiamassi uno *wak doctor*, e voglio far capire alla gente dei villaggi che desidero fino in fondo vivere come loro.

* * *

Mentre un Abu Sayyaf mi chiedeva di aprire lo zaino, notando che ci avevo infilato qualcosa di strano, le parole di quello sciamano-veggente mi risuonarono nella mente: "Nel tuo futuro la tua vita cambierà drammaticamente".

E se avesse avuto ragione?

Ma scacciai subito quel pensiero irrazionale. Ora dovevo soltanto monitorare la situazione.

Spiegai all'Abu Sayyaf cosa stesse succedendo e gli mostrai la gamba. Conclusi con: «Passerà perché è lontana dal cuore», un'espressione tipica delle Filippine.

Nel sottotesto gli stavo dicendo che non era ancora nulla di preoccupante, ma che lo sarebbe potuto diventare se l'area annerita si fosse espansa.

L'uomo mi strappò i bastoncini dalle mani e li gettò via, ma mi rivolse uno sguardo carico di apprensione prima di voltarsi e dirigersi verso la tenda del Generale.

Qualche giorno dopo la situazione alla gamba peggiorò. Anche se ancora non mi faceva male, la destra iniziò a tremarmi, e vidi che gli uomini nei paraggi presero a fissarmi con lo stesso sguardo apprensivo, per poi bisbigliare qualcosa di incomprensibile.

Mi premetti la gamba con le mani e il tremolio si arrestò.

«Vuoi una sigaretta?» mi disse uno di loro lanciandomela – chissà, forse impietosito.

Ebbi appena il tempo di fare due tiri, espirando il fumo verso il terreno come ormai avevo imparato a fare, che il Guru mi chiamò: la Voce voleva parlare con me.

Quando ebbi concluso, il Guru sibilò: «Tu puzzi di fumo. Guarda che se ti becco ti riempio di legnate... Noi siamo preoccupati per la tua salute e tu ti metti a fumare?!».

"Noi siamo preoccupati per la tua salute."

Lo aveva detto sul serio?

«Chi ti ha dato la sigaretta?» incalzò.

Misi insieme, lì per lì, una scusa che mi suonava plausibile: «Nessuno... l'ho trovata per terra, già accesa, e l'ho fumata». Non volevo incolpare nessuno.

Tra i presenti c'era anche Jonas, che scoppiò a ridere: «Ah, ah! Sei stato beccato!». Un ragazzino senza alcuna personalità, se ancora avessi avuto bisogno di una conferma.

Chi invece non rise furono i fumatori del gruppo, che da quel giorno cominciarono a guardarmi con occhi diversi: non li avevo traditi, e loro cominciarono a lanciarmi sigarette intere, in particolare durante la notte, in segno di ringraziamento.

Era come se il gruppo si fosse diviso in buoni e cattivi: io ero nei cattivi, ma con me c'erano diversi Abu Sayyaf che proprio non riuscivano a rinunciare a qualcosa di *haram* come il fumo, e che iniziarono a vedermi come un complice.

Questa sì che poteva essere una freccia al mio arco. Ma la più importante era un'altra: «Noi siamo preoccupati per la tua salute», la frase che il Guru mi aveva rivolto sovrappensiero.

La scoccai di lì a poco, alla mia prima occasione di risentire la Voce.

Le chiesi, esasperando le mie condizioni cliniche, di poter parlare con la dottoressa che mi aveva operato anni prima a Sibuco. Avevo bisogno di sapere, al più presto, quali medicine assumere.

La verità era un'altra: non ero mai stato ricoverato per quel problema, ma volevo che nel Guru, e quindi nei leader del gruppo, crescesse la preoccupazione.

La Voce rimase un attimo in silenzio. «Ci vorrà un po' di tempo per rintracciare questa dottoressa» disse.

«Non importa, ma cercatela, io ho bisogno di prendere dei farmaci, altrimenti la gamba mi diventerà tutta nera.»

«Va bene, va bene, stai tranquillo.»

Chi non stava per nulla tranquillo era il Guru: ovvio perché, un ostaggio malato è difficile da gestire, e se muore poi perde tutto il suo valore. Così decisi di rigirare il coltello nella piaga.

Un pomeriggio gli chiesi: «Se io morissi di cause naturali cosa succederebbe al mio corpo?».

«Saresti avvolto in un lenzuolo bianco e seppellito a sei piedi sottoterra, come i musulmani.»

«Quindi il corpo non verrebbe restituito alla famiglia?»

Lui mi fissò per un istante, e se ne andò, senza rispondere.

Ma la mia domanda dovette fare il giro degli Abu Sayyaf, perché solo un paio di giorni dopo il Capitano venne da me e mi disse: «Una volta un coreano è morto e la famiglia ci ha dato centomila dollari per riavere indietro il corpo. Anche la tua famiglia lo farebbe?».

Non ne avevo idea. «Dovremmo chiederlo alla Voce» risposi.

L'occasione di domandarglielo si presentò di lì a non molto: «Se Lando morisse, quanto sarebbero disposti a pagare i famigliari per la sua salma?» disse il Guru.

La risposta lo lasciò di stucco: «Pagare per riavere un corpo morto? Potete anche tenerlo. I famigliari pagherebbero anche una certa cifra, ma per riaverlo *vivo*!».

A quel punto intervenne il Generale in persona. Afferrò il telefonino e disse: «Va bene, allora teniamo Lando con noi finché la famiglia non avrà raccolto i soldi necessari per la sua liberazione».

A quelle parole mi si gelò il sangue nelle vene. Solo qualche tempo prima, ascoltando una conversazione tra il Capitano e altri uomini, mi ero reso conto di essere diventato un ostaggio come tutti gli altri. Era la prima volta che lo faceva, aveva sempre voluto tenere nascosta la sua voce. Ormai era appurato che non fossi un padre missionario, quindi il mio valore non era più simbolico, ma esclusivamente economico. Di colpo, ero diventato "eliminabile", se non fosse stato pagato un riscatto a mio favore.

Ora, però, le parole del Generale mi gettavano in uno sconforto quasi peggiore. Avrei preferito morire, che rischiare di rimanere con Abu Sayyaf per chissà quanto tempo. Pensai all'ostaggio olandese: era lì con loro da quattro anni.

Quattro anni...

Alla sola idea mi venivano i brividi. Il pensiero mi continuò a tormentare anche nelle ore seguenti, non lasciandomi un attimo di tregua. Al punto che presi coraggio e decisi di parlare al Generale.

Mi avvicinai alla sua tenda, lui era là fuori.

«Ma io non posso stare qui per sempre» dissi come riprendendo un discorso lasciato in sospeso.

Lui capì perfettamente a cosa mi stessi riferendo.

«Intanto saresti vivo» replicò.

Scossi la testa. «Però... la vita non è questa, non si vive soltanto per respirare. Ci sono tante cose che io non ho.» Il rubinetto si era aperto. «Qui non ho l'amore per esempio, non ho nessuno a cui affidarmi, e tanto altro. No, la vita non è solo questo.»

Per quanto avessi conquistato una mia piccola autonomia e le gentilezze di alcuni di loro, stando con loro continuavo a respirare odio su odio.

Solo alcuni giorni prima avevo assistito a una scena raccapricciante: un paio di Abu Sayyaf che mimavano davanti ai miei occhi l'impresa appena portata a termine, l'uccisione di due militari che si fingevano contadini dei villaggi tra le montagne.

Dai corpi dei due uomini avevano sottratto i portafogli con i documenti. Ma c'era di più, si erano impossessati dei loro telefonini e scorrendo le foto avevano guardato, sghignazzando, quelle dei loro famigliari, moglie e figli, senza alcun rispetto per il dolore.

No, io non avrei resistito tanto a lungo in mezzo a questa gente.

Il Generale mi lasciò sfogare, e alla fine sentenziò: «Così è».

E se ne andò.

"Già, così è" pensai.

36

Anno sabbatico, l'anno ogni sette nel quale gli antichi ebrei non lavoravano i campi, si condonavano i debiti e si liberavano gli schiavi.

Anno sabbatico, l'anno che chiedo all'istituto missionario alla fine di un periodo massacrante, culminato con il rapimento di padre Luciano al posto mio.

Qualcosa mi si è incrinato dentro, ed è qualcosa che non riesce a riaggiustarsi in questo periodo di lontananza dalle missioni.

Così, alla fine, giunge una decisione ancora più drastica: l'autosospensione.

«Ma hai un'amante?»

«No.»

«Hai rubato dei soldi?»

«No.»

Sono solo alcune delle domande che i miei superiori mi pongono quando annuncio la mia scelta. Una scelta che – dentro di me già lo so – è irrevocabile.

Non indosserò più la tonaca.

* * *

«Tu hai un Dio?»

Me lo chiese una mattina il Nonnino sedendosi accanto a me.

Avevo la testa immersa in mille pensieri, le parole del Generale ancora non mi davano tregua, e mi guardavo intorno pensando: "Questa foresta sarà la tua casa per sempre?".

La domanda del Nonnino veniva a liberarmi da quella morsa.

«Certo» risposi. «E penso sia come il tuo, unico. Non è un caso che il Corano e il Vecchio Testamento abbiano delle similitudini. Anche alcune prescrizioni sono le stesse, pensa all'obbligo di lavarsi prima della preghiera.»

A lui si illuminarono gli occhi. «Quello che a te manca è l'affidarti... tu non ti affidi a Dio» disse.

«Io mi affido, sì... ma a volte non sento questo Dio vicino a me.»

Il Nonnino si irrigidì. «Non devi parlare in questo modo.»

«È un sentimento» replicai, come a dire che non potevo farci molto. «Ho una grande confusione dentro di me in questo momento, sono alla ricerca del mio Dio. Continuamente.»

Lui sospirò. «Ho sentito quali decisioni si stanno prendendo su di te, e devi fidarti del Generale. Devi fidarti di noi... finché potrai riassaporare la libertà.» E la sua mano destra si aprì in un gesto liberatorio.

«Ma... cosa vuol dire "fidarmi"?»

«Ti devi fidare» disse soltanto, stringendo i pugni, come a dire: "Forza!".

Ma dove potevo trovarla quella forza?

Padre nostro che sei nei Cieli...

Era questa la preghiera che recitavo nella mia mente mentre gli Abu Sayyaf si riunivano per la loro, di preghiera. A volte cambiavo le parole, perché si trasformasse in un dialogo ancora più profondo con Dio. Un Dio che, se anche a volte non sentivo vicino, continuavo a cercare.

Sarebbe stato lui – mi dicevo – a darmi la forza di cui avevo bisogno.

Padre nostro che sei nei cieli, non rimanere lassù, vieni qui accanto a me.
Mi è difficile fare la Tua volontà,
ma desidero affidarmi a Te.
Dammi forza ogni giorno per meritarmi questa vita,
accoglimi per come sono e perdona le mie debolezze.
Perdona questa gente, anche loro sono Tuoi figli.
Io non riesco a perdonarli, il dolore è troppo grande.
Tieni lontana da me la tentazione dell'odio, della vendetta e della violenza.
Rendimi complice della Tua pace e del Tuo amore.

Quando arrivai alla parola finale, «amen», riaprii gli occhi e presi una sigaretta dalla mia scorta personale. Era un rito: mentre il gruppo era impegnato, e concentrato, nella preghiera io potevo fumarmela in santa pace.

Quel pomeriggio, però, la sigaretta durò meno del solito, perché tirava un forte vento, e per quanto fumassi con la faccia rivolta a terra, protetto dagli arbusti, la brace se la divorò. Gettai il mozzicone e osservai agitarsi nel vento forte il tettuccio che avevo creato legando la tela cerata a degli arbusti. Ancora qualche folata particolarmente violenta e i fili d'erba che avevo legato a mo' di mazzetto si sarebbero sciolti, facendola volare via.

Mi alzai per assicurarla meglio, proprio nel momento in cui gli Abu Sayyaf, finita la preghiera, giravano la testa a destra e a sinistra.

Il Narciso, vedendomi, cominciò a gridare: «*Takas! Takas!*», e cioè: «Sta scappando! Sta scappando!».

In un attimo venni circondato: chi urlava, chi ululava, chi imbracciava il fucile, chi brandì il bolo. E tutti presero a insultarmi, urlandomi a pochi centimetri dal naso, gli occhi inferociti.

Io cominciai, letteralmente, a tremare.

"Non ho fatto niente... non ho fatto niente..." pensavo.

Mi sedetti piano sull'amaca, ancora tremante, mentre sopraggiungeva anche il Guru.

«Di questo sarai giudicato domani!» ringhiò.

Scossi la testa. La paura, la disperazione, non so, ma di colpo esplosi.

«Io non aspetto proprio nessun giudizio» gridai, «perché tanto sono già stato giudicato. E sono pregiudizi, nessuno vuole ascoltarmi! Io non ho fatto nulla!»

Il Guru rimase un po' spiazzato. «Dimmi cos'è successo allora.»

Gli spiegai, in inglese, che mi ero alzato soltanto per non far volar via la tela cerata. E poi dove sarei potuto scappare? Tutt'attorno c'erano altri gruppi in preghiera. Senza contare che ero a piedi nudi, e senza un fucile. Potevo essere così stupido? Questo dimostrava che c'era un pregiudizio nei miei confronti.

Intanto, con la coda dell'occhio, notai il Generale che in silenzio si avvicinava al gruppo, attirato dal trambusto. Si appoggiò a una pianta, continuando ad ascoltare mentre masticava il suo filo d'erba.

Alla fine il Guru disse agli altri: «Va bene, lasciatelo qui...».

Negli occhi di ciascuno di loro, anche in quelli dei miei complici di sigaretta, continuava a fiammeggiare l'odio.

Avevo tutti contro.

Il grande sforzo che avevo fatto per rendere la prigionia più sostenibile, per instaurare dei rapporti più amichevoli coi miei carcerieri, era stato inutile.

"È tutto inutile" mi ripetei. "Tutto inutile."

Quella sera andai a dormire esausto. Nessuno mi aveva portato la cena, e nessuno mi portò il caffè alla mattina. Era la prima volta che succedeva una cosa del genere.

"Ecco, hanno deciso, è la fine."

Me ne rimasi tutto il giorno sull'amaca, con un gallone d'acqua stretto fra le braccia, la mia unica compagnia. Nessuno mi offrì altra acqua, nessuno mi parlò, nessuno mi lanciò una sigaretta. Io non ebbi il coraggio di muovermi. Tremavo e parlavo con Dio.

"Mi hai abbandonato ancora..."

"Per favore, dammi un segno della tua vicinanza... ne ho davvero bisogno."

"Non ce la faccio più. Se ci sei, fai tu la mia parte."

Infilai la mano dentro lo zaino e raggiunsi le mie pillole gelosamente conservate dal giorno in cui avevo il pacco da casa. Le contai, erano una decina, divise tra antidolorifici e medicinali per il controllo della pressione.

Le avvolsi in due foglie e me le misi in tasca, erano pronte, se avessi ricevuto la notizia dell'esecuzione. Così sarei arrivato intontito, e quasi incosciente, al loro momento del trionfo.

Le ore passarono, gli Abu Sayyaf si riunirono per la preghiera, la cena non mi venne servita, mentre dentro di me si stagliava sempre più nitida l'idea che di lì a poco sarei stato giustiziato.

Le mani mi andavano al collo, quel collo che presto sarebbe stato reciso da un bolo.

Finché – era già buio – la luce di una torcia mi colpì dritto sul viso. D'istinto mi protessi gli occhi con la mano.

Poi sentii una voce: «Come stai? Hai mangiato?».

La voce del Generale.

Sì, il Generale in persona era venuto fino al mio giaciglio per chiedermi se avessi messo qualcosa nello stomaco.

Feci di no con la testa, e lui mi allungò un sacchetto di plastica. Conteneva due panini e una coscia di pollo arrosto.

Ero senza parole, ma prima che se ne andasse ne trovai alcune per lui: «Ieri nessuno mi ha creduto».

«Io ho capito» mi disse soltanto, e se ne andò.

Mentre masticavo, a poco a poco tornava in me la fiducia. Avevo chiesto un segno, e quel segno era arrivato.

La mattina dopo mi alzai presto e mi sgranchii per bene le gambe con qualche esercizio di stretching in più del solito, dal momento che il giorno precedente non mi ero mai alzato dal mio giaciglio. I polpacci, inoltre, erano sempre più malandati.

In lontananza scorsi il Generale appena fuori dalla sua tenda, mi stava osservando. Quando i nostri sguardi si incontrarono, sollevai la mano e lui mi fece segno di raggiungerlo.

Mi allontanai senza chiedere il permesso a nessuno e percorsi i cinquanta metri circa che ci separavano. Mi sedetti a gambe incrociate di fronte a lui.

Il Generale mi porse una tazza di caffè e mi chiese: «Cosa c'è?».

In realtà non avevo nulla da dirgli, il mio era semplicemente un gesto di saluto. Ma qualche parola mi venne fuori, di getto: «Sai, ieri ero disperato perché nessuno credeva a quello che stavo dicendo... non mi sono mosso, non ho mangiato nulla. Ho solo pregato il Dio onnipotente e gli ho chiesto: "Dove sei? Perché mi hai abbandonato? Perché non mi dai un segno della tua vicinanza?". Ed ecco che, all'improvviso, sei arrivato tu, con una semplice domanda: "Come stai?", e con qualcosa da mangiare...». Feci una pausa, presi un respiro. «Non è che tu sei un messaggero di Dio?».

Di colpo davanti a me vidi un'altra persona.

Non so cosa pensò, forse che così dicendo gli stavo dando la conferma che tutto il suo operato era giusto, voluto da Allah.

Certo furono tanti i pensieri che gli attraversarono la mente, perché rimase in silenzio per almeno cinque minuti di orologio. Io, lì davanti a lui, non osavo muovere un dito.

Alla fine disse, parlando piano: «Senti, io vorrei parlarti e insegnarti l'islam, spiegarti i suoi fondamenti...».

Non dissi una parola, non potevo rifiutare. E lì per lì neanche capivo bene cosa stesse succedendo.

«Ora vai» mi congedò.

Ma, prima di andarmene, gli chiesi: «Posso dire un'altra cosa?».

Lui annuì.
«Vorrei rimanere accampato dove tu mi possa sempre vedere, perché ormai, dopo quello che è accaduto ieri, non mi fido più di nessuno.» Presi un piccolo respiro. «Mi fido soltanto di te.»
«Ma no, non preoccuparti...»
«Parlo sul serio, non mi fido più dei tuoi uomini. Vorrei stare sotto la tua protezione» insistetti.
Lui mi guardò per un paio di secondi. «Va bene, ci penso io.»
Tornai al mio giaciglio, sotto gli sguardi confusi di tutti: ero stato al colloquio col Generale, un colloquio che si era protratto molto a lungo, durante il quale lui non aveva mai alzato la voce, né fatto gesti stizziti.
Erano completamente destabilizzati.
Alcune parole risuonarono nella mia mente:

Disperdili, Signore, confondi le loro lingue...

37

Di lì a poco ci rimettemmo in cammino, era giunta notizia che i militari erano nei paraggi.

Una dozzina di uomini, dopo aver preparato armi e zaini, erano passati a salutare il Generale alla sua tenda, fra baci e abbracci. Come avrei avuto conferma nei giorni seguenti, erano in partenza per chissà quale missione. Non li avrei più visti.

"Forse devono andare a rapire un altro ostaggio" mi ero detto.

E mi ero messo in cammino pieno di malinconia.

Nelle orecchie avevo ancora il grido disperato di due esemplari di merli parlanti in cerca dei propri piccoli, scomparsi. I piccoli erano ormai con noi, infilati in un paio di gabbie rudimentali di legno dopo che un gruppetto di Abu Sayyaf, divertitissimi da questa loro ultima impresa, li avevano strappati al nido.

Per l'intera giornata non feci che pensare alla mia famiglia, che non aveva notizie certe di me, delle mie condizioni, se non la prova che fossi ancora vivo. Prova fornita, su indicazione della Voce, scrivendo un messaggio in italiano contenente i compleanni di alcuni miei parenti e amici – informazioni che soltanto io potevo avere.

Ero vivo, sì, ma come avevo detto al Generale vivere non è soltanto respirare.

La vita è molto di più.

Quel giorno il magone non mi abbandonò fino al momento di dormire.

La mattina successiva mi aspettava il bagno, il Narciso mi aveva già portato dei galloni d'acqua, presa da una sorgente vicina. Io mi guardai attorno alla ricerca di un raggio di sole, perché l'acqua delle sorgenti era sempre parecchio fredda. Mi preparai per terra un piano con qualche grossa foglia di banano e cominciai a lavarmi mentre a pochi passi da me un Abu Sayyaf appuntiva un bastone col suo coltellino.

Poi, all'improvviso, un rumore, come un fruscio proveniente dall'alta vegetazione.

Mi voltai di scatto, preoccupato, e il tizio mi rassicurò: «Sarà qualche mucca al pascolo».

«Non mi sembrava» dissi. «E se fosse stato un cane randagio?»

Il che equivaleva dire un lupo, e quindi nulla di buono.

«Ma no, no, lavati tranquillo.»

Che dovevo fare allora? Ripresi a insaponarmi i capelli, che ormai erano arrivati alle spalle, e anche la barba lunga e folta che molti dei miei rapitori invidiavano, perché pareva proprio quella del profeta Maometto.

Mentre finivo di sciacquarmi sentii di nuovo quel rumore, stavolta più basso, come se qualcosa stesse strisciando nella boscaglia. Restai in allerta per qualche istante, ma poi, dato che dalla vegetazione non emergeva nulla, mi asciugai e tornai alla mia amaca.

Fu allora che partì una scarica di mitragliatore.

Mi gettai subito giù, la faccia incollata a terra più che potevo. Avevo sentito i proiettili passare a un soffio da me. Qualche centimetro e mi avrebbero colpito.

Rimasi immobile, mentre gli Abu Sayyaf accorrevano con le loro armi e il Narciso veniva a recuperarmi. Si piantò di fianco a me, mi schiacciò la schiena con uno scarponcino, come a dire: "Non ti muovere", e cominciò a sparare all'impazzata. I bossoli delle cartucce mi finivano accanto al naso, uno dopo l'altro, come una macabra fontana.

"Ecco" mi dissi "gli aspiranti martiri." Anche il mio maggiordomo sembrava non avere nessuna paura e sparava, sparava, sparava, sfidando la sorte. Notai che portava al collo una pietra levigata nera… che fosse stata l'arma segreta per uscirne vivo?

I bossoli mi cadevano a cascata sulle spalle e sulla schiena: l'M16 non si fermava mai.

Non so quanto restammo così, forse una manciata di minuti. Poi, d'improvviso, mi sentii tirare per i piedi e trascinare lontano dalla linea di fuoco, ad almeno una quarantina di metri. La mia mano riuscì ad afferrare uno dei bossoli.

Una volta al sicuro potei finalmente rialzarmi.

Io e gli altri ostaggi dovevamo essere condotti in un luogo sicuro. Uno degli Abu Sayyaf mi tirava da una parte all'altra tenendomi stretta la mano – una cosa che normalmente non avrebbe mai fatto, essendo io un infedele, un impuro.

Dopo un po' raggiungemmo una fossa, del tutto simile a quella in cui già una volta mi avevano nascosto. Mentre veniva ricoperta con alcune frasche, ritrovai i due canadesi, il norvegese e la compagna filippina con alcune delle donne dei guerriglieri. Mi sedetti e i pantaloni mi si sollevarono, scoprendo le caviglie.

«Cos'è?» disse uno dei canadesi, indicando la parte della gamba annerita.

A rispondere fu una delle donne degli Abu Sayyaf, in inglese: «*Your friend is sick*», "il tuo amico è malato".

Lui mi strinse il braccio in segno d'affetto, come a dire: "Sono con te".

Quindi iniziammo a parlare in francese.

«Ti hanno già imposto l'ultimatum?» mi chiese a un certo punto.

Scossi la testa. «In che senso l'ultimatum?»

Mi spiegò che lui aveva dovuto farsi riprendere in un video in cui si appellava alle famiglie e al governo affinché soddisfacessero le richieste dei rapitori, perché se entro una quindicina di giorni ciò non fosse successo lui sarebbe stato giustiziato.

«No, ancora no» risposi. «Però io sono stato rapito un mese dopo di te» mi affrettai ad aggiungere in un tentativo di entrare in comunione con lui.

Non proseguimmo oltre nella conversazione, perché all'improvviso – mentre tutt'intorno infuriava la battaglia – le frasche sopra le nostre teste vennero scostate, e ci piombarono addosso due zaini pesantissimi. Erano del canadese e della sua donna, la quale, vedendoselo arrivare dritto in faccia, non si scompose e disse semplicemente: «Grazie», mentre il tettuccio vegetale veniva richiuso su di noi.

Poco dopo il frastuono là fuori si acquietò, lasciando il posto a qualche colpo sporadico. Ci fecero finalmente uscire dalla fossa e ci condussero tutti in una zona tranquilla, ma prontamente separati: io coi miei guardiani e gli altri ostaggi con i loro.

Mi sedetti a terra, aspettando che il mio gruppo si ricomponesse. Il respiro era regolare, un tempo sarei rimasto in agitazione per ore e ore.

Lo notò anche il Generale. «Ti vedo molto più tranquillo rispetto alle altre volte in cui ci sono stati degli scontri armati» mi disse con aria soddisfatta.

"Ormai mi sono abituato" stavo per dire.

Ma lui mi anticipò: «Vedi, Allah sta lavorando con te».

Quella frase da un lato mi rincuorò: godevo davvero di una protezione speciale da parte sua. Ma dall'altro mi diede i brividi. Il Generale, estremista islamico, credeva in un Dio che amava la guerra, la violenza, e perciò non si sarebbe fermato di fronte a nulla.

Ma cominciava anche a delinearsi in me un'ipotesi: non è che stesse nascendo in lui il desiderio di convertirmi e di trasformarmi in un guerriero Abu Sayyaf?

Era un progetto, se possibile, ancora più pericoloso del mio rapimento. Un rapimento, infatti, nel bene o nel male si sarebbe concluso. Così, invece, rischiavo davvero di restare con loro per anni e anni.

Quel giorno stesso, mentre all'orizzonte si profilavano le sagome di alcuni elicotteri e gli Abu Sayyaf esultavano all'idea che stessero venendo a recuperare i corpi dei militari appena uccisi, il Generale mi convocò nella sua tenda.

Non appena fui entrato, lui aprì una borsa e ne estrasse un libriccino, che mi porse. A occhio e croce sembrava uno di quei volumetti di propaganda che hanno sempre con sé i Testimoni di Geova. Era un pamphlet, mi spiegò, sull'origine del mondo secondo l'islam.

«Su, leggi» disse.

«Non ci riesco... non ci vedo» risposi, ed era la verità. Senza i miei occhiali da lettura non ero in grado di mettere a fuoco i caratteri.

Me ne procurò, in quattro e quattr'otto, un paio lui. Non erano adatti a me, ma li potevo comunque usare come lente d'ingrandimento.

Trascorsi l'ora successiva a leggere ad alta voce questo testo scritto in inglese. Ogni tanto il Generale mi fermava per approfondire qualche passaggio.

Se Allah vi sostiene, nessuno vi può sconfiggere. Se vi abbandona, chi vi potrà aiutare? Confidino in Allah i credenti.

Agli ipocriti, maschi e femmine, e ai miscredenti, Allah ha promesso il Fuoco dell'Inferno nel quale rimarranno in perpetuo. Questo è quanto si meritano. Allah li ha maledetti e avranno duraturo tormento.

I miscredenti sono come bestiame di fronte al quale si urla, ma che non ode che un indistinto richiamo. Sordi, muti, ciechi, non comprendono nulla.

Era ufficialmente cominciata la mia scolarizzazione all'islam, che proseguì anche nei giorni successivi. Io ero l'allievo e il Generale il maestro.

All'inizio di ogni lezione mi chiedeva: «Allora, di cosa abbiamo parlato la volta scorsa?». Oppure: «Hai letto quello che ti avevo indicato?».

Mi interrogava, e io ero sempre pronto a rispondere. Sapevo che, se non avessi preso a cuore quei nostri incontri, la mia vita sarebbe finita all'istante.

E in parte la cosa mi stimolava, gli ponevo delle domande e lui ne poneva a me. Era interessato alla venerazione dei cristiani per Maria e in particolare alla questione della Trinità, che non riusciva a capire.

Eh, bella questione…

Gli dissi che era difficile da comprendere anche per i cristiani stessi. Gli spiegai che c'erano un Padre, un Figlio e uno Spirito Santo, in inglese *Holy Ghost*.

«Allora tu credi ai fantasmi.»

«Ma no…»

«Ma sì, me lo stai dicendo tu stesso. Senti, io ti consiglio, quando te ne andrai da qui, di fare uno studio comparativo tra il Corano e la Bibbia.»

Il cuore mancò un battito.

Avevo sentito bene? «Quando te ne andrai da qui»?

Per un momento la mia mente smise di ascoltare le parole del Generale, era troppo concentrata su quell'unica frase, che doveva essergli sfuggita di bocca, e che mi dava una speranza inaspettata.

A iniettare nuova linfa a questa speranza fu un'altra, di frase, pronunciata poco tempo dopo dal Guru, che nel frattempo, vedendomi così in confidenza col Generale, sembrava aver messo da parte la sua costante ostilità.

Non aveva perso, comunque, il suo tono saccente. «Adesso che ti libereranno chissà cosa andrai a dire in giro di noi…» disse, per poi girarsi di scatto e andarsene difilato.

Non volevo illudermi, perché mi ero ormai abituato a stare sulle montagne russe delle emozioni, senza cinture di sicurezza, e una delusione, in questo caso, sarebbe stata uno sberlone dritto in faccia.

Sarebbe stato *troppo* da sopportare.

Ma dentro di me non potevo fare a meno di pensare che forse – sì, *forse* – presto sarei tornato a essere un uomo libero.

Intanto, per me, libertà significava anche riuscire a leggere, dopo tanto tempo, qualche notizia sul Bologna, la mia squadra del cuore.

L'occasione mi si era presentata quando, una sera, uno dei ragazzi si era lamentato dicendo che il telefono non gli funzionava più. Io mi ero offerto di rimetterglielo in funzione, e sotto il suo sguardo apprensivo lo avevo resettato e riacceso. Tutto era al suo posto, anche le fotografie, a cui il ragazzo sembrava tenere quasi fossero un tesoro.

«E i video? Vanno ancora i video?»

Allora gli avevo proposto di accedere a Facebook, di cercare "Bologna FC 1909" – non potevo arrischiarmi a chiedergli di cercare una persona, anche se morivo dalla voglia di sapere qualcosa dei miei cari –, e così si era aperta la pagina della mia squadra. Avevo scoperto che c'era un nuovo allenatore, che nell'ultima partita contro il Sassuolo avevamo vinto, e poi feci partire un video.

Eccoli là, i miei beniamini che correvano da una parte all'altra del campo verde.

Che bello.

Il mio Bologna se l'era vista brutta, negli ultimi tempi: la società in bilico, la retrocessione in Serie B... eppure noi tifosi non l'avevamo mai abbandonato. Alla nostra squadra chiedevamo solo una cosa: "Forza, fino alla fine".

Come a dire, finché c'è respiro, c'è speranza.

La stessa cosa che, in quei mesi, cercavo di ripetermi anche io.

Mi immaginai i miei amici di penna italiani, chissà se avevano saputo anche loro del mio rapimento, oppure se avevano semplicemente pensato che mi fossi stufato di partecipare ai forum online.

Comunque fosse, la vita continuava. Sia per me lì tra le

foreste dell'isola di Jolo, sia in Italia allo stadio Dall'Ara, sia per la mia famiglia, che avrei tanto voluto rivedere, almeno in fotografia.

«Quando te ne andrai da qui.»

Per quanto mi sforzassi di non pensarci, per non darmi false speranze, i miei pensieri continuavano ad andare lì, alle parole del Generale.

Ora che mi sentivo di nuovo me stesso, avevo sete di libertà.

Ripensai a mio padre, era "colpa" sua se avevo sviluppato quell'amore per il Bologna. Mi rividi, da piccolo, che all'alba partivo da Angera insieme a lui, che in patria si sentiva in minoranza: unico tifoso rossoblu fra tanti amici e parenti di altre fedi, soprattutto milanista e interista.

Eccomi lì, di nuovo. Per prima cosa, arrivati nel capoluogo emiliano, andiamo a far colazione al bar Otello, in pieno centro, vicino a San Petronio, dove le foto in bianco e nero della nostra squadra ci guardano dalle pareti perfettamente incorniciate, alcune persino firmate. Qui compriamo anche i biglietti per la partita del pomeriggio e lui, finalmente, si sente parte di una comunità. «Qui si respira, c'è un'aria diversa,» mi dice «lo senti no? Si respira meglio.» Anche se poi, quando gli chiedo cosa dicano quegli uomini con «l'Unità» sottobraccio che parlano in dialetto stretto, lui mi risponde: «Meglio se non capisci». Sono tutti comunisti, lì nella rossa Bologna. Ma mio padre aggiunge subito: «Però è comunque brava gente». La passeggiata ci porta in trattoria, dove mangiamo lo gnocco fritto o le tagliatelle. E mio padre, tutto soddisfatto, commenta: «La gente che sa mangiare bene è gente felice». Poi, finalmente, eccoci allo stadio. Papà è tornato un bambino, trabocca gioia: «Guarda che bei colori, rosso e blu, rosso e blu, vecchio cuore rosso blu» canticchia.

Ripensai a quei tempi, lì, insieme a mio padre, in giornate che mi si erano scolpite nel cuore.

38

Un pomeriggio, mentre i membri del gruppo erano occupati nelle loro attività di sempre – recitare parti del Corano, chiacchierare, pulire le armi –, il Nonnino tornò da non so dove, e salutandomi sistemò la sua amaca a pochi metri da me.

Fu la prima volta che vidi negli occhi di un Abu Sayyaf una tristezza profonda, sincera.

In mano aveva un telefono che non avevo mai visto.

«Hai comprato il cellulare nuovo?» gli domandai per provare a sollevarlo di morale.

Per tutti, dopo essere riuscito a rimettere in sesto il telefonino del loro compagno, ero diventato un "mago dei cellulari", guardato con un misto di ammirazione e apprensione.

«No...» rispose il Nonnino. «Questo è di mia figlia... è morta.»

Il sorriso mi scomparve di colpo dal viso. Rimasi per qualche attimo in silenzio, non sapevo cosa fosse il caso di dire a un estremista islamico che perde un suo caro.

Optai per la parola più semplice di tutte.

«*I'm sorry.*»

"Mi dispiace."

Quella che ti rivolgono quando ti pestano un piede, quando ti passano davanti.

Quando ti muore tua figlia.

Feci per alzarmi, ma lui mi fermò: «Stai sdraiato sulla tua amaca». Poi mi si avvicinò ulteriormente e mi passò uno dei capi dei suoi auricolari, collegati proprio al telefono della figlia. Partì una canzone, *I Don't Want to Talk about It* di Rod Stewart. Non l'avevo mai sentita prima di quel momento, ma quella chitarra leggera, quelle parole piene di tristezza e di lacrime mi riempirono il cuore di commozione.

Era commosso anche lui, probabilmente piangeva, anche se non riuscivo a vedergli gli occhi, teneva una mano appoggiata sulla fronte.

Così piansi, lasciandomi andare.

La canzone terminò e poi riprese daccapo, per tre o quattro volte.

Chissà se il Nonnino e la figlia l'avevano ascoltata insieme. Chissà quali bei ricordi ora venivano in soccorso di quest'uomo stanco della violenza, come mi aveva confessato, ma ormai imprigionato in quella vita.

E che ora doveva affrontare anche questo.

Ripensai a mio padre. Ero stato insieme a lui, accanto al suo letto, per tutta la settimana prima che morisse. Noi, che non eravamo mai troppo riusciti ad aprirci l'un l'altro, avevamo parlato, scherzato, ci eravamo stretti la mano, ci eravamo raccontati.

Era stata la settimana più triste, e più bella, della mia vita.

La canzone terminò per l'ennesima volta e a quel punto il Nonnino mi mostrò delle foto: ritraevano una bella ragazza col velo che sorseggiava qualcosa dentro a un fast food.

«Cos'è successo?»

«Come ti ho detto era malata, e da tempo. Leucemia. E io non avevo i soldi per curarla.»

«La leucemia è una malattia brutta, se anche tu avessi avuto i soldi per curarla non è detto che lei ce l'avrebbe fatta» gli dissi piano.

«Ma...»

«Pensa che adesso lei è con Allah, in Paradiso, e pensa che attraverso la musica che mi hai fatto ascoltare e le foto che mi hai mostrato lei rimarrà sempre con te, dentro di te.»

Lui mi fissò per qualche secondo.

«Neanche mia moglie mi aveva mai parlato così» disse alla fine.

Il suo tono era neutro, e non capii se voleva ringraziarmi perché le mie parole gli erano state di conforto, oppure se mi stava rimproverando perché neanche sua moglie aveva osato essere così irriverente.

Ebbi la conferma della sua gratitudine il giorno dopo, quando sentii toccare piano la mia amaca da un bastone. Mi voltai, era uno degli uomini più vicini al Generale.

«Non stare a preoccuparti!» mi disse. «Abbiamo deciso di non ucciderti, e un giorno, anche se non so ancora quando, te ne andrai.»

Il Nonnino, che stava preparando le mie razioni di noodles e di zucchero, sollevò la testa. «Ma basta!» sbottò. «Come "non so ancora quando"? Lo vedete, Lando è pelle e ossa, ha la gamba tutta nera, cosa state aspettando? Mandatelo via e facciamola finita.»

L'altro non rispose, anche se era di rango superiore al suo. Forse – mi dissi rimanendo in un silenzio attonito – anche nella loro cultura all'anziano va portato rispetto, sempre e comunque.

La cosa, comunque, finì lì. Non ci pensai neanche troppo, non volevo crearmi false speranze.

Nel pomeriggio mi raggiunse il Guru, che ormai mi parlava sempre più raramente.

«Dove posso trovare un libro che parli di strategie e metodi di guerra?» mi domandò.

«Stai facendo la domanda a un ignorante» gli risposi «perché non sono un esperto di guerra, non è mai stato il mio argomento di studio. Comunque credo che ne esistano…»

«Okay, allora me ne dovrai procurare uno. E voglio anche uno di quei tablet che si trasformano in piccoli computer, inteso?»

«Scusa, ma come faccio a procurarti queste cose?»

«Lo farai quando verrai liberato.»

Come ogni volta che sentivo una frase del genere, il cuore mancò un battito.

«Anche nel caso fossi liberato» dissi cauto «come faccio per farteli arrivare?»

«Non ti preoccupare, noi abbiamo i mezzi per avvicinarci a te. Non lo hai ancora capito?»

E se ne andò, nel suo solito modo brusco.

Il Nonnino mi si avvicinò e mi chiese: «Cosa ti ha detto?».

Glielo spiegai e lui commentò: «I capi, qui, sono davvero delle teste dure. Non capiscono che è il momento di lasciarti andare... adesso».

"Liberato", "lasciarti andare", "quando te ne andrai".

Ormai erano parole e frasi che sentivo quasi quotidianamente, doveva per forza esserci un fondo di verità, no? Eppure non riuscivo a gioirne, mi sentivo come in un limbo.

Perché sapevo che tutto questo non si sarebbe tramutato in realtà finché il Generale non avesse detto la sua. E sarebbe stata la parola definitiva.

Proprio il giorno dopo mi chiamò il Generale.

«Perché non vendi il tuo ristorante?» mi chiese dopo avermi detto che questo probabilmente mi avrebbe permesso di racimolare la cifra che mi sarebbe valsa la liberazione.

«Non posso venderlo...» risposi.

«E perché no?»

«Il ristorante non è tanto il locale, con i tavoli e tutto il resto, il ristorante sono le ricette. E se io non sono là fuori a cedere personalmente le ricette, allora non si può neanche vendere.»

Lui non si alterò, si grattò soltanto la barbetta, segno che gli avevo dato una risposta convincente, o almeno sulla quale riflettere.

Gli sarebbe bastata perché tornassi a vivere come un uomo libero?

39

Tutto avvenne più rapidamente di quanto avessi pensato, al termine di una notte difficile.

Non tanto per me, ma per il Nonnino che mi dormiva accanto. Non dormì neanche un istante, in realtà. Già la sera prima mi aveva detto di non sentirsi molto bene: «Penso di avere la febbre».

Io mi ero offerto di fargli un massaggio sulla fronte, e per un po' aveva anche dormito, ma poi si era svegliato in preda alle convulsioni e al freddo.

«Potresti condividere con me il tuo lenzuolo?» mi chiese a un certo punto.

«Certo, te lo cedo anche tutto.»

Questo non bastò a farlo scivolare serenamente nel sonno. La febbre continuava, e lui chiedeva acqua, si lamentava, tremava, sembrava un martello pneumatico.

«Dai, stai calmo... cerca di dormire...» gli sussurravo, ma era tutto inutile.

Solo al mattino qualcuno accorse a controllare la situazione, gli fu dato del paracetamolo per acquietare la febbre, ma ora lui si teneva le mani sul fianco, urlava dal dolore.

Non c'erano molti dubbi, erano i reni: un'infezione oppure una colica. In ogni caso qualcosa di grave, che non poteva essere curato in quel luogo.

Proprio in quel momento fui convocato dal Generale nella

sua tenda. Aveva pronto per me uno zainetto, uno di quelli che non sopravvivrebbero un'estate intera.

«Aprilo» disse.

Dentro c'erano una copia del Corano e il libriccino che mi aveva fatto leggere durante le sue lezioni sull'islam.

Lo guardai, non capivo.

«Questo è quello che porterai via con te.»

Rimasi immobile.

«Vai» disse. «Vai» ripeté.

Strinsi quello zainetto fra le mani e tornai al mio posto.

Anche il Generale si era espresso, e la sua parola era definitiva.

«Vai» significava che ero libero di andarmene?

Ma come? E quando?

Tornai al mio gruppo come se stessi camminando sulle nuvole: sotto potevano esserci spine o cuscini sofficissimi.

Alcuni Abu Sayyaf, mi accorsi, erano vestiti in abiti borghesi: t-shirt o polo, jeans… lo zaino pronto accanto a loro. Mi fissarono per una manciata di secondi e se ne andarono senza proferire parola.

Il Nonnino, intanto, dormiva. Gli antidolorifici dovevano aver fatto momentaneamente effetto.

Mi sdraiai sull'amaca, non potevo far altro che attendere il corso degli eventi.

Ci cominciammo a muovere nel pomeriggio e, a giudicare dalla più folta presenza di palme di noci di cocco, ci stavamo avvicinando a un centro abitato. In lontananza sentivo anche i rumorosissimi motori di alcuni camion passare lungo una strada.

Ci accampammo e lì trascorremmo la notte.

Gli uomini del mio gruppo non mi degnarono neanche di uno sguardo, erano preoccupati per il Nonnino, che nel frattempo aveva ripreso a stare male e a tremare. Era come se io non esistessi più.

La stessa sensazione la provai al mattino, quando andai a

prepararmi il caffè. Mi sentivo improvvisamente un corpo estraneo, un pesce fuor d'acqua.

Era come se in realtà non fossi già più lì.

«Parti oggi alle due.»

Me lo annuncia il Generale in persona dopo avermi convocato, per l'ultima volta, davanti alla sua tenda.

«Abbiamo organizzato ogni cosa, salirai su questa nave diretta a Zamboanga City. Ecco il biglietto della nave.»

Me lo porge. C'è scritto un nome di donna.

«Non preoccuparti se il nome del passeggero non corrisponde al tuo. Salirai comunque sulla nave e ci sarà sempre qualcuno dei nostri a tenerti d'occhio.»

Io rimango lì, immobile, senza parole.

Oggi? Di già?

Tutto mi sembra così veloce. Non sono neppure emozionato, non sono sorpreso, né felice.

Non sento niente.

«Infila il biglietto nello zaino che ti ho dato ieri.»

Ancora zitto, obbedisco, mentre uno dei suoi uomini mi dice: «Vieni, adesso dobbiamo lavarti». Mi mostra anche un paio di pantaloni e una maglietta, delle infradito, tutti nuovi.

Per lavarmi ho persino lo shampoo, non il solito sapone. Che sensazione meravigliosa, che profumo.

Quando ho finito l'uomo mi raggiunge con un paio di forbicine dalla punta arrotondata, di quelle che usano i bambini delle elementari, e mentre sono in ginocchio comincia a tagliarmi, alla bell'e meglio, i capelli e la barba.

Mi vesto e ritorno dal gruppo. Ci sono quattro uomini attorno al Nonnino, probabilmente sono venuti per portarlo a curarsi da qualche parte.

Cerco il suo sguardo, ma lui non solleva la testa verso di me. Lo osservo andarsene con loro senza neanche un saluto. Provo una fitta di dolore, ripensando a noi due che ascoltiamo, una cuffia ciascuno, una canzone insieme, e soprattutto le nostre emozioni.

È l'unica persona con cui abbia instaurato un rapporto vero. O almeno così mi è sembrato. In altri tempi, in altre condizioni sarebbe stata una persona a cui avrei detto: "Quando ripasso da queste parti vengo a trovarti".

Perché ora non mi saluta neanche?

Forse per lui sarebbe sconveniente?

Non lo scoprirò mai.

Intanto dodici Abu Sayyaf indossano divise nere, con la bandana, gli scarponcini, il bolo, il fucile: perfetti guerriglieri dell'Isis.

Uno di loro prende anche una videocamera. E per un momento penso: "Vuoi vedere che è una messinscena? In realtà tra poco sarò giustiziato, e l'esecuzione verrà ripresa per poi essere inviata a tutti, anche ai miei famigliari".

Di colpo mi prende l'angoscia. Non ho più in tasca le foglie con il mio rudimentale anestetico.

In quel momento, mentre la mente ricade nello tsunami di pensieri che l'ha martoriata per i primi mesi della mia prigionia, giunge il Generale.

Io sono seduto sul ciglio del sentiero, lui si ferma a pochi passi da me, non mi guarda.

«Sei pronto a fare il grande passo?» chiese.

«Passo?»

«Vuoi tornare ad Allah oggi?»

Rimango in silenzio. So che è una domanda decisiva, la sua. Mi sta chiedendo di convertirmi. Se risponderò nel modo sbagliato lui si sentirà preso in giro, penserà che ho frequentato le sue lezioni di islam solo per godere della sua protezione.

Ho le palpitazioni a mille, e ho poco tempo per pensare a come rispondere.

«Se proprio oggi, mentre vengo liberato, io passo ad Allah, e mi converto, nessuno ci crederà. Tutti penseranno che lo abbia fatto solo per convenienza, e per tornare in fretta dalla mia famiglia. Se mai dovessi intraprendere questo passaggio, non posso farlo oggi, perché lo comincerei nella falsità.»

Prendo fiato, il Generale aspetta che io continui.

«Quindi no, oggi non sono pronto. Ci penserò.»

Lui ha lo sguardo perso nell'orizzonte.

Infine dice: «Questi uomini adesso ti porteranno via. Io non ti abbraccio, tu non sei mio fratello».

E ritorna nella sua tenda.

Non ho tempo di metabolizzare cos'è successo che i suoi uomini mi si parano davvero davanti. «Prendi solo lo zainetto, lascia qui tutti i tuoi vecchi vestiti. Andiamo» mi dice uno di loro.

«Solo un attimo» rispondo.

Prendo il mio piatto, il mio cucchiaio, il mio bicchiere di plastica, e poi una maglietta e il bossolo di mitragliatrice che ho raccolto durante uno degli scontri armati.

Il mio tesoro.

"Sono arrivato con niente" penso "e me vado con uno zaino nuovo e delle cose."

Mi incammino. Sei guerriglieri avanzano davanti a me, e altri sei dietro.

Sul sentiero non c'è nessuno, mi guardo attorno, cerco gli altri ostaggi, vorrei sollevare la mano per salutarli un'ultima volta.

Ma niente, cammino su questo sentiero immerso nei campi e all'improvviso ricordo il sogno che ho fatto qualche notte fa: io che cammino in un campo di grano dorato, che di colpo si apre mostrandomi un sentiero.

Sono ancora in quel sogno?

Camminiamo a lungo, a volte a zig-zag, e non mi ci vuole molto per capire che stiamo andando in tondo. Vogliono disorientarmi, penso, proprio come hanno fatto in barca appena dopo il mio rapimento.

Alla fine raggiungiamo un pianoro con alcune palme. Ognuno di loro si mimetizza dietro un tronco, a me viene fatto cenno di sedermi poco più in là e soprattutto di restare in silenzio.

Passano minuti, e poi forse un'ora. A un certo punto mi accorgo che non vedo neanche più i guerriglieri, si sono mimetizzati completamente con la vegetazione.

Arriva un uomo con un bambino.

Tutti i fucili sono improvvisamente puntati all'unisono verso di loro. Uno dei guerriglieri gli si avvicina, gli dice qualcosa e loro cambiano direzione.

Il tempo passa ancora. Siamo partiti verso le tre del pomeriggio e ormai è quasi l'imbrunire. L'attesa è sfiancante, e nonostante sia lavato, quasi sbarbato e abbia addosso vestiti puliti, tutto mi sembra come al solito.

Camminare. Guardarsi attorno. Le armi. La tensione.

Poi ecco comparire il Guru insieme a un ragazzino, una recluta che qualche tempo fa mi ha accusato di essere una spia e di avere contatti con il vescovo canadese. Tutte invenzioni, ovviamente, degne del suo maestro.

Viene verso di me e mi dice: «Ora noi preghiamo».

Non sta scherzando, il Guru non scherza mai. Gli Abu Sayyaf si dividono in due gruppi e cominciano la loro preghiera. Alla fine il Guru si rivolge a me: «Adesso tu vieni con me, ma prima ti togli le nostri vesti, non sei degno di portarle». E mi consegna un cambio in stile occidentale.

Riprendiamo il cammino: davanti a me solo il giovanotto che accompagna il Guru. Percorriamo solo qualche metro e, quando mi giro, dietro di me non c'è più nessuno, neanche il Guru.

Scomparsi nell'oscurità.

Il ragazzo, intanto, sta andando avanti. Siamo rimasti soltanto io e lui, lo seguo finché raggiungiamo una strada.

«Stai là dietro» mi ordina lui indicandomi un cespuglio.

Dal mio nascondiglio, alla mia sinistra scorgo i lontani

bagliori di un centro abitato. Alla mia destra, il buio assoluto.

Poi ecco due fari rotondi, il rombo di un motore, e poco dopo una *jeepney*, che si ferma proprio di fronte a me. Seduti davanti ci sono il guidatore e un altro uomo; dietro, al di là di una paratia, altri due individui con veste musulmana e copricapo.

Entro e, seduta a una delle due panche, vedo una donna con due bambini, che mi guardano con tanto d'occhi. Lei fa spostare uno di loro, e abbozzando un sorriso mi invita a sedermici accanto.

A quel punto il giovane che mi ha portato fin là scende dalla vettura, non prima però di aggiungere qualcosa: «Scusa per le cose che ti ho detto, tu sei un brav'uomo».

Non so in che modo rispondergli, non abbiamo mai avuto alcun rapporto, ma tanto la *jeepney* riparte subito e cinque minuti dopo siamo nel centro abitato: sciami di motorini, case basse, muri scrostati. Qui a Jolo le Filippine sembrano quelle di trent'anni fa.

Ci blocchiamo a un incrocio e uno degli uomini mi dice: «Scendi, e sali là sopra», indicandomi un *tuk-tuk* fermo proprio di fianco a noi. Talmente vicino che, per entrarci, non devo neanche posare un piede sull'asfalto.

Un coordinamento straordinario, non posso fare a meno di pensare.

Si riparte. Il *tuk-tuk* – in cui, grande e grosso come sono, devo stare tutto rannicchiato, mentre la testa a ogni buca mi sbatte sul tettuccio – è seguito da due moto. Appoggiato accanto a me c'è un sacchettino di plastica.

«È per te» mi dice il guidatore.

Lo apro e dentro ci sono una bottiglia d'acqua, uno spiedino di carne, una banana e un pacchetto di sigarette.

Ho la tentazione di divorare lo spiedino, ma voglio rimanere concentrato sulla strada là fuori. Ci stiamo dirigendo verso il mare e, dopo aver oltrepassato un cancello, mi rendo conto che siamo entrati in un porto. Riconosco la nave su cui partirò, il nome è scritto sul lato, e anche sul biglietto consegnatomi dal Generale. Alla banchina c'è già una fila di persone che attendono di entrare.

Il *tuk-tuk* però si ferma più avanti, in un'area buia. Si fermano anche le moto al seguito.

«Scendi» dice il guidatore.

Prendo lo zainetto, afferro il sacchetto di plastica. Appena esco dal *tuk-tuk* vengo spinto da uno dei due in moto: «Vai, vai». Non lo vedo in faccia, ma voltandomi appena scorgo una maglietta gialla.

Superiamo la fila, entriamo direttamente. Sono confuso, non riesco a rendermi conto fino in fondo di cosa mi sta succedendo, è da sei mesi che sono tra le foreste, circondato solo da Abu Sayyaf. Ora sono nel mondo reale.

«Il numero della brandina è scritto sul biglietto» mi viene detto.

È l'ultima cosa che ascolto da chi mi ha portato a bordo.

Quando mi giro non c'è più nessuno.

Scomparsi anche loro.

Apro lo zaino, cerco il biglietto e, una volta letto il numero, mi dirigo alla mia brandina. Si trova sul bordo della nave, di fronte a me c'è un vecchietto che mi fissa. Poco più in là, un uomo con un bambino. Il bambino sta mangiando qualcosa, mastica e anche lui mi fissa, con occhi grandi, bellissimi.

Mi siedo e infilo lo zainetto e il sacchetto di plastica tra le gambe. Resto per un attimo così, con lo sguardo rivolto verso il basso, finché mi si avvicina una bambina: capelli castani spettinati e al collo due o tre collanine colorate, e fra le mani un piccolo cesto di vimini con dei mandaranci che sta vendendo sul ponte della nave.

Mi mostra il cesto e io allargo le braccia: «Non posso, mi dispiace, non ho soldi» dico arrangiandomi a parlare in tagalog.

Lei non se ne va. Pesca un mandarancio dal cesto e allunga la mano per offrirmelo.

«No, guarda che non ho soldi...»

Lei resta ancora un paio di secondi a fissarmi, poi lo appoggia di fianco a me e se ne va.

Io raccolgo quel suo dono inaspettato e profumato e faccio per infilarlo nel sacchetto di plastica. È in quel momento che vedo comparire, all'angolo della mia visuale, la punta di uno scarpone militare.

Lentamente sollevo la testa, e ritrovo di fronte a me un uomo in tuta mimetica.

Mi squadra dall'alto in basso. «Rolando Del Torchio?» mi chiede.

«Sì, sono io.»

«Mi segua, lei è un uomo libero.»

Rolando Del Torchio è stato liberato l'8 aprile 2016, poche ore prima del compleanno della madre.

John Risdel, canadese, è stato ucciso il 25 aprile 2016.

Robert Hall, canadese, è stato ucciso il 13 giugno 2016.

Ewold Horn, olandese, dopo otto anni nelle mani di Abu Sayyaf, è rimasto ucciso durante uno scontro a fuoco tra i terroristi e l'esercito filippino.

Il Capitano è stato arrestato il 13 agosto 2020, a Davao. È ritenuto responsabile di ventitré casi di omicidio, sei tentati omicidi e cinque rapimenti.

Il commander "Red Eye", capo e responsabile del sequestro di Rolando Del Torchio a Dipolog City, è stato arrestato e condannato all'ergastolo.

I combattimenti tra Abu Sayyaf e le forze governative sull'isola di Jolo continuano tutt'oggi.

Questo libro non è vendibile
se sprovvisto del presente tagliando
PROVA D'ACQUISTO
GUARDAVO IL CIELO
566-7965-6